Cultivez votre charisme

Et développez votre pouvoir de conviction

Groupe Eyrolles
61, bd Saint-Germain
75240 Paris Cedex 05
www.editions-eyrolles.com

www.chilina-hills.com
info@chilina-hills.com

Chilina Hills

Cultivez votre charisme

Et développez votre pouvoir de conviction

Deuxième édition enrichie

EYROLLES

REMERCIEMENTS

Il y a une personne que je tiens à remercier tout particulièrement, car c'est celle qui m'a « mis le pied à l'étrier », et qui n'a cessé de m'accompagner toutes ces années : Shelle Rose Charvet, ma bouillonnante amie canadienne, originaire de l'Ontario. J'ai rencontré Shelle à Paris, il y a vingt ans, où elle excellait déjà en tant que consultante et formatrice alors que ce métier en était encore à ses balbutiements. Pendant ses années parisiennes (elle est depuis repartie dans son pays), Shelle, bien que ma cadette, fut mon mentor, mon soutien. Elle m'a appris le métier et ses arcanes, elle fut le « tremplin » qui m'a permis de prendre mon envol : sans elle, je ne ferais pas ce que je fais aujourd'hui. Alors Shelle, merci pour ton amitié, ta générosité, ton intelligence effervescente, tes idées dont je me suis toujours largement inspirée, et surtout pour ces nombreux moments de joie et de rires – partagés également au milieu de circonstances de vie éprouvantes ! Merci ma belle !

Je tiens également à remercier profondément toutes les autres personnes qui m'ont fait avancer dans ce métier et qui ont toutes apporté à leur façon leur précieuse contribution à ce livre : les professionnels chevronnés comme Thelma Egerton, Didier Gonin, Suzanne Anderson, Marc Raynaud, Irene Rodgers, Charles Gancel, Jean-Michel Roche, Charles Cassuto… et tous mes clients sans exception (oui, même ceux qui m'ont donné du fil à retordre !), sans qui aucun progrès n'aurait été possible. MERCI à vous tous !

SOMMAIRE

Deuxième partie

Le non-verbal : parler le langage du corps

Le verbal : mettre en forme le contenu et manier la puissance des mots

Annexes

PRÉFACE

Quelque temps après la parution de la première édition de ce livre, je me trouvais à la gare TGV d'Avignon où je cherchais quelque chose à lire pour mon voyage. Et là, que vois-je ? MON livre trônant fièrement au rayon des « meilleures ventes »… Peu de temps après, j'étais à l'aéroport de Roissy, et là, même chose… puis à la gare de Lyon, à Paris… À chaque fois, c'était la même surprise et la même joie : mon livre plaît, vous aimez ! Mais ce n'est pas tout, au cours de ces dernières années, j'ai également eu la chance de vivre de belles expériences professionnelles grâce à certains d'entre vous qui m'ont fait l'honneur de m'inviter à travailler avec eux.

Et maintenant, la belle aventure continue : ce livre va entamer une nouvelle vie ! Pour sa réédition, j'ai ajouté deux chapitres, l'un sur le trac, l'autre sur l'humour. Le chapitre sur le trac est le résultat de mon travail de ces dernières années avec des clients qui en étaient particulièrement affectés. Si vous faites partie de ceux qui souffrent un peu trop du trac, vous y trouverez les clés pour le transformer. Elles vous demanderont engagement et ténacité, mais elles seront faciles à mettre en œuvre. Quant au chapitre sur l'humour, vous y trouverez des règles de base et quelques clés qui vous permettront d'accroître instantanément ce lien privilégié avec votre auditoire que l'on appelle le charisme.

J'ai également fait çà et là quelques ajouts et mises à jour, notamment sur le regard (comment le rendre plus charismatique), ou encore sur le contenu avec une autre façon irrésistible de démarrer votre intervention : « l'ouverture à quatre temps ».

Bonne lecture… ou relecture !

Chilina Hills

INTRODUCTION

*« La première impression est toujours la bonne,
surtout quand elle est mauvaise. »*

Henri JEANSON

Je vois encore ce dirigeant s'adressant à ses quatre cents *top managers* venus du monde entier à l'occasion d'une réunion extraordinaire pour leur annoncer un grand changement stratégique de la société. Les attentes étaient énormes : tous voulaient voir en lui un *leader*, et tous voulaient sentir en leur for intérieur cet élan qui donne envie de donner le meilleur de soi-même… Ce fut un « flop » terrible. Le dirigeant – un homme brillant pourtant, à la fois visionnaire et courageux – fit une prestation déplorable qui se résumerait en trois qualificatifs : inodore, incolore et sans saveur. La seule chose sur laquelle il mit tout le monde d'accord, fut qu'il était « nul ». Les quatre cents *managers* repartirent déçus, peu rassurés sur la suite des événements, et peu enclins à mettre en place une stratégie qui leur avait paru peu solide et hésitante. La stratégie et ses mérites avaient été inconsciemment assimilés à la prestation du dirigeant. Les conséquences furent lourdes…. L'exemple est extrême, mais il est parlant. Car il se reproduit chaque jour dans les réunions, les séminaires, les conventions, et devant des équipes, des clients, des patrons ou des actionnaires.

Néanmoins, la plupart des professionnels admettent que parler en public, s'adresser à un groupe, est une partie intrinsèque et importante de leur travail – bien que la majorité n'en ait pas le goût, elle s'y résigne parce qu'elle n'a pas le choix de faire autrement. Vous avez probablement déjà vu des hommes et des femmes que vous savez être intelligents, courageux, créatifs, et chaleureux, se transformer en l'espace de quelques secondes soit en personnes insipides, ennuyeuses, et même sinistres, soit en « petits garçons » ou « petites filles », recherchant à tout prix l'approbation du public et incapables d'**asseoir leur crédibilité**.

Naïvement, je croyais que plus on montait dans l'échelle hiérarchique, plus ces compétences étaient développées. Erreur ! Ce n'est pas parce que l'on devient dirigeant que l'on acquiert miraculeusement ces compétences.

Même arrivé au niveau hiérarchique du dirigeant, l'obstacle majeur au développement de ces compétences reste le plus souvent la peur. Une peur sous toutes ses formes et à des intensités variées selon les personnes :

- **peur de soi** (« Est-ce que je vais être bon ? Est-ce que je peux me faire confiance ? Est-ce que je ne vais rien oublier ? Qu'est-ce que je vais faire de mes mains ? Est-ce que je saurai répondre aux questions ? Serai-je crédible ? Est-ce que je vais atteindre le résultat visé ?… ») ;
- **peur des autres** (« Vont-ils comprendre ? Seront-ils hostiles ou sceptiques ? Essaieront-ils de me déstabiliser ? Se sentiront-ils peu concernés ?… ») ;
- **peur de l'environnement** (« Le lieu et le *timing* sont-ils propices ? La technique et la logistique sont-elles fiables ?… »).

Une étude menée aux États-Unis montre que la chose au monde qui effraie le plus les gens est de parler en public ! La peur de la mort vient en seconde place… Étonnant… Et qu'en est-il chez nous ? Sans aller jusqu'à mener une étude pour le découvrir, je serais assez tentée de penser que, sans toutefois être « numéro un », la peur de parler en public tient une place de choix dans le palmarès des phénomènes qui nous transforment en un clin d'œil en une « masse de gélatine tremblante » ! Nombreux sont les professionnels qui font tout pour éviter de se retrouver dans cette situation – j'ai souvenir d'un client qui, comme par hasard, a trouvé le moyen de se casser le pied pour ne pas aller à une convention où il devait parler pendant quinze minutes !

Pourtant, lorsqu'elles ne sombrent pas dans l'excès, toutes ces peurs sont légitimes et même saines : elles nous permettent d'être vigilant, de nous préparer, et d'éviter les écueils évitables. Le problème, c'est que la plupart du temps, ces peurs nous bloquent et nous empêchent de développer notre potentiel de charisme et de pouvoir de conviction. Et même dans le cas où des années d'expérience auraient émoussé ou fait disparaître ces peurs, nous avons alors développé des habitudes qui ne sont guère plus efficaces sur le plan de l'impact personnel.

L'autre obstacle majeur est la conviction inébranlable qu'à partir du moment où ce que l'on dit est intelligent et solide, cela suffit à faire de soi un *leader* charismatique. Combien de fois ai-je dû subir des discours, certes intelligents, mais rédigés pour l'écrit, aux phrases trop longues, trop alambiquées, trop complexes pour l'oral… desquels on ne tarde pas à décrocher en passant en revue ses prochains rendez-vous, les vêtements à emmener pour son prochain voyage, ou les phrases que l'on pourrait bien dire à son fils pour qu'il range sa chambre !

Voyant qu'il y avait là un véritable besoin, je me suis sérieusement penchée sur la question. J'avais vraiment envie d'aider ces gens ! Je me suis demandée ce qui faisait vraiment la différence ; quels étaient les mécanismes du charisme, du pouvoir de conviction ? Je voyais bien que l'expérience et même les formations que certains de mes clients avaient suivies ne suffisaient pas à transformer les choses.

Cela fait maintenant une vingtaine d'années que j'explore la question, et que j'aide mes clients à développer leur potentiel charismatique et leur capacité à **convaincre** et à **motiver**. Il est vrai qu'il y a des personnes plus prédisposées que d'autres et qui arriveront plus vite à développer ces compétences. Ce sont souvent les personnes qui, par nature, s'intéressent plus aux *autres* par opposition aux personnes qui s'intéressent plus aux *choses*. Comme un expert technique par exemple, qui n'est heureux que dans son univers technique, et qui ne verra pas d'emblée l'intérêt de développer ces compétences-là : « Pour quoi faire ? La technique parle d'elle-même ! » Ou comme le dirigeant qui ne vibre qu'à la vue des résultats et qui est heureux lorsqu'il manie des chiffres ou des stratégies – les hommes étant simplement un truchement pour y parvenir. Il y a donc une condition essentielle à remplir pour réussir la transformation : **il faut le vouloir !**

Cette condition remplie, cinquante pour cent du chemin sont faits. Les cinquante pour cent restants consistent à :

- être **ouvert** ;
- être **prêt** à essayer des choses différentes ou peu habituelles ;
- les **essayer** ;
- les poursuivre jusqu'à ce que cela devienne un **plaisir**.

Oui, c'est vraiment possible !

Sur quoi s'appuie ce livre ?

La toute première fois que j'ai eu la responsabilité de former un groupe de personnes à la prise de parole en public, je n'avais que très peu d'idées sur ce qu'il fallait faire. Je suis donc allée consulter des livres sur la question (il y en avait très peu à l'époque). J'en ai acheté deux et j'ai préparé mon séminaire en choisissant dans chacun des livres ce qui me semblait à la fois le plus pratique, le plus facilement applicable, et le plus efficace. Le séminaire fut un réel succès et me fut autant utile qu'il le fut pour mes participants. En effet, à partir de ce moment-là (et bien que quelques années se soient écoulées avant que je n'anime à nouveau ce type de séminaire), chaque fois que je voyais les autres en situation de communication, ou que je m'y trouvais moi-même, je ne pouvais m'empêcher d'analyser et de décortiquer ce qui se passait. Je testais certaines choses (mon lointain passé de comédienne me fut d'ailleurs très utile, notamment sur les aspects non verbaux) et j'essayais de comprendre pourquoi certaines choses marchaient et d'autres pas.

Ma rencontre approfondie avec la neurolinguistique fut un tournant majeur car elle me permit d'appréhender l'importance phénoménale de ce qui se passe au niveau inconscient. Cela me permit tout particulièrement d'affiner les aspects non verbaux pour en accroître dramatiquement l'impact. Lorsqu'il y a dix ans, je décidai de creuser les questions du charisme et de la capacité à convaincre, j'eus l'immense chance d'être formée au Canada par mon amie Shelle Rose Charvet au « *Language and Behaviour Profile* ». De quoi s'agit-il ? C'est un outil neurolinguistique extraordinaire, encore très peu connu en France, qui se penche sur les **structures de langage** que nous utilisons (c'est-à-dire la *manière* dont nous parlons) et leurs effets sur la **motivation** de nos interlocuteurs, toujours au niveau inconscient. L'expérience approfondie de cet outil m'a permis d'en tirer les éléments qui me paraissaient à la fois les plus pertinents et les plus simples d'utilisation pour pouvoir ouvrir les esprits, toucher les cordes sensibles, et déclencher l'intérêt et la motivation de nos interlocuteurs.

Ce livre est donc à la fois un panaché de toutes ces rencontres, le fruit de mes expériences personnelles en tant que « communicante » avec ses hauts et surtout ses bas (mes erreurs, parfois cuisantes, furent très formatrices !), le résultat de milliers d'heures d'observation des excellents comme des mauvais communicants, et d'autant d'heures de formation de dirigeants de par le monde. Et – comble du bonheur ! – je continue à apprendre tous les jours !

Différentes façons d'utiliser ce livre

Ce livre est fait de telle manière que vous puissiez l'utiliser à votre convenance, selon vos **besoins** prioritaires ou votre **curiosité** du moment. Vous pouvez le lire du début à la fin, ou vous pouvez choisir les chapitres qui vous semblent le mieux répondre à ce que vous cherchez.

À la fin de chaque chapitre, vous trouverez les **points clés**, que vous pourrez utiliser de plusieurs façons :

* **après** lecture pour ancrer en mémoire ce que vous venez de lire ou pour un rappel rapide lors d'un besoin ponctuel ;
* **avant** lecture pour identifier les chapitres qui vous semblent les plus pertinents pour vous.

Pendant votre parcours tout au long de ce livre, lorsque vous mettrez en pratique les différents conseils proposés, il pourra vous être utile de vous rappeler que le pire obstacle que vous rencontrerez proviendra probablement de vous-même (votre autocensure ou votre excès d'exigence, par exemple). Alors, soyez bienveillant vis-à-vis de vous-même et surtout amusez-vous !

Vidéo et audio pour accompagner votre apprentissage

Certains lecteurs m'ont demandé s'il existait une vidéo qui illustrait les aspects non verbaux abordés dans ce livre, car ils trouvaient difficile de les appliquer sans aucun repère visuel ou auditif pour les guider. Eh bien oui, grâce à la jeune et dynamique société Weelearn il existe maintenant une vidéo « **Charisme et Leadership** » téléchargeable sur www.weelearn.fr où vous pourrez me voir en pleine démonstration ! D'autre part, pour ceux d'entre vous qui, comme moi, aimez écouter des choses utiles pendant que vous faites vos courses ou conduisez votre voiture, j'ai enregistré une version audio inspirée de ce livre, que vous pouvez vous procurer en allant sur mon site web : www.chilina-hills.com.

Première partie

Pourquoi développer votre charisme ?

Chapitre 1

QU'EST-CE QUE LE CHARISME ?

« Nul ne peut résister au charme inhérent à celui qui sait respecter la liberté des autres. Il s'agit là d'un des plus merveilleux paradoxes existant dans les relations humaines. »

André Pronovost

Que cherche à faire tout dirigeant dès lors qu'il estime utile de s'adresser à ses « troupes » – que ce soit en comité restreint ou devant des centaines voire des milliers de collaborateurs ? Il cherche à inspirer, à motiver, à inciter à l'action, il cherche, sans forcément en être conscient, à **déclencher chez ses collaborateurs des ressentis**, qui donnent envie de soulever des montagnes et de donner le meilleur de soi. Et il sait, comme la plupart d'entre nous, qu'en ayant du charisme, c'est quand même plus facile !

Mais qu'est-ce donc que le charisme ? Regardons quelques définitions de dictionnaires :

- *« Qualité d'une personnalité qui a le don de plaire, de s'imposer, dans la vie publique. »* (Le Robert) ;
- *« Grand prestige d'une personnalité exceptionnelle, ascendant qu'elle exerce sur les autres. »* (Larousse) ;
- *« Le charme spécial ou les qualités magiques personnelles qui permettent de gagner et de maintenir l'intérêt et l'amour de personnes ordinaires. »* (Longman, dictionnaire anglais).

Ah ! qu'il est difficile de mettre le doigt sur ce qu'est vraiment le charisme ! Si l'on s'en tient à ces définitions, le charisme :

- est un **don** ;
- est probablement **magique** ;

- appartient à des personnes **exceptionnelles** qui en usent pour s'imposer, exercer un ascendant, et se faire aimer par les autres (les gens ordinaires).

Il n'est donc pas étonnant qu'une personne qui bénéficie de ce don magique ait beaucoup plus de facilité à convaincre que les autres !

Que ce soit dans le cadre de la vie publique, privée ou professionnelle, « charisme » est le mot que les gens utilisent pour traduire **l'effet puissant** qu'un *autre* produit sur eux, effet dont ils n'arrivent pas à expliquer l'origine de façon rationnelle et spécifique : « Il dégage quelque chose... » ; « Elle est vraiment authentique... » ; « C'est son sourire... » ; « Elle sait vraiment nous impliquer... » ; « On sent sa passion... » ; « On sent qu'on est important pour lui... » ; « Elle est géniale... ».

En tout état de cause, si l'on nous reconnaît du charisme, cela veut dire que l'on s'est démarqué du lot sans pour autant savoir à quoi cela tient exactement. D'où cette croyance, confirmée par les définitions des dictionnaires, que le charisme est un don inné, rare, et distribué de façon aléatoire : « Enfin, pourquoi lui et pas moi ?... » En effet, il arrive que charisme et pouvoir de conviction jettent leur dévolu sur des personnes aux valeurs douteuses ! Ou pire encore, sur des personnes qui sont déjà belles et/ou brillantes et qui n'avaient vraiment pas besoin d'avoir ça en plus !... Devant tant d'injustice, nous sommes nombreux à penser que nous n'avons guère d'autre choix que de nous résigner à ne pas faire partie des élus ! Pourtant...

Où « réside » le charisme ?

On ne peut pas être charismatique tout seul, il faut au moins être deux : le charisme réside donc d'abord dans **le regard de l'autre**. De plus, le charisme de l'un n'opère pas de façon universelle sur tous les autres (et c'est tant mieux !) : je n'ai jamais rencontré une personne qui soit charismatique partout, tout le temps et avec tout le monde. Il est en effet rare que le charisme d'un dirigeant opère sur ses enfants adolescents, ou que le charisme d'un chef de gang opère sur les habitants du quartier. On pourra lui reconnaître le pouvoir qu'il exerce sur les autres, on en sera peut-être surpris, affligé ou attristé, mais on ne sera pas soi-même touché. Pour être touché par le charisme de l'autre, il faut déjà une certaine ouverture à l'autre, ou du moins qu'il n'y ait pas rejet total de ce qu'il représente.

L'entreprise : un terrain favorable
qui permet au charisme d'opérer

Le charisme opère lorsque le terrain de l'autre est potentiellement favorable. Il faut qu'il y ait la possibilité d'une **connivence** entre les parties, qu'il y ait des éléments permettant le rapprochement (intérêts communs, valeurs partagées, attentes réciproques), pour permettre au phénomène de se produire. Cas extrême, le « charisme » de Hitler répondait aux souffrances et aux attentes d'une grande partie de la population allemande. Totalement désorientée et démunie, celle-ci était « mûre » pour accueillir un « sauveur » ; elle ne demandait que ça. Mais il est également vrai − Dieu merci ! − que ce charisme n'opérait pas sur ceux qui étaient visés par ses attaques, ou dont les valeurs et les croyances étaient différentes.

Par conséquent, à moins d'avoir le malheur de travailler dans une entreprise que l'on déteste, ou dont l'activité nous insupporte (comme cela pourrait être le cas pour un pacifiste travaillant dans une fabrique d'armes de destruction massive...), le terrain de l'entreprise est très favorable à toute percée charismatique. Et la majorité des collaborateurs (à part peut-être quelques militants syndicaux inébranlables) sont prêts à être touchés par la « magie » du charisme. Chez certains, cette attente n'est pas toujours consciente, mais elle existe bel et bien, tel un espoir non formulé. Chez d'autres, qui vont jusqu'à déplorer haut et fort le manque de charisme de leurs dirigeants, cette attente est au contraire très consciente.

Une arme à double tranchant

Ceux qui se sont retrouvés dans le sillage d'un *leader* charismatique connaissent l'emprise de ce pouvoir de fascination à la fois euphorisant et énergisant. Comme tout ce qui est puissant, le charisme est une arme à double tranchant : plus un *leader* est charismatique, plus son statut est élevé dans l'entreprise, et plus il risque de mettre celle-ci en danger. Le charisme peut exercer un tel pouvoir sur les autres, qu'il peut les rendre à la fois sourds et aveugles. C'est le « **syndrome du gourou** » ; la fascination éprouvée est telle que rien ne peut ébranler la confiance et l'élan que celui-ci a su insuffler. C'est ce qui explique que des gens pourtant intelligents, éduqués, dotés d'une vaste expérience, et exerçant de fortes responsabilités ne voient pas, ou choisissent d'ignorer, les signaux d'alarme de l'environnement ou de tout ce qui serait susceptible de mettre en cause la « vérité du gourou ». Ajoutez à cela les phénomènes de groupe où, malgré ses doutes ou interrogations, l'un des adeptes se persuadera qu'il a tort, puisque les autres (qui sont loin d'être des idiots) continuent, ou semblent continuer, à **faire corps** avec le *leader*.

Trop de charisme, comme trop de pouvoir, n'est pas souhaitable. Rares sont ceux qui arrivent à garder la tête froide lorsque le monde est « à leurs pieds », lorsque tout ce qu'ils disent est perçu comme parole d'évangile. Ils se nourrissent de la fascination qu'ils exercent comme d'une drogue. Le sentiment de puissance étant si délicieux et si euphorisant, ils finissent par se croire invincibles. De fait, ils sont seuls à prendre les décisions, à apporter *leurs* solutions. Ils règnent sur des équipes en état « d'hypnose », perchés sur leur nuage, où toute remise en question extérieure est rejetée et occultée… Lorsque le charisme se transforme en une confiance en soi aveugle, que l'on est totalement ébloui par sa propre lumière, il est généralement trop tard. La chute n'est pas loin, et lorsqu'elle arrive, elle est très brutale… comme chaque fois qu'une entreprise se retrouve victime de son *leader* et de ce phénomène.

Charisme et séduction

L'entreprise est donc un terrain propice à la percée du charisme, et les dirigeants ne demandent pas mieux que d'en avoir. Mais là aussi, attention ! Quelle distinction existe-t-il entre *charisme* et *séduction* ? Quelle est la nuance et en quoi est-elle importante ?

Il est vrai que dans les deux termes, on retrouve la notion de fascination, de « magie personnelle », d'un certain pouvoir exercé sur l'autre. Dans les deux cas, on peut être ou ne pas être conscient de ce pouvoir. La différence la plus évidente est la **connotation** généralement **sexuelle** liée à la séduction. Il est clair que sur le terrain de l'entreprise, il n'est pas conseillé d'exercer ce pouvoir-là sur ses collaborateurs ! Il arrive cependant que la différence ne soit pas si tranchée, qu'un dirigeant utilise ses capacités de fascination sur l'autre, afin d'arriver coûte que coûte à ses fins, sans pour autant qu'il y ait une quelconque connotation sexuelle. Bien que l'on puisse être tenté d'appeler cela « charisme », je préfère marquer la différence en appelant cela « séduction » car ce genre de procédé équivaut à de la **manipulation**.

En effet, se servir de son charisme dans le seul but de parvenir à ses fins, et sans se soucier de l'autre, revient à agir en séducteur – en tout cas, comme l'un de ces séducteurs pour qui l'autre n'est qu'un instrument de l'assouvissement de ses désirs. Ce genre de stratégie tient rarement dans la durée, car l'ingrédient clé du *leadership,* à savoir la **confiance**, ne peut se développer dans un tel manque de considération des besoins, aspirations et préoccupations réels de l'autre. Pour que votre charisme et votre capacité à convaincre vous servent vraiment, il est impératif que les autres y trouvent leur compte, et ceci à long terme. C'est un véritable **échange**, où se bâtit et se renforce la confiance mutuelle.

Il y a aussi un autre type de séducteur qui utilise sa capacité à séduire (qu'elle soit ou non sexuellement connotée) non pas pour arriver à ses fins, mais plutôt pour compenser ou **masquer** un manque ou une peur. Il se caractérise par :

* son **manque de confiance** en lui ou en ses compétences (comme certaines jolies femmes qui, redoutant de ne pas être

assez crédibles sur le plan purement professionnel, recherchent l'approbation et l'adhésion de leurs interlocuteurs masculins en « flirtant » avec eux) ;

- sa **peur de montrer sa vulnérabilité** (comme certains hommes qui, fonctionnant sur les modes « Sois fort ! » et « Sois parfait ! », masquent leur crainte de prendre une mauvaise décision ou d'être pris en flagrant délit d'ignorance, et « noient le poisson »).

Dans les deux cas, la séduction, en tant que technique manipulatoire, n'est pas la meilleure stratégie. Elle marche dans l'immédiat, mais à plus long terme, elle est suicidaire, car il n'y a pas de pire obstacle que la méfiance, le mépris, ou le désir de vengeance des personnes qui découvrent qu'elles ont été manipulées.

Les attributs du *leader* charismatique

Chaque fois que j'ai vu ce que j'appelle un vrai *leader* charismatique à l'œuvre, et quel que soit son style personnel (qu'il soit sobre ou démonstratif, calme ou débordant d'énergie, qu'il manie ou non l'humour), voici, en vrac, les éléments que je retrouve chez lui. Il semble :

- incarner une **cause** ou un combat ;
- être « éclairé » de **l'intérieur** ;
- faire « **passer** le courant » ;
- être **bien** dans sa peau ;
- être **content** d'être avec son public ;
- ne pas avoir **peur** ;
- n'être jamais **déstabilisé** ;
- être **humain** ;
- faire **passer** son humanité ;
- **valoriser** son public ;
- avoir l'attitude et les mots **justes** ;
- **convaincre** sans imposer ;
- **maîtriser** parfaitement son sujet.

Ce qui est frappant au sein de cette liste, c'est qu'à part l'élément concernant la maîtrise du sujet qui se rapporte à la connaissance et au contenu, c'est-à-dire au rationnel, le reste de la liste est, au contraire, relatif à l'irrationnel, à ce qui est difficilement explicable de façon raisonnée et factuelle. Encore une fois, et à des degrés plus ou moins marqués, nous nous retrouvons confrontés à un monde qui, pour certains d'entre nous, reste encore dérangeant au sein du domaine professionnel : le monde du **relationnel** et des **émotions**. Et pourtant, c'est bien cela qui fait la différence entre un *leader* charismatique et un *leader lambda* qui estime que seule la valeur du contenu est suffisante, et surtout, qu'elle seule devrait suffire ! Toutefois, celui-ci n'a pas complètement tort, car au bout du compte, c'est quand même la valeur de ce qu'il dit qui est importante… Mais, si nous sommes honnêtes, nous savons que cela ne suffit pas. Il manque tout ce qui va donner vie et couleur à nos mots, il manque tout ce qui va permettre que le message passe, que le **message touche**. C'est la différence entre offrir un diamant brut dans un morceau de papier journal, ou offrir un diamant taillé dans un bel écrin. Celui-là est le même diamant, il a fondamentalement la même valeur, mais à part quelques initiés, qui saurait la reconnaître ? Alors qu'un diamant taillé, brillant de tous ses feux dans un bel écrin sera l'évidence indéniable de sa valeur.

Le charisme à votre portée

Chacun possède les dons du charisme et du pouvoir de conviction. Chacun a cette magie à sa portée. Chacun est un être exceptionnel. Mais la plupart l'ignorent, ou n'y croient pas. Pourtant, comme le diamant brut, le charisme et le pouvoir de conviction sont des qualités qui se travaillent de façon experte. Il s'agit d'un travail exigeant, il faut le savoir. Mais il vous récompensera au centuple de tous les efforts que vous aurez faits si vous jugez important de :

- asseoir et maintenir votre **crédibilité** en toutes circonstances ;
- convaincre et rallier à votre **cause** ;
- motiver et donner envie de donner le **meilleur** ;
- créer la **confiance**.

Comme vous le savez, il y a peu de dirigeants, aussi brillants soient-ils, qui sachent bien accomplir ces actions. Comme vous le savez aussi, savoir agir de la sorte est un atout indéniable pour ceux qui ne sont pas encore dirigeants, et qui voudraient le devenir – il y a en effet de grandes chances pour qu'ils y arrivent plus vite !

Les chapitres suivants vous livreront les secrets de la magie du charisme et du pouvoir de conviction :
- Comment développer cette présence, ce rayonnement, cette facilité de connexion **avec les autres** ?
- Comment **déclencher** plus souvent ces moments de grâce, où vous dites la bonne chose au bon moment, où vous voyez cette expression sur les visages qui vous montre qu'ils sont vraiment avec vous ?
- Comment manier avec aisance des **situations difficiles** et accroître la **confiance** que les autres vous portent ?
- Comment asseoir ou renforcer votre **crédibilité** ?
- Comment **inspirer** ?

Qu'est-ce que le charisme ?

✓ D'après les définitions de différents dictionnaires, le charisme :

- est un **don** ;
- est **magique** ;
- appartient à des personnes **exceptionnelles**.

✓ Le charisme d'une personne n'opère **pas** de façon **universelle** sur tous les autres.

✓ Le charisme ne peut opérer que sur un terrain favorable, lorsque la **connivence** est possible.

✓ Un dirigeant trop charismatique est dangereux pour lui-même, pour les autres, et pour l'entreprise : c'est le « **syndrome du gourou** ».

✓ **Séduction** et **charisme**, quelle différence ?

- la séduction est un moyen d' arriver à ses fins **sans se soucier de l'autre**, ou de combler un manque que l'on veut cacher (stratégie à court terme) ;
- le charisme est un moyen d'arriver à ses fins tout en se préoccupant sincèrement des **besoins et aspirations de l'autre** (stratégie à long terme qui bâtit et renforce la confiance).

✓ La majorité des éléments qui constituent le charisme tiennent du domaine intangible des **émotions** et du **ressenti**. Le charisme et le pouvoir de conviction sont **en chacun d'entre nous**. À nous de savoir les travailler de façon experte afin de faire jaillir toute leur « magie ».

Chapitre 2

UN ART PARADOXAL

« Un discours improvisé a été réécrit trois fois. »
Winston CHURCHILL

Les mots seuls ont peu d'impact

Quand quelqu'un prend la parole, c'est évidemment pour dire quelque chose (du moins le lui souhaite-t-on !). Ce qu'il y a de plus important lorsque vous vous adressez à vos équipes est ce que vous leur dites. Premier paradoxe : certes, c'est ce qui est le plus important, mais c'est aussi ce qui a le moins d'impact. Iriez-vous au théâtre uniquement pour écouter les mots des acteurs ? Même un texte magnifique aurait du mal à vous toucher s'il vous était livré par un comédien qui aurait l'air d'avoir « avalé un balai », qui regarderait ses pieds, ou qui userait d'un ton monocorde. Il vous faudrait vraiment faire un effort surhumain pour suivre les mots et en apprécier la valeur. Autant lire la pièce, ce serait moins pénible !

Il ne s'agit pas de théâtre, me direz-vous… C'est vrai. Le comédien a un « rôle » plus facile que celui de dirigeant : on lui demande seulement de nous divertir, de nous faire rire, de nous faire pleurer, ou de nous faire réfléchir. On passe un bon ou un mauvais moment, on est content ou pas content ; et puis c'est fini, on passe à autre chose… Au dirigeant, on lui demande de nous motiver, de nous donner envie d'agir, de nous inspirer, de nous rassurer, de nous donner confiance, et qui plus est de façon régulière et soutenue ! Tout ceci est-il vraiment possible si, à chaque fois qu'il s'adresse à nous, il a l'air d'avoir « avalé un balai » ? Est-ce vraiment possible d'avoir ces ressentis, s'il est gris muraille, constipé et ennuyeux ?

La forme au service du fond

Le chercheur en communication **Albert Mehrabian**, à la suite d'années de recherche et d'observations dans le monde entier, a quantifié en pourcentage l'impact des trois éléments constitutifs d'une communication :

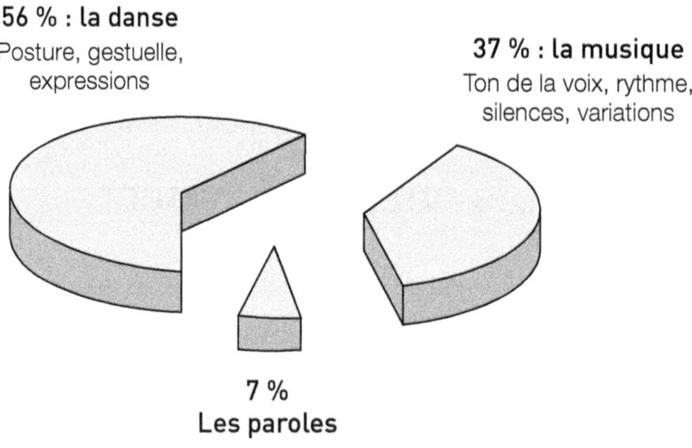

Figure 1 : L'impact des canaux de communication

Ce qui revient à dire que **93 %** de l'impact de notre message sur nos interlocuteurs est dû à la forme, au **non-verbal**, à la manière dont nous accompagnons les mots.

Être ou paraître ?

L'un des obstacles majeurs que je rencontre lorsque je forme des dirigeants, c'est leur adhésion à cette croyance : il est mal et même **vulgaire** de se préoccuper de la forme ; cela n'est pas digne de dirigeants qui se respectent. Cette croyance est profondément ancrée, et nous vient probablement de notre éducation judéo-chrétienne, où tout ce qui a trait à l'apparence est proche du diable – la véritable beauté est intérieure. Et nous touchons ici à cette autre constatation : notre société tout entière est vouée à l'apparence. De l'emballage des yaourts aux voitures, en passant par les cosmétiques et les vêtements, nous baignons intégralement dans le monde du **paraître**.

Mais si l'on regarde les faits, nous acceptons tous – quelques rebelles mis à part – cet état des choses, et nous nous apercevons même que nous sommes **conditionnés** à paraître dès notre plus jeune âge. Les vêtements que nous portons, les coiffures que nous arborons, les « tortures » que nous nous infligeons pour avoir l'air plus mince, plus beau, et bien sûr plus jeune, en disent beaucoup plus long sur nous que tous les discours. Pourtant, notre société s'en défend : « L'habit ne fait pas le moine », dit-elle… alors que tout contribue à nous prouver le contraire. Nous sommes confrontés à un paradoxe flagrant : « Paraître est mal, seul l'intérieur compte, mais fais ton maximum pour paraître ! » Tel est le message ambigu sur lequel nous essayons de calquer notre comportement.

Alors, nous nous réfugions dans l'intellect, l'esprit, la connaissance : « Voilà les vraies valeurs !… Alors surtout, n'allez pas les souiller en y ajoutant du paraître ! Faites en sorte que les autres se **rendent compte** de la valeur de ce que vous dites, sinon, ils ne vous suivront pas !… » Et me voilà face à mes dirigeants, qui sont pourtant là de leur plein gré, qui ne demandent qu'à apprendre *comment* il faut s'y prendre, mais qui « freinent des quatre fers » dès qu'ils commencent à percevoir que le plus gros de l'effort qu'ils auront à fournir est dans la forme et donc au niveau du paraître… Quoi de plus normal, quand des années de certitudes sont remises en cause ! des années d'éducation où l'on nous a dit que seuls l'esprit, les hautes études et le savoir comptent. C'est notamment très flagrant en France, où tout parent qui se respecte n'aspire qu'à une chose pour son enfant : qu'il entre dans une grande école où sa réussite professionnelle et sociale sera assurée « pour la vie ». Et de ce fait, toute voie qui ne fait pas appel au déploiement de sa « brillance intellectuelle » est considérée comme beaucoup moins souhaitable, même à revenus équivalents !

Alliez le corps et l'esprit

Si l'on y regarde bien, cette manière de privilégier l'intellect est **la manière acceptée de paraître dans notre société.**

Mais elle occulte les autres dimensions de l'être humain :
* sa dimension **physique** ;
* sa dimension **émotionnelle** ;
* sa dimension **spirituelle**.

C'est l'alliance de tout cela que nous voyons quand nous avons quelqu'un devant nous, et la véritable beauté est l'harmonie entre toutes ces dimensions. Malheureusement, cette harmonie est rare, car si je rejette ma dimension physique, sous prétexte que « c'est mal », je crée forcément un mal-être intérieur qui viendra teinter toutes les autres dimensions. Au bout du compte, c'est cela que les autres voient de moi, c'est exactement cela que je manifeste dans la manière dont *j'apparais*. Si j'acceptais pleinement, avec bienveillance, ces autres dimensions qui me constituent, si je les honorais en les respectant et en les soignant à la hauteur de ce qu'elles m'apportent, je n'aurais plus à me préoccuper du paraître ou du non-paraître car je serais tout simplement **authentique**.

Retrouvez l'authenticité

Le grand paradoxe de ce livre, est qu'il s'agit de passer par des techniques pour retrouver notre authenticité perdue ; c'est-à-dire qu'il s'agit de modifier notre comportement… Mais, dans les faits, il n'y a pas de paradoxe et de la même façon que le mental agit sur le physique, le physique agit sur le mental.

Ne vous est-il jamais arrivé d'être de mauvaise humeur, et néanmoins forcé d'être accueillant et souriant, parce qu'il y avait un enjeu important, ou que la ou les personnes concernées vous étaient chères ? Il est vrai que les premières secondes sont difficiles : vous vous « collez » le sourire et faites les gestes d'accueil adaptés. Mais que se passe-t-il très rapidement ? Votre envie de « mordre » disparaît, et votre mauvaise humeur s'évanouit… Pourquoi ? Parce que, outre la décision que vous avez prise (à savoir que le jeu « en valait la chandelle »), le fait de sourire, de faire les gestes d'accueil envoient à votre cerveau le message : « Maintenant, je vais bien » ; et par conséquent vous finissez par vous sentir vraiment bien. En vous forçant durant quelques secondes, en faisant *semblant,* vous vous êtes donné les moyens de **déclencher votre bien-être** et de le ressentir de façon authentique.

Le travail que nous allons faire ensemble suivra le même principe : en vous forçant un peu sur les éléments « danse » et « musique » (la forme !) vous retrouverez le chemin du naturel et de l'authenticité.

La danse : 56 % du message

La danse, c'est votre **comportement physique**, c'est la manière dont vous bougez, dont votre corps accompagne ce que vous dites. C'est ce que les autres voient de vous, et c'est ce qu'ils voient de vous qui va être le plus déterminant au niveau de l'impact, de l'impression que vous allez produire. Si vous en doutez, essayez de faire croire à quelqu'un que vous êtes sûr de vous et confiant en étant courbé en avant, en regardant par terre, en pinçant votre bouche, et en vous tripotant les doigts… Au pire ils n'y croiront pas (même si vos mots sont justes), au mieux ils resteront perplexes, ne sachant que penser de vous. Le plus souvent tout cela se passe au niveau inconscient : les gens n'y croient pas, mais ils ne savent pas exactement vous dire pourquoi. Vous connaissez sans doute tous Droopy, le personnage de *cartoon* qui répète à qui veut l'entendre : *« You know what ? I am happy »* (« Vous savez quoi ? Je suis heureux »), alors qu'il a l'air particulièrement sinistre ! Croyez-vous qu'il soit heureux ? Croyez-vous qu'il soit malheureux ?

La danse est donc ce qui va donner une **cohérence à votre message,** qui va faire que l'on va vous croire ou ne pas vous croire, qui va asseoir ou non votre crédibilité, qui va inspirer confiance ou déclencher le scepticisme. Tous vos gestes comptent ; ils renferment une signification cachée qui agira sur l'inconscient de l'autre. De même pour votre posture, la manière dont vous vous tenez et la position de vos jambes. De même pour vos déplacements, pour les expressions de votre visage, ainsi que la façon dont vous utilisez votre regard. Tout cet ensemble est ce qui va

vous servir ou vous desservir le plus. Tout cet ensemble, lorsqu'il est mal utilisé, peut ruiner des heures de préparation en quelques secondes…

La musique : 37 % du message

La musique est **tout ce que vous faites avec votre voix.** Attention, il ne s'agit pas des mots que vous prononcez, mais de leur accompagnement sonore. De la même façon, lorsqu'un artiste chante une chanson, c'est l'air de la chanson et la façon dont l'artiste va la chanter qui vont déterminer le succès de la chanson. L'air sera entraînant ou non, il donnera envie de l'écouter ou non, la voix de l'artiste et la manière dont il s'en sert donneront vie, couleurs et émotions aux mots (même s'ils sont dans une langue étrangère que l'on ne comprend pas !).

C'est la même chose en communication : la belle voix grave passera mieux qu'une voix de crécelle ; un rythme souple et variable, parfois enlevé, parfois lent, avec des ruptures, des silences, des tonalités variées, et des changements de volume passeront mieux (et tiendront éveillé !) qu'un rythme uniforme, un ton monocorde et un débit invariable. Et c'est aussi la musique qui, alliée à la danse, déterminera le niveau de confiance et de conviction que vous inspirerez – ou que vous n'inspirerez pas…

Les paroles : 7 % du message

On a beau le savoir, ce chiffre nous reste toujours en travers… Néanmoins, la puissance des mots n'est plus à démontrer. Malgré tout ce qui est dit plus haut, c'est évidemment ce qu'il y a de plus important dans votre communication… Autrement, à quoi sert-il de parler ? Pourquoi mettre tant d'efforts dans l'accompagnement sonore et visuel si l'on n'a rien à dire ?

Bien sûr, mais pourtant l'oral est différent de l'écrit :

- **à l'écrit** le contenu reste : on peut le lire et le relire, on peut s'imprégner du fond et on peut se forger une opinion sur des bases concrètes auxquelles on peut se référer le cas échéant (si l'écrit est mauvais, si le fond ne tient pas la route, il sera vite écarté) ;

- **à l'oral**, ce qu'il reste d'abord c'est une impression, un ressenti par rapport à l'expérience vécue (et non le fond).

Ceci me fait penser à une prestation de Jean-Marie Le Pen pendant sa campagne télévisée aux élections présidentielles de 2001, durant laquelle, au lieu de parler politique, il montra son « album de famille ». On voyait M. Le Pen et les membres de sa famille en compagnie des « grands » de ce monde (de bords politiques divers et variés), d'acteurs connus, ou de personnages admirés et respectés pour leur dévouement humanitaire… Photos invariablement chaleureuses, où l'on se sourit, où l'on se tient par les épaules… Bref : Jean-Marie Le Pen et sa famille donnaient l'impression d'être les amis intimes de tous ces gens. Et bien que M. Le Pen commentât ces images d'un ton enlevé, entraînant, joyeux et rieur, je ne garde aucun souvenir en tant que tel de ce qu'il a dit… La forme avait donc ici remplacé le fond (en quoi ces photos-là sont-elles un argument politique valable sur lequel on va décider du *leadership* de son pays ?). Elle visait à induire la sympathie, à donner une impression de confiance en un homme qui est l'ami de « tout le monde ».

À l'oral, le fond est donc « changeant », on ne peut pas le saisir et le garder pour l'analyser plus tard… Certains le savent, et n'hésitent pas à privilégier la forme pour remplacer, ou même masquer le fond !

Sans la forme, il n'y a pas de bon message

C'est pourquoi, si votre message est important — *surtout* si votre message est important —, **apprenez à vous servir de la forme**. Ne comptez pas sur la puissance de vos mots : ils ne feront pas « mouche » sans la forme. N'oubliez jamais que quelqu'un de charismatique, qui sait donc manier la forme, arrivera, même avec un message creux ou peu cohérent, à faire une forte impression sur son auditoire — il aura sur lui ce fameux « ascendant ».

Ne risquez pas de rester inaperçu malgré votre merveilleux message ! Ce serait injuste pour vous, et dommage pour les autres !

Qu'est-ce qu'un bon message ? Il y a l'intention (ce que l'on veut faire passer), l'idée et les arguments. Mais tout cela ne suffit pas : un bon message, peu ou mal préparé dans sa structure, n'aura pas l'impact d'un message ciselé sur mesure. Si vous y mettez la forme, ce sera, bien entendu, « pas mal ». Mais vous pouvez faire encore mieux, beaucoup mieux ! Vous pouvez, selon l'effet recherché, choisir d'utiliser certains mots ou expressions, des tournures particulières, et des figures spécifiques : votre intervention sera alors un véritable « chef-d'œuvre ». Il est vrai que cela nécessite beaucoup de travail pour en arriver là. Mais lorsque les enjeux sont forts ou que la compétition est rude, cela n'en vaut-il pas la peine ?

Préparez longuement pour improviser brillamment

Vous accomplirez alors le plus élégant paradoxe de l'art de la communication : vos interlocuteurs, sous le charme et fascinés, seront alors persuadés que vous avez brillamment improvisé, que « cela venait tout seul »…

J'ai assisté récemment à une intervention brillante d'un vice-président auprès de ses « troupes ». Le lendemain, je discutai de cette intervention avec les *managers*, et lorsque je me permis de faire remarquer que pour en arriver là, leur vice-président avait dû effectuer une énorme préparation, je me fis presque « lyncher » : dans leur esprit, une intervention de cette nature *ne pouvait pas* être préparée, elle était trop authentique. J'ai bien senti que s'ils avaient obtenu la confirmation qu'il y avait effectivement eu une grande préparation d'effectuée, ils se seraient sentis « trompés » dans leur admiration. Il y avait là à l'œuvre une vieille croyance (comme souvent inconsciente) qui dit à peu près ceci : « Celui qui improvise est brillant, celui qui prépare est besogneux. »

Comme il est dangereux de croire en de pareilles affirmations ! Je vous invite à ne pas vous y laisser prendre, surtout si c'est vous qui devez intervenir. **Préparez à fond et laissez croire que vous improvisez avec brio** ! Si cette dernière phrase vous choque, c'est qu'il y a en vous une autre croyance à l'œuvre, une croyance très répandue, et qui, comme la précédente, est le plus souvent inconsciente. La voici : « Avoir un impact sur les autres en se servant de techniques qui agissent à leur insu est de la pure manipulation : c'est mal. »

D'accord si se servir de ces techniques est uniquement destiné à servir ses fins, sans se préoccuper des fins ou du bien-être des autres. Avec l'expérience, j'ai eu le soulagement de découvrir que la plupart des gens préfèrent arriver à leurs fins dans un environnement humain porteur, où les autres (collaborateurs, pairs, supérieurs, clients) ont également l'opportunité d'arriver à quelque chose et de s'épanouir. Ils ont raison, car il est toujours plus facile d'arriver à quelque chose lorsqu'on a de véritables alliés. Celui qui utilise ces techniques uniquement pour manipuler doit avoir la force de supporter les sabotages des manipulés qui finissent toujours par se rendre compte du stratagème qui leur a été infligé.

Alors, à moins que vous ne soyez un arnaqueur professionnel, qui fait son mauvais coup et s'en va (qui n'a donc pas à subir les conséquences de sa manipulation), si vos intentions sont pures, si vous respectez les gens auxquels vous vous adressez, s'il est important pour vous qu'ils aient eux aussi des satisfactions et qu'ils s'épanouissent, alors utilisez ces techniques sans sourciller, car elles vous aideront dans votre mission.

Un art paradoxal

✓ **Quelques paradoxes à dépasser :**
- les mots sont essentiels, mais la forme compte pour **93 % dans l'impact** de notre communication ;
- notre éducation nous dit que « c'est mal » de paraître mais la société tout entière est vouée à **l'apparence** ;
- on peut retrouver le naturel et l'authenticité à travers des **techniques** ;
- ce qui a l'air brillamment improvisé a été longuement **préparé** ;
- plus votre message est important, plus vous devez vous préoccuper de la **forme**.

✓ **À l'oral, le fond est « changeant »**

On ne peut pas le saisir et le garder pour l'analyser plus tard. Ce qui reste c'est d'abord une impression, un ressenti par rapport à l'expérience vécue.

Le non-verbal : parler le langage du corps

« Le corps n'est que le reflet de l'âme. »

Fox Emmet

Chapitre 3

ÉTABLISSEZ VOTRE CRÉDIBILITÉ GRÂCE À VOTRE POSTURE

*« Vous n'aurez jamais une deuxième chance
de faire une première bonne impression. »*
David SWANSON

On le sait, ce n'est pas parce que vous êtes quelqu'un d'éminemment crédible que vous donnez forcément cette impression. Or, nous l'avons vu, à l'oral l'impression que vous faites est cruciale ; c'est une véritable **empreinte** que vous laissez dans les esprits. Établir votre crédibilité passe avant tout par le langage de votre corps, par votre posture, et cela prend moins dc 30 secondes !

Votre posture parle de vous

Debout ou assis, votre posture en dira long sur vous. Être debout, devant un auditoire, est indéniablement la position la plus difficile. L'image que vous projetez est le reflet de ce qui se passe à l'intérieur de vous, que vous en soyez conscient ou non. C'est aussi le résultat de vieux **automatismes** liés à l'éducation concernant le corps et son utilisation. Vous êtes mal à l'aise : cela se voit. Vous vous sentez gauche : cela se voit. Votre corps vous encombre : cela se voit. Vous vous sentez comme « tout nu » : cela se voit… Oui, c'est justement dans ces moments-là, où vous êtes « **exposé** » devant les autres, que vous prenez conscience de votre corps. Tout à coup, il est là – et bien là ! On aimerait pourtant que ce corps disparaisse, qu'il devienne invisible pour s'en libérer…

À éviter

Que fait-on la plupart du temps dans ces moments-là ? On fait tout ce qu'il vaudrait mieux ne pas faire ! Dans l'espoir d'être « invisible », on se débrouille pour se rendre terriblement visible. Voici quelques mauvaises postures que l'on utilise pour la position debout :

- adopter une posture **bancale**, en appui sur une jambe, puis sur l'autre, toujours en situation de déséquilibre ;
- avancer d'**un pas ou deux**, puis reculer d'autant, et recommencer indéfiniment (souvent on ajoute un ou deux pas sur le côté, transformant la figure en une danse répétitive) ;
- se tenir **courbé en avant**, les épaules rentrées, la tête penchée en avant ou sur le côté, ou les deux.

Toutes ces postures, souvent panachées entre elles, ont un effet lamentable sur notre auditoire, d'autant plus qu'elles sont le plus souvent accompagnées (comme nous le verrons plus loin) d'une gestuelle également peu effective.

Rassurez votre auditoire

Lorsque nous regardons ces postures, que voyons-nous ? Un corps en position instable, un corps qui bouge de façon involontaire, un corps asymétrique et fermé. Il n'est donc pas surprenant que de telles postures donnent une **impression d'instabilité**, de déséquilibre, de nervosité, de fermeture ou d'inconfort. Et par conséquent, il n'est pas non plus étonnant que ces postures ne rassurent pas notre auditoire et n'engendrent pas l'envie de nous faire confiance !

Votre auditoire a besoin avant tout d'être rassuré par le fait qu'il a bien en face de lui quelqu'un de solide et de crédible. Sinon, comment même songer à lui faire confiance et à se rallier à sa cause ?

Une posture symétrique

Heureusement, il n'existe pas « trente-six » postures pour établir sa crédibilité. Il n'y en a qu'une, et elle est d'une simplicité enfantine. C'est une posture qui reflète physiquement les notions d'équilibre, de stabilité et d'ouverture. Elle nous vient de la posture adoptée par le « mâle dominant » chez les primates hominidés, comme chez nos cousins les gorilles. En adoptant cette posture, le mâle dominant communique sa supériorité et rassure les autres sur sa capacité à les diriger et à les protéger. Il se tient debout, droit, les jambes légèrement écartées, et expose de façon ostentatoire ce qu'il a de plus précieux : ses parties génitales. C'est sa façon de dire : « Je suis tellement puissant et sûr de moi que je n'ai même pas besoin de protéger ce que j'ai de plus précieux : je n'ai peur de rien ni de personne ! » Chez l'homme, on retrouve aisément cette posture dans les représentations de cow-boys et de héros. Malgré toute notre sophistication d'homme civilisé, et bien que nous n'en ayons absolument pas conscience, c'est encore et toujours cette posture-là qui signifie puissance et assurance aux yeux de l'autre. Par chance, la posture de « mâle dominant » n'est pas réservée aux seuls hommes : les femmes qui l'appliquent produisent exactement le même effet. Il suffit donc, tel le cow-boy ou le héros, de se tenir droit et symétrique, les deux pieds légèrement écartés et bien ancrés dans le sol, les épaules ouvertes et la tête droite.

C'est simple, facile, confortable, et c'est magique ! Votre public se sentira mieux face à une telle image, car il reflète ce que vous projetez… Rien que par votre posture, vous pouvez en un clin d'œil mettre une salle de cinq cents personnes à l'aise – ou mal à l'aise !

Tout ce qui est asymétrique (déhanchement, tête penchée) tend à donner l'impression que vous n'êtes pas très sûr de vous ou que vous recherchez l'approbation. Au mieux, on vous trouvera « bien gentil », « sympathique », voire « marrant », mais certainement pas crédible, ni rassurant dans le rôle d'un dirigeant.

Si vous êtes assis

Il en va de même pour la position assise, qui peut sembler plus facile puisque vous avez en général des appuis pour le dos, parfois pour les bras, et souvent une table entre vous et vos interlocuteurs. Ne pensez pas cependant que vous n'ayez pas à vous préoccuper de votre posture ! Soyez assis droit, symétrique, le bas et le milieu du dos calés confortablement contre le dossier de votre siège (mais attention, ne soyez pas « raide comme un piquet », ni vautré), les jambes parallèles et les pieds posés à plat sur le sol (même si l'on ne voit pas vos jambes, elles ont un impact sur le reste de votre posture, et cela se voit ; ou du moins cela est « capté » par les radars inconscients de vos interlocuteurs). Ce n'est donc pas le moment de relâcher votre vigilance et de croiser vos jambes ! ou pire, de laisser vos jambes et vos pieds gigoter sous la table !

Si vous êtes une femme

Si vous êtes une femme, cet aspect relatif à la posture est **crucial**. N'oublions pas que malgré la « libération » de la femme et toutes les bonnes intentions du monde, les vieux schémas perdurent, et l'égalité demeure une illusion. Une femme devant un public composé majoritairement d'hommes doit doublement assurer sa crédibilité : c'est comme ça. Si sa posture est asymétrique (ce qui est assez courant chez beaucoup de femmes) et pour peu qu'elle soit très souriante, elle sera vite cataloguée comme « bien gentille » ou comme « nunuche », sachant de plus que ses attraits physiques auront déjà été passés en revue.

Ainsi, pour aider nos « amis les hommes » à dépasser ces vieux automatismes, au moins dans les situations professionnelles, j'invite les femmes à être très vigilantes quant à leur posture et à l'image qu'elles veulent projeter. Attention ! Il ne s'agit pas de se transformer en homme, mais de se rendre crédible et d'être prise au sérieux – ce qui est encore de nos jours un réel défi. En ce qui concerne la position assise, la majorité des femmes a tendance à croiser ses jambes, ou au moins ses pieds ; gestes inconscients de protection sociale contre une agressivité masculine potentielle (éviter des jupes trop courtes qui ne feront que renforcer cette tendance). Or, décroiser les pieds et les jambes offre plusieurs avantages non négligeables. Cela :

* libère la **circulation** sanguine ;
* permet aux **muscles** de s'oxygéner et de mieux fonctionner ;
* et donne une **image** d'assurance et de solidité à nos interlocuteurs.

Pouvez-vous vraiment donner le change ?

Mais, franchement, sachant que votre corps manifeste extérieurement ce qui se passe à l'intérieur de vous, comment pouvez-vous *vraiment* avoir l'air serein et être content d'être là, si vous ressentez tout le contraire ?

Comment faire semblant ?

Réjouissez-vous ! Dans la plupart des cas il suffit de **faire semblant**. Oui, il s'agit de faire semblant d'être serein et content d'être là.

> **La technique du « faire semblant »**
>
> 1. Respirez profondément et lentement deux ou trois fois de suite (ce genre de respiration qui nous vient naturellement lorsqu'on est en situation de grand bien-être et de plénitude) ;
> 2. Adoptez la position physique qui correspond à cet état (il vous suffit pour cela de vous remémorer un moment de votre vie où vous avez ressenti ce bien-être et cette plénitude et de vous mettre dans la position physique correspondante).

Vous verrez qu'au bout de quelques instants, vous commencerez à vraiment vous sentir mieux, à être vraiment plus à l'aise. Ça marche ! Car notre cerveau ne sait pas faire la différence entre *faire vraiment* et *faire semblant* ; il réagit par rapport aux informations que vous lui envoyez, sans chercher à savoir si elles sont « vraies » ou « fausses». Et il libère alors automatiquement les hormones et produits chimiques qui correspondent aux informations envoyées.

Si par exemple vous faites semblant d'être en colère, en reproduisant fidèlement la posture, les gestes, les expressions faciales, et la voix d'une personne fortement en colère, vous constaterez qu'il ne faudra pas longtemps avant que votre cœur ne batte plus vite, que votre température n'augmente, que votre respiration ne soit plus rapide, que votre peau ne rougisse, jusqu'à ce que vous vous mettiez *réellement* à trembler si vous jouez le jeu assez longtemps. Et vous aurez seulement fait semblant de le faire….

Ce qui explique qu'un comédien jouant tous les soirs des mois durant le rôle d'une personne en colère puisse développer des troubles physiques liés aux excès d'adrénaline. Ce qui explique également qu'une personne qui pratique régulièrement la relaxation ou autre technique du même genre, développe au contraire une immunité accrue. Faites donc l'expérience du « faire semblant » en vous sentant puissant, serein, et content d'être là… et voyez ce que cela donne – concentrez-vous sur la respiration, la position physique, et souriez !

Déjouez les automatismes qui vous parasitent

Bien sûr, parfois cela ne marche pas, et c'est en général dû à l'une des deux situations suivantes :

- soit l'on se retrouve totalement **submergé par des émotions** (la panique par exemple) dont l'intensité est telle que l'on n'est plus maître de soi (si ce genre de choses se reproduit régulièrement, il peut valoir la peine de se faire aider) ;
- soit l'on parasite ses efforts de « faire semblant » en entretenant des pensées ou **images négatives** qu'on laisse revenir en boucle (« Je fais un fiasco » ou « Je passe pour un idiot »).

Concernant le dernier cas, il est relativement facile d'y remédier : il suffit d'en prendre conscience, et de remplacer les pensées ou images négatives par des pensées ou images positives. Associez-y le « faire semblant », et le tour est joué.

Ceci demande néanmoins une vigilance constante. Au cours de mon expérience, j'ai remarqué – moi qui suis du genre à « mouliner » assez facilement – que malgré mes efforts, mes pensées négatives ont une fâcheuse tendance à revenir subrepticement et à reprendre le contrôle ! Ceci n'est pas grave. C'est humain. Voici une parade qui marche bien lorsque l'on se prend en flagrant délit de « moulinage ».

Remède contre le « moulinage »

1. Je me félicite de m'être rendu compte de mon état ;
2. Je ris de moi-même avec bienveillance (il est essentiel de se traiter avec bienveillance, car après tout, on fait toujours du mieux que l'on peut, même si parfois ce « mieux » laisse à désirer…) ;
3. Je remplace le tout par des pensées positives, utiles et constructives – ceci autant de fois que cela est nécessaire !

Et c'est ainsi que j'arrive à reprendre le contrôle de la situation et à ne plus être la proie d'automatismes qui me limitent !

Toutefois, si cela ne suffisait pas, reportez-vous au chapitre 8, qui développe une approche systématique et plus en profondeur des automatismes qui nous paralysent.

Établissez votre crédibilité
grâce à votre posture

✓ Vous disposez de **30 secondes** pour établir votre crédibilité.

✓ Votre crédibilité passe avant tout par votre **posture**.

✓ Votre posture doit être droite, symétrique, les deux pieds légèrement écartés et bien campés sur le sol. Assis, l'on doit donner la même **impression d'équilibre et de stabilité**.

✓ Une posture **asymétrique** peut donner une impression de manque de confiance en soi, de recherche d'approbation, d'instabilité, de « pas sérieux ».

✓ Attention aux petits « **pas de danse** » involontaires ! Ils donnent une impression de nervosité et ne rassurent pas votre auditoire.

✓ « **Faire semblant** » : une technique puissante pour devenir serein et confiant alors que vous ressentez tout le contraire.

Chapitre 4

INCARNEZ VOTRE CONVICTION GRÂCE À VOS GESTES

« Sans vos gestes, j'ignorerais tout du secret lumineux de votre âme. »
José ORTEGA Y GASSET

Que faire de vos mains et de vos bras ?

Nous serions totalement démunis si nous devions vivre ne serait-ce qu'une heure sans bras et sans mains. Mais pourtant, dès que nous prenons la parole face à un public, nous agissons comme si nos bras et nos mains étaient des appendices encombrants, dont le seul fait d'exister serait presque à la limite de la bienséance !

« Je ne sais pas quoi faire de mes mains » est le *leitmotiv* de quasiment tous mes clients ; ces mêmes clients qui, lorsqu'ils ne sont plus en situation de prise de parole, retrouvent tout naturellement l'usage de leurs gestes ; ces mêmes clients qui, pendant que nous prenons une pause, m'expliquent avec force gestes qu'ils sont incapables de faire des gestes ! Et lorsque je leur fait remarquer ce qu'ils sont en train de faire, ils me disent : « Oui, mais ce n'est pas pareil » ! C'est vrai. Dans un cas (comme pendant la pause), nous ne sommes pas conscients de ce que nous faisons, ce qui libère notre gestuelle, et dans l'autre (devant un public), nous sommes douloureusement conscients de chaque centimètre cube de bras et de mains, ce qui nous paralyse totalement.

Nous cherchons alors désespérément un support, un endroit où poser nos mains une bonne fois pour toutes (comme un pupitre sur lequel on pourra s'agripper), ou s'il n'y a pas de support, nous

nous débrouillons pour trouver quelque chose à tenir ou à tripoter (crayon, *marker*, règle, feuilles…). Et si nous ne trouvons rien, nous mettons les mains dans les poches et nous nous amusons à massacrer le trombone qui s'y trouve. En dernier recours, lorsque nous n'avons plus rien à notre disposition, nous croisons nos mains et nos bras ; ou nous les mettons derrière le dos (position du fusillé) ; ou devant nous (position du nudiste) ; ou encore nous faisons mine de nous laver les mains ; nous faisons tourner notre alliance ; nous nous « triturons » le bout d'un doigt ; nous nous touchons le nez ou le lobe de l'oreille un peu trop souvent (cinq fois plus qu'en temps normal) ; nous nous grattons l'épaule, le genou, la tête (qui ne nous démangent pourtant pas plus que d'habitude) ; nous caressons notre barbe ou notre menton… Bref, nous manifestons notre **anxiété**, ou tout simplement notre embarras, par toute une série de contacts ou d'« autocontacts » qui, non seulement n'apportent rien de plus à notre message et à notre image, mais au contraire les affaiblissent significativement !

À éviter

Aucun geste n'est mauvais ou négatif en soi. C'est la manière dont il est perçu et interprété qui le rend ainsi : certains gestes ont un impact néfaste, d'autres au contraire ont un impact positif. Voici ceux qu'il vaut mieux éviter :

Les gestes bas

Toute gestuelle se produisant sous le niveau de la ceinture a peu ou pas d'impact. De même pour les bras ballants le long du corps. Tout ce qui est bas tire vers le bas, et va donner une impression de dépression, de manque de dynamisme, de lourdeur, de quelque chose qui « n'arrive pas à décoller ».

Les gestes fermés

Bras croisés, mains croisées, poings fermés, une main tenant l'autre main : toute gestuelle fermée donne une impression de fermeture, d'autoprotection, voire même d'agressivité selon la manière dont certains croisent les bras (les personnes à forte carrure deviennent très imposantes lorsqu'elles croisent les bras et sont souvent perçues comme agressives, alors que bien souvent, c'est plutôt une manifestation de leur timidité).

Les gestes imprécis

Ce sont des gestes vagues, mous, flous ; le genre de gestes que l'on fait lorsqu'on n'ose pas faire de gestes. Ce sont souvent de tout petits gestes, des tentatives de gestes. Parfois, cela peut être un grand geste, qu'on ne sait pas arrêter et faire revenir « à la normalité ». Dans tous les cas, ces gestes donnent une impression de non-finitude, de tentatif, de flou, d'imprécision, de manque de substance.

Les gestes étriqués

Les coudes sont collés au buste, et seuls les avant-bras et les mains tentent une gestuelle. Cela fait un effet très bizarre, et donne une impression de manque d'envergure. Un geste étriqué, c'est aussi lorsqu'on utilise son index au lieu d'utiliser toute sa main (d'ailleurs, l'utilisation de l'index seul peut aussi donner une impression d'accusation, de mise en cause, si celui-ci est pointé vers le public).

Les gestes involontaires ou saccadés

Ils donnent une impression de nervosité, de manque de contrôle.

Les gestes qui embrouillent

Imaginons que vous parliez de deux types de produits : les produits bleus et les produits rouges. Si par exemple vous parlez des produits bleus en utilisant votre main droite, et des rouges en utilisant votre main gauche, ne les inversez pas gestuellement par la suite (bleus à gauche et rouges à droite) ! Vous risqueriez de semer le trouble dans l'esprit de vos interlocuteurs…

Les gestes parasites

Comme je les ai décrits plus haut, ce sont tous les « auto-contacts » (« grattage », « tripotage » et « malaxage » du nez, des oreilles, du menton, de la bouche, de la barbe…), et les contacts (avec la cravate, le col, la règle, le stylo, les lunettes, les pièces de monnaie dans la poche, et le « remontage » de pantalons, le « lissage » de jupe…).

Les gestes répétitifs

Même d'excellents gestes, s'ils sont répétitifs, deviennent rapidement des gestes parasites (on ne voit plus que ça !).

Les mains dans les poches

Mettre les deux mains dans les poches est peut-être confortable, mais cela empêche toute gestuelle d'exister, et cela donne surtout une impression de désinvolture, voire de « je-m'en-foutisme ». Mettre une main dans une poche, pourquoi pas, à condition qu'elle ne reste pas indéfiniment coincée là !

À rechercher

C'est, d'une façon générale, l'inverse de tout ce que nous venons de voir plus haut. La gestuelle est une sorte de ponctuation visuelle, dont le but est double :

- nous aider à **mieux exprimer** ce que nous voulons dire (notre corps et nos gestes accompagnent nos mots et contribuent à leur donner du sens) ;
- aider nos interlocuteurs à **mieux comprendre** ce que nous voulons faire passer grâce à cet accompagnement visuel (rappelez-vous que le geste vient toujours avant la parole !).

Les gestes hauts

Les gestes au-dessus de la ceinture « élèvent ». Attention ! Au-dessus de la ceinture ne veut pas seulement dire entre la ceinture et les épaules ; cela veut aussi dire au-dessus de la ceinture et jusqu'au plafond ! Plus les gestes sont hauts plus ils sont associés à l'idée de victoire, de réussite, de triomphe (regardez les vainqueurs lorsqu'ils gagnent une coupe, regardez les *supporters* ou les *fans* lorsqu'ils acclament leurs idoles). Plus le geste est haut, plus il dégage une impression de force et d'énergie ; de cette énergie qui soulève les montagnes et mène au triomphe (bien entendu, il doit être utilisé à bon escient, dans des moments où il est important d'incarner cette énergie et où votre message exige cette force).

Les gestes ouverts

Tout geste qui donne une impression d'ouverture : bras ouverts, mains ouvertes.

Les gestes précis

Des gestes commencés et terminés de façon précise. Des gestes qui vont jusqu'au bout de leur mouvement.

Les gestes amples

Les coudes décollés du corps. Des gestes qui osent utiliser l'espace à leur disposition, des gestes qui vous donnent de l'envergure.

Les gestes variés

La variété donne envie d'écouter, elle illustre et donne vie à notre message.

Votre perception et celle des autres

Lorsque je coache mes clients — que je filme systématiquement —, je leur demande de faire de grands gestes, de très grands gestes, des gestes exagérés. Ils ont le plus souvent énormément de mal et ont tendance, malgré mes directives, à faire des gestes encore trop étriqués, alors qu'ils ont l'impression de faire de grands gestes ! Je leur dis alors de faire des gestes qui soient exagérés au point d'en être ridicules, et je les harcèle jusqu'à ce qu'ils y arrivent. Ils se sentent alors très ridicules, et bien qu'ils soient toujours très polis, ils me laissent entendre qu'ils trouvent ma façon d'agir un peu « limite »… « À quoi servent ces exagérations ridicules, puisque nous n'aurons jamais à les mettre en pratique dans la vraie vie ! » Je ne dis rien, j'appuie sur « lecture » et les laisse voir par eux-mêmes l'impact de ce qu'ils ont fait : en général, les moments où ils se sentent désespérément ridicules sont ceux où l'impact positif est le plus fort !

Faites donc attention à votre **perception intérieure** qui peut être en total décalage avec la manière dont les autres vous perçoivent (la perception extérieure).

N'oubliez pas de sourire

Il ne s'agit pas ici du sourire mondain ou de « ronds de jambe ». Ce n'est pas un masque que vous vous collez. Non, c'est un sourire qui dit : « Je vous aime », et dont le but est de mettre votre public à l'aise, de lui montrer que vous êtes content d'être avec lui. C'est ce sourire franc de l'accueil, comme lorsque vous retrouvez un ami. C'est ce sourire des yeux comme lorsque vous partagez un moment de fraternité. Ce sourire-là, vous **savez le faire**, alors donnez-le à votre auditoire !

Incarnez votre conviction
grâce à vos gestes

✓ Naturellement, le geste vient toujours **avant la parole**, et non pas l'inverse.

✓ **À éviter**, les gestes :
- bas ;
- fermés ;
- imprécis ;
- étriqués ;
- involontaires ;
- parasites (« autocontacts ») ;
- répétitifs.

✓ **À rechercher**, les gestes :
- hauts ;
- ouverts ;
- précis ;
- amples ;
- volontaires ;
- variés.

✓ Et **SOURIEZ !**

CAPTIVEZ GRÂCE À VOTRE REGARD

« Avec le regard simple, revient la force pure. »
Christian BOBIN

Le regard est probablement **l'atout le plus puissant** du *leader* charismatique.

Je me souviens d'un vieil ami de ma mère, un général « haut comme trois pommes », chauve, et pas particulièrement bel homme. Certes, il avait des yeux très bleus, mais au-delà de l'attrait de leur couleur, il avait cette capacité étonnante à subjuguer son interlocuteur du regard. Chaque fois que je le rencontrais, je me retrouvais « happée » par son regard, fascinée, avec la sensation rare, et donc étrange, d'être **l'unique personne au monde qui existait pour lui**. Il exerçait cette fascination aussi bien sur les hommes que sur les femmes, et sur les jeunes que sur les moins jeunes. Face à un public, il donnait à chacun de nous l'impression d'exister, d'être vraiment important à ses yeux. Il était à ce moment-là, totalement *avec* nous et *pour* nous ; rien d'autre ne comptait.

Cette qualité de regard qui subjugue est également illustrée par Bill Clinton, un des exemples de charisme les plus connus au monde. L'aura de charisme et de persuasion de Bill Clinton est d'une telle puissance *« qu'il est pratiquement impossible de ne pas y succomber lorsqu'on se retrouve face à lui »*. Même les personnes qui méprisaient sa politique et, par conséquent, n'aimaient pas l'homme s'accordent à dire que lorsqu'elles ont rencontré Bill Clinton en personne et lui ont serré la main, le regard qu'il leur a donné était si puissant et si intime qu'elles en étaient instantanément comme « envoûtées ». Le *New York Times Maga-zine* a même rapporté qu'il « *établit un contact visuel si profond avec ses interlocuteurs qu'ils en semblent parfois hypnotisés* ». Comme le disent les gens qui étudient Clinton, « *ce n'est pas que Clinton charme les femmes. C'est qu'il charme tout le monde* »…

Un instant de communion

Regarder l'autre dans les yeux est un instant de communion totale : il n'y a rien de plus puissant parce que c'est **un acte intime** qui nous touche directement à l'intérieur de nous-mêmes. Et comme tout ce qui touche à l'intimité, c'est un acte qui peut être envahissant ou dérangeant, et ce aussi bien pour celui qui est regardé que pour celui qui regarde. C'est probablement l'une des raisons qui poussent nombre d'entre nous à éviter de croiser le regard de l'autre, ou de s'y attarder, comme si ce bref moment d'intimité « pure », sans barrières, sans écran, nous terrifiait. Le regard est ce que certains appellent le miroir de l'âme – ce que nous sommes au plus profond de nous-mêmes. Il reflète en un clin d'œil (expression appropriée !) à la fois notre **état d'être** – la somme de nos expériences et de nos croyances de vie fondamentales –, et nos émotions et intentions du moment.

Le langage, avec tous ses qualificatifs se rapportant au regard, nous montre bien à quel point nous savons capter ce qu'il exprime : un regard sombre, un regard clair, un regard dur, un regard doux, un regard cruel, un regard perçant, un regard tendre, un regard de terreur, un regard interrogateur, un regard avide, un regard géné-reux, un regard moqueur… L'un des exemples les plus récents qui me viennent à l'esprit et qui confirment – dans un registre négatif, hélas ! – à quel point le regard est puissant, est le fait que certains « jeunes des banlieues » le reconnaissent comme étant un signe de pouvoir ou de provocation. Souvent, lorsqu'on demande à un « jeune » pourquoi il s'est battu, il répond qu'il n'avait pas d'autre choix car l'autre « l'avait mal regardé »…

Soyez subjugué pour subjuguer

Le regard étant quelque chose de si puissant, où nos interlocuteurs **lisent en nous** dès que nos regards se croisent, que doit donc exprimer ce regard lorsque nous tentons de convaincre, de motiver, et de rallier un public à notre cause ? Que doit-il saisir ou percevoir de nous qui puisse lui donner envie de s'impliquer, de s'engager dans cet acte de communication auquel nous l'invitons ? Comment le regarder, non pour provoquer l'agressivité ou la soumission comme certains « jeunes des banlieues », mais au contraire pour déclencher l'envie de recevoir et l'envie d'être ensemble ?

Regardez vos auditeurs comme des êtres magnifiques

Par expérience, les regards qui font le plus d'effet sont ceux qui font passer notre humanité, où toute notre attention est tournée vers l'autre, où l'on regarde ses auditeurs comme si l'on était en train de regarder « quelque chose » de magnifique qui nous touche profondément (comme lorsqu'on regarde un coucher de soleil…). Ce regard-là, est celui que nous avons lorsque nous sommes subjugués par quelque chose qui nous émeut, où notre regard est « noyé » dans ce que nous regardons. C'est le regard que nous avons lorsque nous oublions quelques instants notre propre *ego*, car c'est le regard que nous avons lorsque nous sommes **habités par ce que nous regardons**. (Comme l'amoureux qui regarde l'être aimé ; comme la mère qui regarde son enfant ; comme le collectionneur qui regarde avec fierté et amour sa dernière acquisition…) Ce sont des moments magiques, où nous nous reposons du poids de notre *ego*, du poids de ce moi conscient préoccupé de l'effet que l'on va produire sur l'autre.

Et c'est ici que nous rencontrons un autre paradoxe : lorsqu'on est totalement libéré de cette préoccupation (*ego*), que l'on est au contraire totalement concentré sur l'autre, que l'on ne voit que lui et qu'il nous touche et nous fascine, c'est alors seulement que l'on a ce regard subjuguant, qui touche et fascine en retour.

C'est donc simple : si vous voulez fasciner votre public, soyez d'abord fasciné par lui ! Mais si cela est simple, cela n'est toutefois pas forcément facile. En effet, s'il n'est déjà pas évident d'oublier son *ego* face à un public bienveillant, ouvert et prêt à vous écouter, cela l'est encore moins lorsque les enjeux sont importants et que le public n'est pas forcément acquis. Dans tous les cas, vous voulez être sûr de faire bonne impression, vous voulez vous assurer que le message passe, vous voulez que votre auditoire reconnaisse la valeur de votre projet… Et ces préoccupations sont, bien sûr, légitimes. Elles sont mêmes incontournables si vous voulez convaincre. L'ennui, c'est que dans ces moments-là, on est tellement centré sur soi et sur son contenu, qu'on oublie le plus important : créer le lien avec le public. Nous verrons plus loin que la clé qui vous libérera de votre *ego* et de votre contenu est la **pré-pa-ra-tion**.

Retrouvez la qualité de vos plus beaux regards

Mais sérieusement, comment peut-on regarder son public comme s'il était un magnifique coucher de soleil ?! En essayant peut-être… Après tout, que risquez-vous ? Si vous n'y arrivez pas, cela ne changera pas grand-chose. Et si vous y arrivez, vous verrez bien s'il y a une différence. Pour retrouver cette qualité de regard, voici un exercice que vous pouvez faire :

Technique du « beau regard »

1. Trouvez un moment où vous pouvez être seul sans être dérangé pendant environ 5 minutes ;
2. Remémorez-vous un de ces moments merveilleux où vous avez regardé quelque chose dont la beauté vous a touché profondément ;
3. Souvenez-vous de ce que vous ressentiez à ce moment-là, ressentez-le maintenant ;
4. Regardez ce qui est devant vous, et regardez-le avec ce même regard ; faites comme si ce qui était devant vous était la chose la plus fascinante que vous ayez jamais vue…
5. Faites le même exercice, mais cette fois, enfermez-vous dans la salle de bains et regardez-vous dans le miroir comme si vous regardiez la chose la plus merveilleuse du monde. Regardez-vous avec amour et curiosité.

Que remarquez-vous ? Quelle différence voyez-vous dans la qualité de votre regard ?

Devenez un maître du contact visuel

Certains d'entre nous sont des « timides du regard ». C'est une chose de pratiquer devant la glace, mais c'en est une autre de pratiquer sur des personnes. Michael Ellsberg, l'auteur de *The Power of Eye Contact* (*Le Pouvoir du contact visuel*), nous assure que l'on peut devenir un maître incontesté du contact visuel en deux semaines. Bien qu'il parle du contact visuel dans les échanges interpersonnels (en face à face), voici un exercice très efficace qui vous permettra de développer au quotidien la qualité et la puissance de votre regard. J'aime beaucoup cet exercice, car vous devez le pratiquer sur des personnes que vous ne connaissez pas. Si vous faites partie de ces personnes qui ont un peu de mal à regarder les autres dans les yeux ou qui ressentent une gêne à le faire, cet exercice est encore plus intéressant car il vous permet de dépasser ce frein de façon graduelle. Dans tous les cas, cet exercice vous sera utile, non seulement sur le plan interpersonnel, mais aussi face à un auditoire, puisque vous aurez acquis l'aisance du contact visuel.

Le contact visuel avec des inconnus :

* Lorsque vous marchez dans la rue (de préférence la journée !) ou encore lorsque vous marchez dans de longs couloirs de bureaux ou dans un centre commercial, regardez chaque personne qui vient vers vous dans les yeux, assez longtemps pour voir la couleur de ses yeux. À peine moins d'une seconde. Puis regardez ailleurs. Étant donné que le contact est assez bref, personne n'y voit d'inconvénient et vous pouvez ainsi pratiquer intensivement.

* Pratiquez un contact visuel plus long avec des serveurs, des vendeurs et toute autre personne avec qui vous avez un échange, du moment que vous le faites avec respect et de façon chaleureuse.

Dans tous les cas, gardez une expression plutôt neutre et douce, et utilisez votre « beau » regard (voir l'exercice plus haut) : la personne doit sentir la qualité de ce contact, mais ne doit à aucun moment penser que vous voulez lui faire baisser les yeux, la voler ou la mettre dans votre lit ! Si vous pratiquez pendant au moins deux semaines au quotidien, la qualité de votre regard dépassera largement celle de la plupart des gens, et ce en un temps record.

Votre regard : le lien entre vous et votre public

Votre regard dit à votre public que vous êtes bien et que vous êtes content d'être là, avec lui. Plus votre regard dégage cette capacité d'émerveillement et de curiosité de l'autre, plus l'autre se sentira exister, plus il sera impliqué dans la communication, plus il se sentira en osmose avec vous. Par effet miroir, son regard deviendra pareil au vôtre…

Bien entendu, vous l'aviez deviné, bien que le regard soit l'un des plus puissants atouts du *leader* charismatique, savoir regarder son public ne suffit pas à le convaincre si le message est médiocre, confus, ou va à l'encontre de ses valeurs.

À éviter

L'absence de regard

C'est-à-dire lorsqu'on regarde n'importe où sauf en direction de son public. Certains ont les yeux rivés sur leurs notes, comme si le papier avait un pouvoir d'attraction irrésistible ! D'autres regardent le sol, « irrésistible » également (c'est assez gênant, car on a l'impression que les yeux sont carrément fermés !). D'autres encore regardent les murs, ou bien le plafond !

Néanmoins, la science a démontré que nous ne pouvons échapper à ces différents mouvements d'yeux, car ils nous permettent d'accéder à notre mémoire (on les appelle « les clés d'accès visuelles »). Lorsque nous recherchons quelque chose dans notre mémoire, ou que nous essayons de construire notre pensée, cela se manifeste par ces mouvements d'yeux qui rendent ce travail possible. Toutes les personnes utilisent tous les mouvements (vers le bas, vers les côtés et vers le haut), mais chacune d'entre elles privilégie un mouvement plutôt qu'un autre, surtout au démarrage de sa recherche.

En ce qui me concerne, je privilégie les mouvements vers le haut. Dès que je recherche une information dans ma mémoire – hop ! –, mes yeux vont vers le haut. Je suis bien « là-haut », c'est confortable… Je peux en quelque sorte m'y promener, et m'extraire de la concentration dont je dois faire preuve pour rester « branchée » à mon public. Mais attention, ce « là-haut » peut rapidement devenir irrésistible pour moi, tout comme pour celui dont le regard reste englué sur ses notes. Cela peut, consciemment ou non, devenir une véritable stratégie de fuite ! Résultat : je perds mon auditoire car je ne suis plus en communication avec lui, je n'échange plus. Le lien est alors coupé.

Quelques incursions rapides vers le haut, vers le bas ou les côtés sont donc tout à fait acceptables et nécessaires, car elles vous permettent d'accéder à votre mémoire. Mais rappelez-vous que ces incursions doivent rester **rapides**, pour pouvoir vous « **rebrancher** » **au plus vite sur votre auditoire**. D'où l'importance – je ne le dirai jamais assez – d'une excellente préparation et d'une excellente maîtrise de votre contenu… Mieux vous serez préparé, mieux vous maîtriserez votre contenu, moins vous aurez besoin de passer du temps à chercher dans votre mémoire, et plus vous serez libre de vous consacrer à ce qui compte le plus : votre public.

Le regard « vide » ou impénétrable

C'est le regard de celui qui tente d'éviter toute intimité, qui met une barrière virtuelle entre son regard et celui de l'autre. C'est le regard du joueur de poker qui veut éviter d'être trahi. C'est le même regard lorsque nous sommes perdus dans nos pensées et coupés du reste du monde : un regard plutôt fixe, mais qui ne voit pas. Certains reproduisent ce regard lors de leurs communications : ils ont beau regarder leur public dans les yeux, leur regard est mort, il ne reflète rien. Ils pensent, à tort, qu'en regardant ainsi ils font d'une pierre trois coups : ils satisfont – ou plutôt, ils croient satisfaire – le « besoin de regard » de leur public, ils évitent de se dévoiler, et ils se protègent du regard des autres. Mais hélas ! cela ne marche pas ainsi… Qu'ils aient ou non consciemment fait le choix du regard impénétrable, ce regard-là exprime si peu l'authenticité, la chaleur, la générosité, et est au contraire si détaché, qu'il a un effet déplorable sur l'auditoire, lequel capte ce manque de cohérence et se sent terriblement mal à l'aise.

« Balayer » du regard

Certains ont appris qu'il fallait « balayer » son public du regard. Mais vu du public, cela donne une impression réellement très bizarre : on voit des yeux qui vont très rapidement de gauche à droite et de droite à gauche, qui ne se posent sur rien, qui nous regardent sans prendre le temps de nous regarder… Bref, qui nous « balaient » – l'expression dit bien ce qu'elle veut dire !

Regarder au-dessus du public

Certains ont appris qu'il fallait regarder au-dessus des têtes du public… Mais avoir l'air très intéressé par ce qui se passe au-dessus des têtes de votre auditoire est d'un effet surprenant : le public n'écoute plus un mot de ce que vous dites et passe tout le temps de l'intervention à se demander quel problème de vision ou problème tout court vous pouvez bien avoir !

Les effets de lunettes

Les lunettes demi-lunes : attention ! Elles sont, certes, pratiques pour regarder ses notes, mais désastreuses lorsqu'on s'adresse à son public tête baissée avec les yeux qui s'efforcent de regarder par-dessus les lunettes. Cela donne un air de « regarder par en dessous » qui n'est pas du meilleur effet. Rien de grave si c'est très ponctuel, mais si cela devient une habitude, on risque de ne retenir que cela de votre intervention !

Les lunettes non traitées antireflet : elles peuvent être extrêmement frustrantes pour votre public, car il ne voit pas vos yeux. Dans ces conditions vous perdez un atout considérable.

Astuces techniques selon la taille de votre public

Quelle que soit la taille de votre public, chaque personne qui en fait partie a besoin de sentir que vous la regardez **individuellement**.

Comment regarder un petit public ?
(moins de 12 personnes)

Jusqu'à 10 ou 12 personnes, vous pouvez vous permettre de regarder individuellement chacune des personnes. Mais cela n'est pas toujours facile, car il y en a toujours que nous avons envie de privilégier ou au contraire d'ignorer. Quelles qu'en soient les raisons (configuration du groupe qui facilite ou non la tâche, visages ou attitudes qui nous attirent ou au contraire nous repoussent), j'ai remarqué qu'il était toujours bénéfique de faire l'effort de prendre en compte chacune des personnes par le regard, car ainsi vous créez un lien **personnel** avec elle.

Pour que toutes les personnes se sentent regardées, il est important de regarder chacune d'entre elles dans les yeux et de rester assez longtemps pour qu'elle se sente vraiment regardée (environ 1 à 3 secondes), mais pas non plus trop longtemps pour qu'elle n'ait pas l'impression d'être fixée ou dérangée. D'ailleurs, vous verrez avec la pratique que selon les personnes, le « temps de pause » sera plus ou moins long… Distribuez votre regard de façon à n'oublier personne, et de façon libre, c'est-à-dire comme une abeille qui butine et va de fleur en fleur sans schéma ou ordre particulier (d'où la difficulté de n'oublier personne !).

Développer votre vision périphérique

Grâce à elle, vous pouvez identifier facilement les réactions de votre public. En effet, nous captons très rapidement ce qui se passe chez un individu donné, et nous saisissons ses changements d'attitude ou d'expression sur-le-champ, **même si à ce**

moment-là nous ne le regardons pas. Ceci est dû à notre vision périphérique, qui, bien que nous regardions quelque chose ou quelqu'un de précis, recouvre tout ce qui se passe dans un champ de 180°. Un mouvement, un geste, une expression, nous donnent des indications sur l'état de l'auditoire et nous permettent de réagir en fonction.

Si vous doutez de la validité de la vision périphérique, amusez-vous à regardez quelque chose devant vous, concentrez-vous sur cette chose, et notez en même temps tout ce que vous voyez autour et ce qui s'y passe. Le plus souvent, on ne prête pas atten-tion à cette vision, elle est là, mais hors de notre conscience. Il suffit simplement de la ramener à la conscience afin d'accroître la qualité du lien que nous établissons avec notre auditoire.

Comment regarder un grand public ?
(de 40 à des milliers de personnes)

Divisez virtuellement la salle en trois parties, et regardez tour à tour un point environ au milieu de chacune des trois parties (vous pouvez regarder une personne, mais pour votre confort, changez de personne à chaque fois). Le résultat est que toutes les personnes se trouvant dans ce secteur se sentiront regardées.

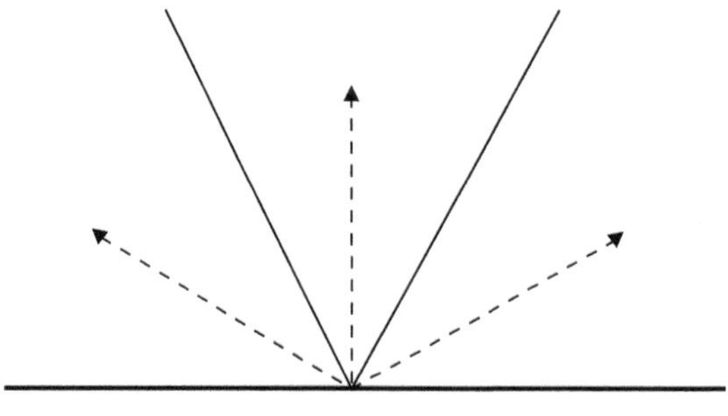

Figure 2

Dans certaines situations, il arrive également que vous puissiez vous retrouver sur une scène, aveuglé par les projecteurs, et que la salle soit plongée dans le noir. Vous ne voyez strictement rien, à part un brouillard épais.

Deux réactions de votre part sont possibles :

* vous êtes **ravi**, car vous ne voyez pas le public (quel soulagement !) ;
* vous êtes terriblement **frustré** de ne pas pouvoir le voir.

Quel que soit votre sentiment, vous n'avez pas le choix : il vous faut créer ce lien si vous voulez faire la différence. C'est très simple, il suffit de faire exactement la même chose que ci-dessus, et de faire **comme si** vous voyiez votre public ! Bien entendu, vous devez voir la salle auparavant pour avoir une idée de sa taille et de sa configuration. Cela vous permettra le moment venu − même ébloui par les projecteurs − de poser votre regard aux endroits pertinents. (Et en plus, le petit éclat supplémentaire dans les yeux que peut vous donner le projecteur n'est pas à dédaigner !)

Comment regarder un public de taille moyenne ? (12 à 40 personnes)

Ce sont les plus difficiles car ils sont trop grands pour regarder chaque personne individuellement, et trop petits pour être divisés en trois. Pour ce cas, j'ai développé une stratégie qui est un panaché des deux autres :

* je coupe l'auditoire en trois parties (quelle qu'en soit la forme) ;
* je regarde tour à tour chacune des trois parties en prenant soin de regarder une personne différente à chaque fois.
  C'est une gymnastique, mais elle fonctionne bien. Si j'ai un public assis autour de tables rondes, je regarde tour à tour à chacune des tables une personne différente à chaque fois.

Consultez ou lisez vos notes sans couper le lien avec votre public

Comme vous le verrez plus loin dans ce livre, la plupart d'entre nous ont tendance à vouloir parler sans interruption, sans faire de pause, comme si le silence était quelque chose d'épouvantable, à éviter à tout prix. Or, soyons réalistes : il arrive souvent, lorsque nous nous adressons à un public, que nous ayons à consulter nos notes (soit parce que nous avons le souci de ne rien oublier de ce que nous avions prévu, soit pour vérifier un point précis, soit pour nous rafraîchir la mémoire, soit pour lire une déclaration particulière dans un texte). Ces moments sont vécus comme des moments difficiles, car nous avons la sensation de perdre notre public et nous avons peur de passer pour un idiot. Alors nous tentons de faire semblant de les regarder tout en ne les regardant pas, c'est-à-dire que nous mettons un point d'honneur à continuer de parler tout en regardant nos notes – et de cette façon, nous pensons rester en contact avec notre public grâce au flot ininterrompu de paroles. Erreur ! Rappelez-vous que le principal lien avec votre public est votre regard : dès que vous regardez ailleurs, le lien est coupé, et parler pendant que vous regardez vos papiers accroît cette sensation de coupure.

Alors, que faire ? La réponse est très simple : lorsque vous devez regarder vos notes, regardez-les sans parler. En d'autres termes : **TAISEZ-VOUS** ! Prenez le temps de consulter vos notes, ne vous précipitez pas pour réduire à tout prix le temps de silence, et assumez pleinement la situation ! Vous ferez ainsi un cadeau à votre auditoire qui accueillera ces quelques secondes de répit pour mieux intégrer vos paroles. Rien de plus avantageux en effet ! Pendant ce temps, l'attention de votre public reste suspendue, un peu comme si vous l'aviez « mis en pause » jusqu'à ce que vous soyez prêt à redémarrer. Bien évidemment, il ne faut pas que ces pauses soient trop longues – au-delà de 10 secondes, l'auditoire risque de se « remettre en route ». Mais 10 secondes c'est long ! Faites le test : vous avez amplement le temps de consulter tranquillement vos notes, de tourner des pages et de rechercher quelque chose de précis.

Lorsque vous avez terminé, relevez la tête, et **reconnectez-vous par le regard à votre public AVANT de vous remettre à parler.** Vous aurez probablement du mal à le faire, car il y a de fortes chances pour que vous ne résistiez pas à la tentation de combler ce « vide ». Pourtant, la différence ressentie par le public est incomparable lorsque vous prenez le temps de vous reconnecter avec lui.

Pour vous habituer, amusez-vous à faire l'exercice de lecture suivant à partir de n'importe quel texte de votre choix (si vous voulez vous faciliter la tâche, ne choisissez pas un texte écrit trop petit).

Méthode pour lire des notes

1. Trouvez un endroit avec un grand miroir, où vous ne serez pas dérangé (la salle de bains est en général idéale) ;
2. Debout devant le miroir (rappelez-vous du chapitre 3 sur la posture), tenez votre texte à deux mains de façon à pouvoir le lire confortablement ;
3. Lisez pour vous (en votre for intérieur) les premiers mots de votre texte (7 à 9 mots maximum, car ceci n'est pas un exercice de mémoire) ;
4. Relevez la tête, et regardez-vous (sans parler) en comptant jusqu'à 3 ;
5. Dites ce que vous avez lu, toujours en vous regardant ;
6. Dès que vous avez fini de parler, et avant de replonger dans votre texte, regardez-vous encore pendant 2 à 3 secondes…
   … Puis, recommencez à l'étape 1, et ainsi de suite, jusqu'à ce que cela devienne facile. Soyez très vigilant sur les étapes 2 et 4, car, même tout seul devant la glace, vous aurez tendance à l'étape 2 à commencer à parler en relevant la tête ; quant à l'étape 4 vous aurez tout simplement tendance à l'ignorer.

Cet exercice vous sera très utile pour acquérir l'aisance nécessaire lorsque vous aurez à consulter vos notes. De plus, si vous vous retrouvez en situation d'avoir à lire un texte, vous ne donnerez pas l'impression de lire, et aurez un impact maximum. Vous pouvez également faire le même exercice sans miroir en vous adressant à des personnes imaginaires.

Alliez la qualité et la technique

La plupart des gens, lorsqu'ils sont amenés à lire un texte à haute voix, restent collés dessus et ne regardent leur public qu'une fois de temps en temps, en général à la fin d'une phrase. L'effet n'est pas terrible…

Or, j'ai récemment eu à lire un poème à un auditoire extrêmement peu motivé, et qui, après une longue journée de réunion ne pensait qu'au buffet et au champagne qui l'attendaient. Voilà qui n'est pas exactement la meilleure des conditions pour prendre la parole (et de plus, le poème était relativement long !). Je ne pouvais éviter de lire ce poème, car il était symbolique des valeurs de l'assemblée ; c'était en quelque sorte *leur* poème, et bien que cela les ennuyâ par avance d'avoir à l'écouter, ils ne m'auraient jamais pardonnée de ne pas l'avoir lu. J'ai donc lu ce poème, comme dans l'exercice cité plus haut. Sans doute était-ce risqué, car avec tous ces silences dus aux regards (avant et après), le poème dura plus longtemps, mais je pris ce risque. Au cours de ma lecture je sentis alors comme une grâce envelopper le public : j'avais capté la totalité de leur attention. À la fin du poème, ils sont restés quelques secondes immobiles, comme suspendus. Certains avaient les yeux rouges, d'autres avaient des larmes qui coulaient, tous étaient en tout cas profondément touchés. Je n'avais pourtant rien fait d'extraordinaire, mais j'avais été **totalement concentrée sur eux**. Je leur avais fait don de ce poème et je les avais regardés comme s'ils étaient magnifiques… Et vous savez quoi ? Ils étaient *vraiment* devenus magnifiques…

Captivez grâce à votre regard

✓ Votre principal **lien** avec votre public est votre regard.

✓ Votre regard reflète **ce que vous êtes** au plus profond de vous-même. Regarder l'autre dans les yeux est donc un acte **intime**, qui peut être aussi puissant que dérangeant.

✓ **Être subjugué pour subjuguer.**
Oubliez-vous, ne songez plus à l'effet que vous allez faire, et regardez votre public comme s'il était magnifique. Vous aurez la qualité de regard que votre public attend.

✓ Pour acquérir l'aisance du **contact visuel charismatique**, pratiquez le contact visuel au quotidien sur des inconnus.

✓ **Les erreurs à éviter** :
* l'absence de regard ;
* le regard impénétrable ;
* « balayer » du regard ;
* les effets de lunettes.

✓ Que vous regardiez une personne ou une partie du public, **posez votre regard assez longtemps** pour que la personne (ou la partie du public) se sente vraiment regardée, mais pas trop longtemps pour qu'elle ne se sente pas fixée.

✓ **Lisez ou regardez vos notes sans couper le lien avec votre public.**
Prenez le temps de regarder tranquillement vos notes ou votre texte, SANS PARLER, et ne recommencez à parler qu'après avoir rétabli le contact visuel.

Chapitre 6

STIMULEZ GRÂCE À VOTRE VOIX

« Les voix ont un pouvoir étrange sur les mots.
Une seule intonation sur une syllabe et tout change. »

Claire FRANCE

Comme pour les empreintes digitales, la voix de chacun d'entre nous est unique au monde. Mais, il faut l'admettre, nous ne sommes pas tous égaux quant à sa qualité et à son impact. Certains d'entre nous sont dotés d'une voix superbe, au ton grave, chaleureux et profond. D'autres (la grande majorité) sont dotés d'une voix moins remarquable, plus « normale », plus « passe-partout ». Il y a des voix qui passent, et des voix qui ne passent pas.

L'hécatombe de comédiens lors de l'avènement du film parlant est un exemple significatif ! En effet, on préféra alors faire jouer un homme moins beau doté d'une voix chaude et sensuelle, qu'un très bel homme doté d'une voix de crécelle !

Les bienheureux dotés d'une belle voix ne se rendent pas compte de la chance qu'ils ont, et à quel point les choses leur sont facilitées. Néanmoins, même ceux-là peuvent commettre des erreurs, même ceux-là peuvent endormir ou irriter leur public !

Ce que vous faites de votre voix

J'ai le souvenir d'un homme remarquable avec lequel j'ai travaillé au Canada dont la voix n'était franchement pas un atout. Il avait une voix qui ne « collait » pas du tout avec son physique : une voix aiguë pour un corps grand et massif. Pourtant, il arrivait si bien à nous captiver que nous oubliions ce décalage. À tel point que nous en étions arrivés à aimer sa voix car elle était devenue synonyme de chaleur humaine et de générosité.

Ce que nous *faisons* de notre voix, et non pas uniquement notre voix en tant que telle, est donc un élément majeur de notre communication. Cela peut :

- faire ou défaire notre **image** ;
- inspirer la confiance ou engendrer la **méfiance** ;
- asseoir ou ébranler notre **crédibilité**.

Notre voix doit être au service de notre contenu, mais pas seulement : elle doit surtout être au service de notre auditoire. Comme la musique d'un film, elle accompagne, elle met en valeur, elle rythme le contenu, elle lui donne de l'ampleur, de la vie, de la couleur ; tout cela pour accroître la compréhension et le plaisir du spectateur. Comme les gestes, la voix est un **support** :

- elle doit refléter notre **conviction** ;
- elle doit appuyer, scander, rythmer notre **propos** ;
- elle doit apporter à notre auditoire non seulement la **compréhension**, mais aussi le confort et le plaisir de l'**écoute**.

Améliorez l'impact de votre voix

Quelle que soit la voix dont nous sommes dotés, nous pouvons toujours en améliorer la qualité et l'impact en apprenant à la mettre au service de notre auditoire. Même si notre voix n'est pas celle que nous aurions souhaitée, nous pouvons, grâce à un peu de vigilance et quelques techniques, lui apporter les petits plus qui font la différence. Ces petits plus qui donneront vie et couleur à notre image sonore, et qui nous permettront de capter, aiguiser, et maintenir l'attention et l'intérêt de nos interlocuteurs.

À éviter

L'excès de vitesse

99 % de mes clients souffrent de la même « maladie » : ils parlent trop vite. La peur du silence, la peur de ne pas avoir assez de temps, la peur de passer pour un imbécile ou un ignorant, ou

tout simplement l'excitation du moment ou les mauvaises habitudes, les font rapidement dépasser la limite de vitesse. Le public a du mal à suivre, il a de plus en plus de mal à s'accrocher, il finit par s'essouffler et par « laisser tomber ». Paradoxalement le temps lui semble long, il a hâte que cela se termine. Le cercle vicieux se met alors en place : l'orateur sent bien que son public en a assez, et par réaction, va parler encore plus vite afin de pouvoir en finir rapidement… Cela devient alors une course effrénée : l'orateur oublie de respirer, et termine avec un auditoire en apnée et de mauvaise humeur !

Comme pour les excès de vitesse automobile, plus vous allez vite, plus vous perdez des points. La différence, c'est qu'en voiture, vous pouvez avoir la chance de ne pas être pris…

Le ton monocorde

Il y a pourtant des personnes qui, tout en parlant beaucoup plus lentement, n'arrivent pas à maintenir l'attention de leur auditoire. Au contraire, elles arrivent à nous plonger dans un état soporifique avancé, endormant tous nos sens et tuant tout embryon de motivation. Même les personnes qui ont une belle voix peuvent nous plonger dans la léthargie si elles utilisent un ton monocorde. C'est un peu comme le ressac des vagues sur la plage, l'effet est hypnotique – et ne croyons pas nous consoler en pensant que cela aura au moins un effet relaxant… Au contraire, les gens commencent à s'agiter sur leurs chaises pour s'empêcher de s'endormir. Et à cause de cette lutte dont ils se seraient bien passés, et de cet inconfort que nous leur faisons subir, ils ne nous pardonneront pas…

Les tons qui « tuent »

Ce sont des tons qui sont généralement la conséquence d'une forte préparation. Pourtant, être fortement préparé est non seulement louable, mais essentiel. Le problème c'est que la préparation peut nous ôter l'authenticité et le naturel du ton de l'improvisation et peut avoir pour conséquence les effets suivants :

Le ton professoral

Vous le connaissez, c'est un ton pompeux, qui dit à son public : « Je sais mieux que vous. » Même si c'est vrai, personne n'aime vraiment se l'entendre dire, surtout de cette façon-là. J'ai vu des professionnels à la fois plaisants et crédibles devenir des professeurs rasoirs et affectés dès qu'ils avaient à faire une présentation à un groupe. Cet effet est médiocre.

Le ton « appris par cœur »

Il est des circonstances où les enjeux sont si forts que certaines personnes préfèrent apprendre leur contenu par cœur. Le problème, c'est que cela s'entend et que cela fait « récité ». Pourquoi ? Parce que la personne utilise à l'oral les tournures et la ponctuation de l'écrit. L'oral et l'écrit sont deux modes différents et ils ne sont pas interchangeables. Pour preuve, avez-vous déjà lu la transcription *verbatim* (et non pas remaniée) d'interventions exceptionnelles ? C'est inélégant, pénible à lire, indigeste ; en résumé, c'est n'importe quoi.

Le ton « point d'interrogation »

Cet autre ton qui « tue » n'a rien à voir avec la préparation mais plutôt avec le trac, le manque de confiance en soi, ou le désir inconscient d'obtenir l'approbation de son public. On a tendance à finir ses phrases sur le ton du questionnement. Bien sûr, ce ton est parfait pour poser une question, mais il est rédhibitoire dans tous les autres cas, et entrave notre crédibilité dans l'instant (je ne parle même pas des conséquences sur notre capacité à convaincre…).

Imaginez par exemple la déclaration suivante dite sur le ton interrogateur : « Ce projet est appelé à une grande réussite et je suis sûr que vous ne le regretterez pas. » C'est presque comme si vous vous excusiez d'avance d'oser déclarer ce que vous déclarez, et pour peu que vous y ajoutiez une posture asymétrique, vous pouvez être assuré du fait que personne n'épaulera ce projet ! D'autre part, j'ai remarqué que ce ton était plus fréquemment utilisé par les femmes que par les hommes, ce qui n'est pas fait pour les aider dans leurs carrières.

J'ai moi-même eu cette tendance pendant des années, notamment lorsque j'avais une intervention à faire où d'une part les enjeux étaient forts, et d'autre part les interlocuteurs étaient des figures d'autorité. Sans m'en rendre compte, je me transformais alors en « petite fille » devant un « auditoire-papa », recherchant son approbation par tous les moyens : posture asymétrique, sourire permanent, et affirmations interrogatrices… Je sentais bien que je perdais mon auditoire, que je ne passais pas, que je n'arrivais pas à établir ma crédibilité. Le plus affreux dans tout cela, c'est que je ne comprenais pas ce qui arrivait ! J'étais persuadée que je péchais au niveau de mes arguments. Mais lorsque j'ai vu des consœurs avec des arguments similaires – ou même, moins convaincants – réussir brillamment, j'ai compris qu'il y avait *autre chose*. J'ai assez vite perçu la différence au niveau de la posture et du sourire, mais il me fallut des années pour prendre conscience du ton interrogateur et de son impact dévastateur – car il est difficile de trouver ce qui ne va pas si l'on ne sait pas ce que l'on cherche !

La peur du silence

La grande majorité de mes clients se sentent obligés de « remplir » le silence – comme si celui-ci était porteur de tous les maux, de toutes les menaces, de toutes les horreurs possibles et imaginables. Il faut remplir, il faut parler non-stop. Au point où, même quand ils ont besoin de regarder leurs notes, ils s'imposent l'exercice périlleux d'essayer de retrouver ce qu'ils cherchent dans leurs notes tout en continuant à parler ! Souvenez-vous pourtant que le lien est coupé lorsque l'on ne regarde plus son public (voir chapitre 5).

D'autre part, parler non-stop est étourdissant pour le public qui a besoin d'instants de répit pour digérer et pour comprendre. Couplé à l'excès de vitesse, cela lui est insupportable. Ajoutez-y un ton monocorde, et vous pouvez d'ores et déjà mettre une croix sur votre intervention.

Les petits plus qui font la différence

Trouvez le bon timbre

Homme ou femme, nous savons qu'un timbre de voix grave est en général plus confortable à écouter qu'un timbre aigu. Une voix grave émet des vibrations qui résonnent en nous au niveau du plexus. Cela déclenche un ressenti de profondeur, de bien-être, qui nous donne envie de continuer à écouter cette voix – on tombe rapidement sous le charme ! Une voix aiguë semble plutôt s'arrêter au niveau des oreilles, et nous « touche » de façon plus superficielle, plus épidermique, dans la nuque et le haut du dos et peut, si elle est très aiguë, avoir même un effet irritant.

D'une façon générale, pour améliorer le confort d'écoute, que l'on soit homme ou femme, il peut être judicieux de **baisser sa voix d'un à deux tons**, sans pour autant changer de registre et sans faire d'effort particulier : le fait de baisser le ton nous pousse tout naturellement à aller chercher notre voix plus bas dans le coffre, là où nous la sentons vibrer. Certains animateurs ou journalistes, notamment à la radio, baissent le ton de leur voix pour mieux passer.

Exercice de voix

Exercez-vous à baisser d'un ou deux tons, sentez les vibrations dans votre coffre, c'est-à-dire au niveau du plexus ou plus bas. Faites des essais à l'aide d'un magnétophone, amusez-vous, et choisissez ce qui vous est le plus confortable à faire et à écouter. Le but de l'exercice n'est pas de changer votre voix, mais simplement de la travailler un peu pour en obtenir le maximum.

Trouvez le bon volume

Augmentez le volume

Nous sommes nombreux à être peu audibles lorsque nous prenons la parole – que ce soit par timidité ou éducation. Il n'est pas facile de tenir un auditoire en haleine s'il doit faire un effort de concentration trop poussé. Pensez à toutes ces fois où vous avez dû tendre l'oreille sans discontinuer et où le moindre chuchotement ou bruit menaçait de vous faire perdre des informations importantes ou même le sens de la phrase… La plupart du temps, la personne qui parle n'est pas consciente de son manque de volume puisqu'elle s'entend très bien !

En règle générale, à partir du moment où vous vous adressez à un groupe de personnes, et que vous vous trouvez à plus d'un mètre cinquante de celles-ci, augmentez le volume. Plus le public est large, plus il y a de distance entre lui et vous (pensez notamment à ceux qui sont derrière), plus vous devez augmenter le volume – sans pour autant crier.

Test sonore dans une salle

Selon les circonstances et les endroits, il n'est pas inutile de faire auparavant un test : vous demandez à une personne de se mettre au fond de la salle et vous testez la portée de votre voix. Il faut qu'elle vous entende sans avoir à tendre l'oreille et n'oubliez pas de prendre en compte le fait qu'une fois la salle remplie, le son portera encore moins. De votre côté, il faut que vous puissiez parler sans que cela devienne un effort épuisant. Si tel est le cas, mieux vaut prévoir un micro-cravate dans lequel il vous faut pouvoir parler normalement et dont il vaut mieux également tester le confort d'écoute.

Baissez le volume

Certains au contraire parlent très fort – ce qui est très fatigant, voire agressif, en comité restreint ou dans une petite salle. Le problème, c'est que la plupart des gens qui parlent très fort ne s'en rendent pas compte. Certains sont peut-être légèrement sourds, d'autres (c'est le cas le plus fréquent) ont pris cette habitude en famille où, pour se faire entendre, il leur fallait passer au-dessus des voix des autres. Ces personnes-là sont en général dotées d'une énergie rare que beaucoup leur envient et qui, si elle est bien canalisée, peut être extrêmement entraînante. Si vous pensez que vous pouvez être une de ces personnes, n'hésitez pas à tester l'impact et le confort sonores de votre voix sur des personnes de votre entourage, elles pourront vous guider quant au bon volume à utiliser selon les circonstances.

Osez les silences

« Le silence est d'or, la parole est d'argent. » En effet, les plus belles paroles, comme les mets les plus fins, perdent tout attrait si vous en êtes gavé comme une oie. Ce qui frappe nombre de mes clients, c'est la puissance du silence : « Je suis venu pour apprendre à communiquer, j'ai appris à utiliser le silence ! »

Le seul obstacle à **l'utilisation du silence**, c'est la peur que nous en avons, comme nous l'avons vu plus haut. Pourtant, les silences, les pauses que nous pouvons faire ici ou là, vont multiplier par trois notre confort, la compréhension de l'auditoire et notre impact sur lui. Ce que l'on prend pour du vide (d'où notre inconfort) est au contraire totalement plein. Il se passe infiniment de choses de façon consciente et inconsciente pendant ce silence car ceux qui nous écoutent saisissent cette opportunité pour pouvoir intégrer et traiter ce qu'ils viennent d'entendre.

Les silences de confort

Une des façons les plus simples d'accroître le confort de ceux qui nous écoutent est de procéder de la même manière que pour le regard, comme nous l'avons vu au chapitre 5. Alors, dès que pour une raison ou une autre, notre regard est déconnecté de notre public, taisons-nous ! Nous donnons ainsi à notre public une chance de mieux absorber ce qui vient d'être dit et – ce n'est pas négligeable – une chance de **res-pi-rer**… (L'apnée n'ajoutant rien à la capacité d'écoute).

Une autre occasion d'apporter des silences de confort est de remplacer tous les « euhhhh » et autres façons sonores de meubler chaque fois que vous vous sentez hésitant ou que vous cherchez vos mots ou vos idées. Laissez un silence et prenez le temps de trouver ce que vous cherchez. Cela passe cent fois mieux que toutes les onomatopées ou expressions de « remplissage » qui parasitent à la fois votre message et votre crédibilité.

Les silences lourds de sens

Le silence qui a le plus d'impact est celui que vous décidez de faire pour **souligner l'importance de ce que vous venez de dire**, et lui donner un poids particulier. Le silence devient ainsi lourd de sens. Il contribue par son effet dramatique à la puissance de votre message et de votre conviction. À noter cependant que ce silence-là n'aura d'effet que si vous lui ajoutez le regard. Le silence allié au regard, c'est comme si vous disiez à votre public : « Hein ! Vous vous rendez compte de ce que je viens de dire ?! Vous en saisissez l'importance ?! »

Astuce pour se confronter au silence

Si vous avez du mal à tenir le silence, répétez-vous la phrase ci-dessus dans votre tête. « Hein ! vous vous rendez compte de ce que je viens de dire ?! etc. » Elle dure 5 secondes, ce qui est honnête pour provoquer l'effet escompté. Le minimum est de 3 secondes (comptez lentement jusqu'à 3), le maximum de 9 secondes (plus longtemps risque de mettre le public mal à l'aise…).

Ar-ti-cu-lez

Nous sommes nombreux à oublier d'articuler, au point que certains d'entre nous avalent des syllabes entières. J'ai aussi remarqué chez de nombreux jeunes une nette tendance au manque d'articulation, un phénomène étrange qui ressemble à la manière de parler des ventriloques, c'est-à-dire sans bouger les lèvres. Dans tous les cas, lorsque l'habitude est prise, les muscles du « masque » perdent leur tonus, voire s'atrophient, et toute articulation devient difficile. Ce ne serait pas si grave si cela ne gênait pas notre auditoire, qui doit faire un effort de concentration supplémentaire. C'est encore pire pour les auditoires dont la langue maternelle est différente de la vôtre.

La meilleure façon de remédier à cela est de faire les exercices d'articulation des comédiens (voir en annexes) afin de vous remuscler le « masque » (rassurez-vous, cela ne se verra pas, vous n'aurez pas de gros muscles protubérants).

La manière la plus efficace est de faire ces exercices avec un bouchon dans la bouche que vous tenez entre les dents dans le sens de la longueur. Ce que vous direz sera totalement incompréhensible, mais vous sentirez travailler vos muscles. Vous aurez même des courbatures ! Les exercices d'articulation, à faire sans le bouchon, vous seront également très utiles pour chauffer vos muscles et votre voix avant une intervention. (Le plus dur est de trouver un endroit où les faire !)

Variez, variez, variez par la ponctuation orale

Dans l'utilisation de votre voix, la clé est la variation. Prenez ce que nous avons vu ci-dessus, et panachez le tout. Songez aux personnes captivantes que vous connaissez : habitées par leur sujet, elles font naturellement vivre ce qu'elles disent en variant les rythmes, le débit, le volume, elles montent et baissent le ton, elles appuient certains mots, elles en répètent d'autres, elles font des silences… Quand elles disent un mot comme « formidable », leur voix illustre vraiment le mot « formidable ».

Tout cela fait partie de la ponctuation orale. L'une des différences majeures avec la ponctuation écrite, c'est qu'elle n'obéit pas à des règles prédéterminées. Écoutez donc quelqu'un qui raconte à ses amis une anecdote qui vient de lui arriver ; cela n'a rien à voir avec de la lecture à haute voix avec les points et les virgules placés aux bons endroits ! (Comme lorsque notre maîtresse nous faisait faire une dictée avec un ton spécial correspondant à l'emplacement du point, après lequel elle faisait bien entendu un silence…)

À l'oral on ne s'arrête pas forcément au point on peut passer… directement… à la suite on peut faire des pauses… à des endroits… vraiment bizarres !

Voilà un aperçu de ce que l'oral peut donner à l'écrit, ce qui équivaut à ce que l'écrit peut donner à l'oral ! Si j'insiste sur la différence entre les deux ponctuations, c'est que j'ai trop souvent entendu des interventions récitées par cœur. Comme je l'ai déjà dit plus haut, certaines personnes, lorsque les enjeux sont cruciaux, préfèrent écrire et apprendre par cœur ce qu'elles vont dire, ce qui peut tout à fait se comprendre, mais qui rend l'authenticité difficile. Elles écrivent pour être lues (et non pas pour être entendues), et elles livrent ce qu'elles ont écrit avec une ponctuation écrite, et le ton de voix scolaire qui va avec… On peut néanmoins remédier à cela en faisant l'effort de reponctuer son texte pour l'oral.

Jeu pour reponctuer un texte

Vous pouvez vous amuser à prendre n'importe quel texte fait pour l'écrit, à le reponctuer pour l'oral (en variant les rythmes, débit, tons, volume, en faisant des pauses, en « enjambant » les points, en appuyant certains mots, en en répétant d'autres…), et le dire ainsi à haute voix.

C'est ce que font les comédiens qui doivent rendre naturel et vivant un texte qui ne s'y prête pas forcément. Il ne s'agit pas, bien entendu, de faire de vous des comédiens, mais de redonner à votre communication l'authenticité qu'elle mérite.

Stimulez grâce à votre voix

✓ Une belle voix est un atout incontestable. Cependant, encore plus que la qualité de notre voix, c'est **ce que nous en faisons** qui est déterminant.

✓ **Les erreurs rédhibitoires** :
- les excès de vitesse : un débit trop rapide ;
- le ton monocorde : un effet soporifique qu'on ne vous pardonnera pas.

✓ **Les tons qui « tuent »** :
- le ton professoral : « Je sais mieux que vous » ;
- le ton « appris par cœur » : le bon élève ;
- le ton « point d'interrogation » : « Veuillez m'excuser par avance d'oser dire ce que je vais dire… » ;
- la peur du silence : c'est-à-dire ne jamais faire de pauses, vouloir à tout prix remplir le vide.

✓ **Les petits plus qui font la différence** :
- baissez d'un à deux tons le timbre de votre voix ;
- trouvez le bon volume.

✓ **Osez les silences** :
- les silences de confort pour améliorer la compréhension ;
- les silences lourds de sens alliés au regard pour un effet dramatique.

✓ **Ar-ti-cu-lez** par respect pour votre public.

✓ La clé est **la variation** : sachez varier grâce à la ponctuation orale.

Chapitre 7

DÉCLENCHEZ LA CONNIVENCE GRÂCE À VOS ANCRAGES

« La peur appelle la résistance et la complicité la confiance. »
Lise HAROU

Les ancrages : des signes qui déclenchent une entente secrète

Souvenez-vous du geste que pouvaient faire votre mère, votre père ou votre instituteur lorsqu'ils voulaient vous faire comprendre que ce que vous faisiez ou aviez l'intention de faire n'était pas bien : un geste de la main allant de haut en bas index pointé. Si vous voyez quelqu'un au loin faire ce geste à quelqu'un d'autre, vous n'avez pas besoin d'entendre ce qu'il dit : le geste vous renseigne sur ce qui se passe. Il déclenche **la mémoire de votre expérience**. Et si quelqu'un vous fait maintenant ce geste, vous n'aurez même pas besoin d'entendre ce qu'il vous dit pour que cela déclenche chez vous un certain ressenti, rappelant ceux qui s'emparaient de vous quand vous étiez enfant. C'est ce que l'on appelle un **ancrage**, ou un **déclencheur**.

La connivence grâce aux ancrages gestuels

Tout le monde a donc vécu l'expérience de la connivence par les ancrages gestuels, ne serait-ce que par ses aspects les moins agréables.

Dans un registre positif, nous retrouvons les gestes ou les signes de la victoire ; au restaurant nous savons signifier au serveur de nous apporter la note ; en réunion, nous savons demander le silence ; nous savons dire à quelqu'un de nous rejoindre ; nous savons dire bonjour ou au revoir ; nous savons donner la parole à quelqu'un… et nous savons aussi aller dans le registre de l'insulte avec sa gestuelle imagée dont la seule vision, si le geste nous est adressé, provoque souvent en nous des réactions violentes.

Tous ces gestes sont compris par une majorité de gens, même s'ils ne sont pas accompagnés de paroles. Ils sont une sorte de « langage des signes », permettant une entente secrète entre ceux qui en connaissent la signification. En effet, selon les cultures, certains gestes n'auront pas la même signification, d'où parfois des quipro-quos cuisants ! De la même manière que nous avons développé une connivence culturelle autour de certains gestes, certains d'entre nous ont développé des signes de connivence dédiés à une seule personne ou à un groupe de personnes – comme les gamins qui s'inventent des codes secrets destinés à confondre les adultes, ou certains métiers qui développent naturellement des gestes de communication rarement compréhensibles pour les non-initiés, ou encore certaines confréries religieuses, philosophiques ou spi-rituelles qui développent leurs propres gestuelles, comprises uni-quement par ceux qui appartiennent à la même confrérie. Tous ces gestes ont en commun les trois points suivants :

- ils ont une signification spéciale ;
- ils sont pertinents dans leur contexte (par exemple, lorsque je veux signifier à mon client qu'il lui reste 5 minutes pour finir son intervention, je lève la main avec les doigts bien ouverts au lieu de déranger tout le monde en le lui disant à haute voix) ;
- ils déclenchent une réaction c'est-à-dire un ressenti, une pen-sée, ou une action (après un petit aiguillon de stress, mon client se débrouille pour terminer dans les temps ; pour reve-nir à l'exemple des gamins, leurs gestes de connivence déclen-chent et renforcent leur sentiment d'appartenance).

Il a été observé que, souvent sans le savoir, les excellents commu-nicants savaient **manier l'art de l'ancrage gestuel**. Il est encore plus intéressant de savoir le faire consciemment, car vous pouvez choisir à votre guise *ce* que vous voulez ancrer, *comment* vous voulez l'ancrer, et *pourquoi* vous voulez l'ancrer.

Bien entendu, la connivence que vous pourrez établir entre vous et votre public ne dépend pas essentiellement de ce qui suit ; elle est le fruit de tout ce que vous mettrez en œuvre, et notamment de tout ce que nous aborderons dans la troisième partie de ce livre consacrée aux aspects verbaux. Néanmoins, l'ancrage est un atout supplémentaire, peu utilisé parce que peu connu, qui vous permet de déclencher ou d'accroître cette connivence, de renforcer le lien avec votre auditoire, à travers une utilisation particulière du non-verbal (déplacements dans l'espace, gestes, expressions du visage, ton de la voix).

Pourquoi utiliser les ancrages ?

Les ancrages gestuels ou les ancrages par déplacements dans l'espace sont à utiliser lorsque vous voulez :

- établir une **complicité** entre vous et votre public, et la maintenir dans le temps ;
- faciliter la **compréhension** de votre public ;
- obtenir des **comportements spécifiques** sans avoir à les demander ;
- favoriser l'adhésion et la **motivation** (autrement dit, déclencher des états positifs et motivants).

Souvent, nous aurons ces quatre buts à poursuivre lors d'une même intervention.

Comment ancrer ?

Établissez un sentiment de complicité

Imaginons que vous souhaitez établir une complicité particulière avec un public particulier et que vous désirez également pouvoir redéclencher instantanément et à n'importe quel moment cette même complicité lors de votre prochaine rencontre deux mois plus tard. La formule la plus efficace est de mettre en place un **ancrage conscient**, c'est-à-dire un code gestuel ou un déplacement spatial qui soit compris et assimilé consciemment par vos interlocuteurs, et qui sera reconnu consciemment lorsqu'ils le reverront.

Par exemple, dans mes séminaires de communication interpersonnelle et de gestion de conflits, mes participants ont du mal à accepter que l'autre (celui qui leur pose problème dans une situation) ne soit pas forcément un triple idiot qui ne veut rien comprendre. Ils ont du mal car, idéalement, ils aimeraient pouvoir dire à l'autre exactement ce qu'ils pensent de lui – ce serait tellement satisfaisant ! Je leur dis alors qu'ils peuvent avoir toutes les pensées qu'ils veulent sur l'autre, et qu'il ne leur est pas interdit de se dire, en leur for intérieur, qu'il est un « pauvre nul qui ne comprendra jamais rien », etc. – et je dis cela en faisant *des moulinets avec ma main droite à hauteur de ma tempe, index pointé.* Puis, j'arrête de mouliner avec la main droite, et leur dis qu'en revanche, tout ce qui sort de leur bouche doit être, bien entendu, parfaitement constructif et recevable s'ils veulent que l'autre devienne un allié et non pas un ennemi – et je dis cela en portant *ma main gauche à hauteur de ma bouche et j'imite le bec d'un canard en train de faire « coin-coin ».* Je répète cette séquence plusieurs fois (au moins trois fois) pendant mon intervention pour que cela devienne un ancrage qui consiste à **donner un sens spécifique à des gestes spécifiques.** Une fois l'ancrage en place, je peux à la fois le tester et le renforcer en faisant uniquement les gestes sans les paroles chaque fois que je veux rappeler à mes participants le principe suivant : « Je suis en droit de penser ce que je veux, mais, par respect pour l'autre, je dois faire attention à ce que je dis. » Et chaque fois que je répèterai le geste du moulinet suivi de celui du bec de canard, non seulement mon auditoire comprendra instantanément le message (même en ne faisant que le geste du moulinet, mon public comprendra toute la séquence), mais le lien entre lui et moi s'en trouvera à chaque fois renforcé, et établira ainsi cette complicité précieuse. De ce fait, lorsque je revois mes participants deux mois, ou même un an après, l'ancrage reste toujours aussi facilement déclenchable.

Facilitez la compréhension et favorisez l'adhésion de votre public

Ancrez le passé, le présent et l'avenir à des endroits différents

D'une façon générale, si l'on doit parler du passé par rapport au présent et à l'avenir, il est fortement recommandé d'ancrer ces différents temps à différents endroits, soit par un geste, soit par un déplacement physique ; puis, à chaque fois que l'on parle du passé, du présent ou de l'avenir, de refaire le geste ou de se déplacer à nouveau dans l'espace en question. Ces ancrages sont en général des **ancrages inconscients**, c'est-à-dire que votre auditoire ne remarquera pas consciemment ce que vous faites.

Les ancrages suivants sont les plus efficaces lorsque vous faites face à votre auditoire. Placez :

* le **passé** à votre droite (c'est-à-dire à gauche de votre auditoire) ;
* le **présent** au milieu devant vous ;
* le **futur** à votre gauche (c'est-à-dire à droite de votre auditoire).

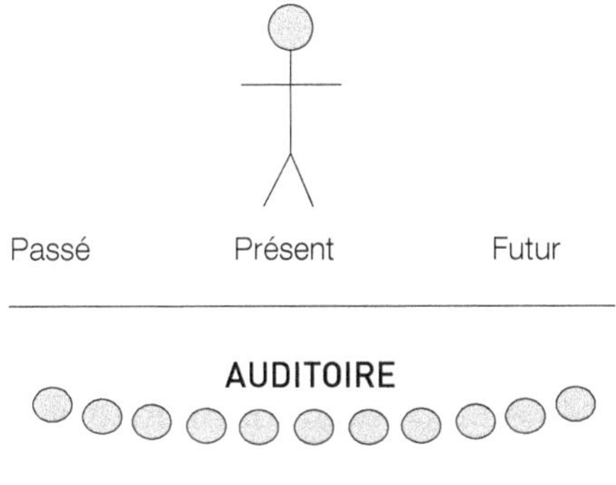

Figure 3

Il y a de fortes chances, dans un premier temps, pour que vous ayez des difficultés à les placer dans ce sens-là ; vous aurez très probablement tendance à faire l'inverse. En effet, il a été observé qu'environ 90 % des gens, lorsqu'ils parlent, placent gestuellement de façon inconsciente tout ce qui est relatif au passé à leur gauche, et tout ce qui est relatif au futur à leur droite (le présent reste à l'endroit où ils se trouvent physiquement). C'est une « **ligne de temps** » que nous nous représentons inconsciemment sur laquelle le passé se trouve plutôt derrière nous et à notre gauche, le présent nous traverse et le futur se trouve plutôt devant nous et à notre droite (je ne connais pas les raisons de cette tendance, mais je vous invite à la voir à l'œuvre chez les autres).

C'est pourquoi, lorsque vous faites face à votre public, il vous faut inverser votre tendance naturelle (à moins que vous ne fassiez partie des rares personnes qui ont la tendance inverse, comme certains gauchers). Votre public ne se rendra pas compte de ce que vous faites, mais sa compréhension s'en trouvera facilitée car vous serez allé directement là où cela fait sens pour eux. Leur niveau de confort en sera accru, ainsi que la sensation d'être en phase avec vous. Vous aurez également évité d'engendrer une confusion qui, même si elle se passe au niveau inconscient, leur demande un effort de « traduction ».

Ancrez le négatif et le positif aux endroits appropriés

Lorsque l'on parle de choses pénibles ou désagréables, que ce soit des mauvais résultats du dernier semestre, ou des effets néfastes de la restructuration en cours, on met forcément notre public dans un état négatif (ou alors c'est qu'il s'en fiche complètement et là ça n'est pas bon signe !). Or, on ne peut pas toujours éviter de parler de choses désagréables car bien souvent ce sont elles qui justifient les remises en question et les actions qu'il faut effectuer pour remédier aux problèmes.

Néanmoins, bien qu'il soit utile de parler des choses négatives ou douloureuses, il peut être judicieux de les placer spatialement toujours au même endroit. En termes d'efficacité, **évitez de placer spatialement les choses pénibles à votre gauche**, qui correspond à la droite des auditeurs, et donc à leur futur. En effet, si vous placez les choses négatives dans le futur de votre auditoire, vous ancrez inconsciemment que ces choses pénibles vont perdurer (ce qui n'est pas fait pour engendrer la joie et la bonne humeur). Essayez plutôt de les placer à votre droite (dans le passé de votre auditoire et donc à sa gauche) pour vous donner les moyens d'ouvrir sur un futur plus souriant, non encombré par ce que l'on cherche à laisser derrière soi !

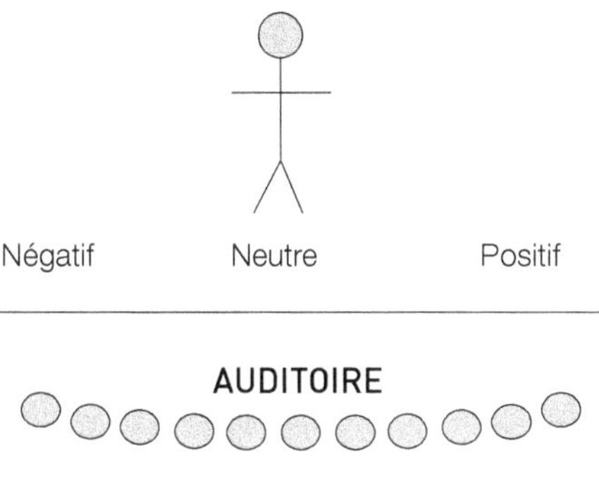

Figure 4

Il est vrai que ce genre d'exercice n'est pas facile car il nous demande une grande vigilance, et beaucoup de pratique, mais quand les enjeux sont importants, mieux vaut mettre toutes les chances de notre côté. Bien entendu, on peut utiliser la simple gestuelle pour cet exercice, mais le plus facile dans ces cas-là est d'utiliser le déplacement dans l'espace. En effet, à partir du moment où vous avez ne serait-ce qu'un mètre autour de vous, le fait de vous déplacer « tout entier » vous aidera à garder les bons ancrages aux bons endroits et vous évitera de vous « emmêler les pinceaux » gestuellement.

Obtenez des comportements spécifiques sans avoir à les provoquer

Avez-vous remarqué qu'il suffit parfois de faire deux fois la même chose au même endroit pour que cela soit interprété comme une habitude ? Par exemple, si vous arrivez à une réunion chez un client et demandez un verre d'eau, et que la fois prochaine vous demandez de nouveau un verre d'eau, il y a de fortes chances pour que la fois d'après, le verre d'eau soit là à vous attendre : vous aurez ainsi obtenu un comportement spécifique de votre client sans avoir eu préalablement à lui demander. De même que si vous faites de façon constante la même activité au même endroit, que vous soyez sur scène ou dans une salle de réunion, votre auditoire établira une connexion entre l'activité en question et l'endroit où vous vous trouvez. Par exemple, dans certains de mes séminaires, lorsque je souhaite interagir avec mes participants, je me mets toujours à l'avant-centre (AVC) de l'espace à ma disposition, que je considère un peu comme une scène (voir figure 5). Au bout d'un certain temps, les participants associeront le fait de poser des questions et de faire des commentaires à cette position-là. Lorsque je veux leur donner des aspects théoriques ou des informations nouvelles, je me déplace vers l'arrière-gauche (ARG) – soit à la droite de mon auditoire. Au bout d'un moment, les participants sauront que lorsque je vais à cette place (ARG), cela veut dire qu'ils peuvent se préparer à prendre des notes.

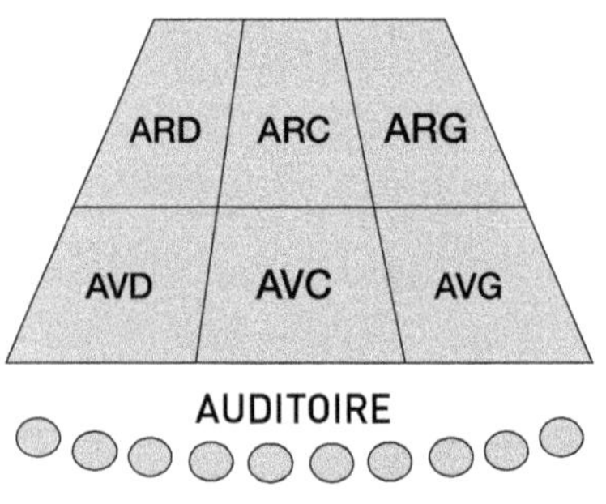

Figure 5

Ainsi, le fait d'utiliser des endroits spécifiques pour faire certaines choses vous permet de déclencher instantanément les comportements appropriés sans que vous ayez à les exprimer. Par exemple, si je veux terminer une séquence de questions-commentaires, je peux commencer à quitter l'avant-centre (AVC) tout en finissant ma réponse et me déplacer vers l'arrière-gauche (ARG) pour aller y aborder les aspects théoriques. Cela communique le message que l'interaction est terminée (et décourage ceux ou celles qui voudraient continuer), et qu'il faut se préparer à prendre des notes. Dans la plupart des cas, l'auditoire n'est pas conscient de ces ancrages.

Favorisez l'adhésion : du négatif et limitant vers le positif et motivant

Imaginons que vous voulez redynamiser vos « troupes » face à une situation difficile. Il s'agit donc de les emmener d'un état négatif et limitant vers un état positif et motivant (par exemple de l'état d'anxiété à celui d'excitation). Comme vous pouvez vous en douter, il n'est pas toujours facile d'emmener votre public directement de l'état négatif à l'état positif : l'écart est trop grand. Vous aurez donc de meilleurs résultats en les faisant passer par un ou deux états intermédiaires.

Méthode d'ancrage

Par exemple, vous pouvez faire passer votre auditoire par les états suivants :

Anxiété → Compréhension → Espoir → Excitation

1. Anxiété
   Sur le devant de la scène, déplacez-vous sur votre droite (AVD) (voir figure 5) pour y parler des choses qui fâchent : « Nos ventes ont chuté de 30 % ces trois derniers mois. Je vous laisse imaginer où nous en serons d'ici la fin de l'année si nous continuons comme ça !... » (Remarquez que, même si vous parlez du futur, à partir du moment où celui-ci est négatif, il convient de rester où vous êtes.)

2. Compréhension
   Déplacez-vous vers le milieu pour commencer à ouvrir sur le positif et le présent : « Il est vrai que nous n'avions pas anticipé les conséquences de la nouvelle législation sur le comportement des clients, mais c'est maintenant très clair... »

3. Espoir
   Déplacez-vous encore d'un cran vers votre gauche : « ... Maintenant qu'on sait ce qu'ils attendent de nous, voici des idées de solutions que j'aimerais partager et enrichir avec vous... »

4. Excitation
   Déplacez-vous sur votre gauche lorsque vous leur parlez des résultats futurs et positifs que vous visez : « ... Afin que nous puissions prendre de l'avance sur nos concurrents et atteindre un niveau de ventes qui nous sera envié ! »

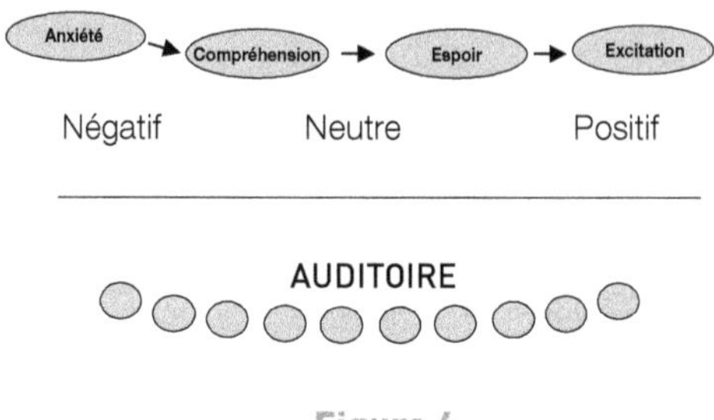

Figure 6

Accompagnez et ancrez votre voix

Vous vous en doutiez, le ton de voix que vous utilisez à chaque étape est crucial. Votre ton de voix, ainsi que l'accompagnement postural et gestuel, et les expressions de votre visage, doivent démontrer l'état en question. Vous ne pouvez pas déclencher un état si vous ne le « vivez » pas vous-même. Imaginez l'impact sur votre auditoire si vous dites tout sur un même ton plat : vous déclencherez bien un état, mais ce sera celui de l'ennui…

Programmez vos ancrages selon votre public et la configuration du lieu

Lorsque vous préparez une présentation, une intervention ou une réunion, décidez de la **manière** dont vous allez utiliser ces différents ancrages ou déclencheurs, choisissez ceux qui vous semblent les plus appropriés à votre cas, à votre auditoire et à l'espace dont vous disposez. Par exemple, plus votre public sera grand, plus vous en serez éloigné, plus vous aurez intérêt à utiliser physiquement l'espace à votre disposition, à vous déplacer pour créer vos ancrages – ce qui est difficile lorsqu'on se trouve coincé derrière un pupitre. Je n'ai personnellement rien contre le pupitre, à partir du moment où il ne devient pas la bouée de sauvetage de l'intervenant qui s'y agrippe désespérément, les yeux « englués » sur ses notes.

Idéalement, c'est à vous de décider ce que vous voulez faire et pourquoi. Lorsque vous voulez établir une complicité avec votre public, préférez le micro-cravate et les déplacements. En revanche, la position derrière le pupitre vous sera très utile dans le cas où vous auriez à mener un débat potentiellement houleux. Le pupitre met une distance entre vous et le public, et si vous vous placez en hauteur par rapport à lui, vous déclenchez inconsciemment un rapport « professeur-élève » qui vous sera très utile pour contrôler la bonne tenue du débat. Dans certains cas, vous pourrez choisir de panacher déplacements et pupitre. Le tout est de savoir *pourquoi* vous faites telle ou telle chose, et quel impact cela aura. Cela vous demandera une certaine discipline, surtout au début, mais au moins, sachez qu'à partir d'aujourd'hui vous ne ferez plus aucun déplacement sans réfléchir !

Appropriez-vous l'espace

Rappelez-vous que dans tous les cas, il est essentiel que vous ayez la sensation d'être le propriétaire de l'espace dans lequel vous vous trouvez. Votre auditoire doit ressentir que vous êtes bien, que vous êtes « chez vous ». C'est pourquoi il est très important de vous familiariser auparavant avec le lieu de votre intervention, et pas uniquement visuellement.

Exercice d'appréhension de la salle

1. Marchez sur les planches, testez vos ancrages spatiaux, et imaginez votre énergie remplir la salle ;
2. Allez dans la salle et asseyez-vous à des endroits différents pour appréhender ce que verra votre auditoire et le confort des sièges (si votre public est mal assis, il aura plus de mal à vous suivre…) ;
3. Imaginez que vous vous voyez sur la scène : où se trouve l'endroit le plus « puissant » ? Y a-t-il des angles aveugles ?

Prenez le temps qu'il faut pour vous approprier la salle. Si quelque chose ne vous convient pas, faites-le changer, car il est essentiel que vous vous sentiez bien dans cette configuration pour pouvoir la faire vôtre.

Tout ce que vous faites est important

S'adresser à un public, quel qu'il soit et quel que soit le but que vous poursuivez, se résume à une chose : savoir déclencher des états. Rien de ce que vous faites n'est anodin. **Quoi que vous fassiez, vous déclenchez quelque chose.**

Vous connaissez maintenant la portée phénoménale et incontournable de tous les aspects non verbaux de votre communication. Nous pouvons maintenant découvrir comment atteindre un niveau d'exception là où réside la vraie valeur de notre communication, c'est-à-dire dans ce que vous avez à dire !

Déclenchez la connivence grâce à vos ancrages

✓ Les ancrages permettent de **déclencher des états** dans notre auditoire, et d'**établir une sorte d'entente secrète**, consciente ou non, entre le public et vous.

✓ On peut ainsi utiliser ces ancrages dans les buts suivants :
- établir une **complicité** entre vous et votre public et la maintenir dans le temps ;
- faciliter la **compréhension** et aider votre public à mieux vous suivre ;
- **obtenir des comportements spécifiques** sans avoir à les demander ;
- favoriser **l'adhésion et la motivation** de votre public (c'est-à-dire déclencher des états positifs et motivants).

✓ **Les différents types d'ancrages :**
- donner une **signification spécifique** à un geste ou à un déplacement en particulier, connue seulement de vous et de votre auditoire (ancrage conscient) ;
- tenir compte de la « ligne de temps » de l'auditoire pour ancrer les notions de **temps**, ainsi que les notions de **positif** et **négatif** (ancrage inconscient) ;
- établir une **connexion** entre les endroits spécifiques où vous vous déplacez (sur scène ou dans l'espace à votre disposition) et les différentes activités que vous y faites (ancrage inconscient) ;
- guider l'auditoire à travers plusieurs états pour l'amener à **un état de ressource** (ancrage inconscient).

Chapitre 8

TRANSFORMEZ VOTRE TRAC

> *« Il est bien peu de monstres qui méritent*
> *la peur que nous en avons. »*
> André GIDE

À moins que vous ne soyez une masse de gelée tremblante prête à se liquéfier lamentablement devant votre auditoire, il est normal d'avoir le trac avant un événement important. Cela prouve que vous êtes conscient de l'enjeu et vous permet de rester vigilant (et de ne pas faire n'importe quoi le moment venu !). Une petite dose de trac n'est pas forcément préjudiciable, car elle vous pousse à bien vous préparer et à anticiper les écueils. D'ailleurs, si vous appliquez tout ce qui est recommandé dans ce livre, vous ne devriez ressentir qu'un trac modéré, c'est-à-dire une certaine excitation avec un soupçon d'appréhension, juste ce qu'il faut pour rester attentif et éviter de succomber à un excès de confiance en soi qui pourrait vous mener à votre perte.

Le trac excessif

Le vrai problème du trac, c'est quand il est excessif et qu'il nous fait perdre tous nos moyens, comme pour l'un de mes clients qui avait tellement le trac qu'il n'arrivait plus à dormir pendant les quinze jours qui précédaient son intervention. De jour comme de nuit, il lui suffisait de penser à son intervention pour que son cœur bondisse dans sa poitrine, que son souffle s'écourte, que ses mains tremblent et que des bouffées de chaleur intempestives le fassent ruisseler de sueur… Je vous laisse imaginer l'état dans lequel il se trouvait le jour J : épuisé, tremblant, les mains moites, la gorge sèche, l'esprit confus… Toute sa prestation se passait comme dans un rêve (ou plutôt un cauchemar), il récitait par cœur et à toute vitesse ce qu'il avait préparé et mettait tout son public terriblement mal à l'aise… Heureusement pour lui, c'était quelqu'un de très apprécié par ailleurs, ce qui lui évitait de justesse les jugements lapidaires… Néanmoins, avoir le trac à ce point est un véritable handicap, car il devient un monstre à part entière face auquel nous sommes totalement impuissants, alors même que c'est nous qui l'engendrons. En effet, bien que ce trac-là soit un ennemi juré et malgré le fait que l'on donnerait tout pour ne plus jamais en être la proie, on se débrouille souvent pour le renforcer, le développer et le rendre de plus en plus nocif…

Guérir le trac excessif : vigilance et ténacité

Il est tout à fait possible de guérir le trac excessif. Ce n'est ni difficile, ni compliqué, mais cela demande une vigilance cons-tante et de la ténacité. Même si c'est cinquante pour cent du chemin, il ne suffit pas de savoir comment vous engendrez votre trac et comment vous pouvez le guérir. Pour parcourir les cin-quante pour cent restants, il vous faudra appliquer tous les jours et plusieurs fois par jour les principes de guérison qui suivent, jusqu'à ce que vous soyez guéri. Selon l'intensité du problème et selon votre engagement personnel, cela pourra prendre de quelques semaines à plusieurs mois, mais plus vous serez assidu et plus rapidement vous obtiendrez de résultats.

Votre cerveau : maître ou serviteur ?

Des automatismes protecteurs devenus aliénants

Le trac excessif est le résultat non intentionnel d'automatismes protecteurs dictés par notre cerveau et liés à la manière dont nous nous représentons la réalité. C'est une émotion résultant d'un processus qui s'est mis en place à notre insu et qui, la plupart du temps, a ses origines dans notre petite enfance. En effet, c'est dans la petite enfance, alors que nous sommes totalement dépendants, que nous développons inconsciemment des croyances et des stratégies qui nous permettent d'assurer notre appartenance – et, par conséquent, notre survie – (tant affective que physique) au sein de notre famille (ou son équivalent). Ce sont donc des automatismes que nous avons développés pour nous protéger du danger d'être exclu. Selon le degré d'équilibre ou de dysfonctionnement de la famille dans laquelle nous avons grandi, nous aurons développé des croyances et des stratégies très différentes relatives à l'appartenance et à la survie. En ce qui concerne le trac excessif, tous ceux d'entre nous qui en sont affligés ont, très probablement, développé dans leur petite enfance une ou des croyances par rapport au jugement de l'autre qui déclenchent le sentiment d'être en danger et donc la peur terrible d'être exclu. Ces croyances ont d'ailleurs pu être provoquées par des situations qui pourraient sembler anodines à des adultes (comme des parents se moquant de leur enfant qui raconte maladroitement une histoire).

Il n'est pas vraiment important de connaître l'origine de la croyance. En revanche, il est important de se rendre compte que certaines de ces croyances et stratégies, développées pour assurer notre appartenance à notre environnement familial, ne sont plus d'actualité, *puisqu'elles nous donnent des résultats que nous ne voulons pas*. Nous les avons transposées automatiquement hors de notre famille, d'abord à l'école, et plus tard dans notre vie professionnelle *où les données n'étaient plus les mêmes*.

Tout au long du parcours, on s'arrange – inconsciemment, bien sûr – pour renforcer ces croyances et stratégies en provoquant ou attirant les situations et les personnes qui nous confirment que l'on a raison de croire ce que l'on croit et que l'on a raison d'agir comme on agit.

Bien entendu, il arrive aussi que l'on développe un trac excessif à la suite d'une expérience intense d'échec durant notre vie d'adulte (comme une intervention ratée où l'on a perdu la face devant tout le monde, alors qu'au départ on n'avait pas particulièrement le trac). Néanmoins, même si l'on a développé son trac « sur le tard » après une expérience de ce genre, il n'empêche que notre réaction à l'échec (et qui va provoquer un trac excessif par la suite) est elle-même très souvent le résultat de décisions inconscientes prises pendant notre petite enfance par rapport à l'échec, et du danger d'exclusion que cela représentait. Sinon, nous aurions seulement développé un « juste » trac nous permettant par exemple d'en tirer la leçon, même si celle-ci était douloureuse, et de mieux nous préparer.

Le trac est le résultat d'une stratégie inconsciente

Le trac excessif est donc le résultat du déclenchement non intentionnel et inconscient dans notre cerveau d'un « programme » de protection en réponse à un type d'événement ou de situation interprété comme dangereux. C'est-à-dire que la manière dont nous nous représentons la situation en question déclenche certaines émotions qui, elles-mêmes, déclenchent certains comportements. Dans le cas du trac excessif, ce sont des émotions et des comportements qui nous desservent. Il suffit donc de changer la manière dont nous nous représentons une situation pour changer de stratégie et déclencher les émotions et les comportements qui vont nous servir. En d'autres termes, il s'agit de « déprogrammer » une stratégie automatique qui nous dessert pour la remplacer par une stratégie qui nous sert. Pour cela, explorons comment utiliser *consciemment* certaines capacités de notre cerveau.

Le but ici est d'identifier *comment* nous créons notre trac. Pour cela, il faut aller à l'intérieur de notre tête et y observer ce que l'on y fait. L'une des choses les plus importantes que l'on a apprises, c'est que notre cerveau *exécute religieusement ce qu'on lui demande,* sans chercher à savoir si c'est bon ou mauvais pour nous. Le problème, c'est que nous ne sommes pas conscients de ce que nous lui demandons. C'est même pire que ça : nous ne sommes même pas conscients que nous lui demandons quelque chose… Mais alors, que lui demande-t-on, au juste ? C'est très simple : *nous donner ce sur quoi nous portons notre attention.*

Vouloir éviter le danger ne marche pas

Si vous avez le trac, c'est que vous avez peur, et si vous avez peur, c'est que vous *croyez* être en danger. Que cela soit vrai ou non n'a aucune importance : si vous croyez être en danger, cela est vrai pour vous. En essayant de vous protéger de ce danger potentiel, vous allez tout naturellement porter votre attention sur ce que vous voulez éviter.

Les représentations mentales

Regardons alors ce qui se passe lorsque vous vous focalisez (inconsciemment et non intentionnellement, bien sûr) sur les dangers que représente pour vous le fait de prendre la parole devant un groupe de personnes. Pour vous concentrer sur *« ne pas me mettre en danger »*, il faut que vous vous représentiez mentalement les dangers en question. Ces « représentations mentales » sont des combinaisons d'images et de sons qui surgissent, souvent sans en avoir conscience, dans votre tête dès que vous pensez à l'événement déclencheur, et qui provoquent alors l'émotion.

Muni malgré vous de vos représentations mentales, vous y ajoutez l'idée que vous voulez les éviter. Cependant, votre cerveau prend tout ce sur quoi vous vous focalisez de façon littérale, *comme si, en réalité, vous le désiriez*. Il ne peut pas traiter la partie « NE PAS » de votre souhait. Par exemple, si je vous dis *« ne pensez pas à un chien »*, quelle est la première chose à laquelle vous pensez ? À un chien, bien sûr ! Parce que, même si je vous dis de NE PAS y penser, je vous ai fait porter votre attention sur les mots « penser » et « chien », et votre cerveau vous fait donc *penser* tout naturellement à un *chien*. Il devient maintenant très difficile de NE PAS y penser. En fait, plus vous essayez de NE PAS penser à un chien, et plus vous y pensez !

D'ailleurs, prenons cet exemple du chien pour illustrer comment cela fonctionne. Il se peut que pour certains d'entre vous, le fait même de penser à un chien soit désagréable. Pourquoi ? Parce que vous aurez développé un automatisme négatif par rapport au mot « chien » qui est le résultat d'une *représentation mentale* que vous vous en faites par rapport à votre expérience passée. Cela peut donc être une image (par exemple, un gros chien noir qui grogne) accompagnée ou non de sons et de ressentis (comme entendre votre mère crier « Attention, il va te mordre ! », et ressentir de la peur). Si cette représentation est bien ancrée dans votre cerveau (et vous n'en êtes pas forcément conscient), la prochaine fois que vous voyez un gros chien noir, cela peut déclencher à votre insu la peur d'être mordu, même si le chien ne grogne pas. Or, si vous avez peur devant un chien, vous émettez des signaux (dans ce cas une énergie négative, une odeur et un certain langage corporel) qui indiquent au chien que vous êtes vulnérable et donc attaquable. Il y a de fortes chances pour qu'il vous morde, alors que c'est exactement ce que vous voulez éviter. Non seulement vous créez cette situation, mais en prime vous renforcez votre croyance que les gros chiens noirs sont dangereux, et au fur et à mesure de vos rencontres avec des chiens, vous irez même jusqu'à généraliser cette croyance à tous les chiens, pas seulement les gros chiens noirs !

Au niveau de votre comportement par rapport aux chiens, vous ferez en sorte d'éviter de vous mettre dans des situations où vous risqueriez d'en rencontrer, et si par hasard un chien pointait à l'horizon, vous seriez le premier à le voir et à commencer à vous méfier. Et si vous vous retrouviez face à ce chien, et qu'il vous saute dessus pour obtenir votre attention ou pour jouer, vous interpréteriez cela comme de l'agressivité de sa part, ce qui renforcerait encore votre croyance au sujet de la dangerosité des chiens… Une spirale infernale où l'on devient incapable de voir les autres significations possibles d'une situation et où l'on ne voit que ce qui renforce notre croyance de départ, quitte à *déformer ce que l'on voit pour que cela corresponde à ce que l'on croit.*

Le cerveau vous aide à créer ce que vous ne voulez pas

C'est la même chose pour le trac excessif. Votre cerveau ne peut pas traiter la partie « NE PAS » de votre souhait parce qu'il ne voit que vos représentations mentales et présume qu'*il est supposé les créer ou les attirer.* En bon serviteur, votre cerveau s'arrange alors pour vous aider à créer la situation de danger, puisque vous le lui avez demandé. Il va donc sans dire que porter votre attention sur ce que vous souhaitez éviter n'est pas judicieux, puisque cela vous fait créer ou attirer plus de ce que vous ne voulez pas.

Redevenez le maître

Aidez votre cerveau à créer ce que vous voulez

Au lieu de vous concentrer sur ce que vous ne voulez pas (rater votre prestation), la clé est de vous concentrer sur ce que vous voulez (réussir votre prestation). Au lieu d'être à la merci de vos représentations mentales négatives (comme vous voir en train de vous planter lamentablement et de perdre toute crédibilité), vous pouvez décider de les remplacer par des représentations mentales positives liées à la réussite.

Que se passe-t-il alors ? D'abord, vous commencez à avoir des idées sur comment réussir. Ensuite, vous remarquez des choses qui peuvent vous aider à réussir et que vous auriez autrement ignorées : des personnes qui pourraient vous venir en aide ou sur lesquelles vous pourriez prendre modèle, une publicité pour un séminaire, ou encore une discussion qui vous ouvre de nouvelles perspectives sur le sujet…

Vous prendrez conscience également de certaines de vos qualités personnelles que vous auriez auparavant ignorées dans ce contexte, comme le courage, la persistance ou l'humour. Finalement, vous focaliser sur la réussite vous motive à agir, alors que vous concentrer sur l'échec vous paralyse. Il y a donc plusieurs choses à faire pour vous débarrasser du trac excessif :

- Quand vous pensez à l'événement qui déclenche le trac, au lieu de vous focaliser sur le *trac* et ce que vous *ne voulez pas*, posez-vous la question suivante : « Mais, qu'est-ce que *je veux* ? » Et, au lieu de répondre « Je ne veux plus avoir le trac », répondez par exemple « Je veux me sentir confiant, vigilant et maître du processus ». Il se peut d'ailleurs que vous ayez un peu de mal à répondre, ce qui n'est pas étonnant car on a peu l'habitude de se poser ce genre de question dans ce contexte. Or, se poser cette question chaque fois que vous vous focalisez sur ce que vous ne voulez pas (et pas seulement en ce qui concerne le trac…) est probablement le meilleur cadeau que vous puissiez vous offrir.

- Prenez également conscience de ce qui se passe dans votre tête – c'est-à-dire des représentations mentales négatives qui se présentent à vous et qui déclenchent l'émotion du trac : y a-t-il des images ? des sons ? vous dites-vous quelque chose ?
- Pour chacune de ces représentations mentales négatives, la première chose à faire est de la modifier pour qu'elle perde son efficacité. Par exemple, pour une image : la rapetisser, l'assombrir, la rendre floue, l'éloigner de vous, etc. Bref, amusez-vous, essayez tout un tas de possibilités et notez ce qui la rend plus anodine. Pour un son, vous pouvez baisser le volume, le transformer en une musique drôle ou tout autre son qui fait perdre son impact négatif au son d'origine. Quant à ce que vous vous dites, changez le ton de la voix, changez les mots, le débit, le volume…
- Construisez maintenant des représentations mentales positives, puissantes et motivantes de ce que **vous voulez** (comme « être confiant, vigilant, et maître du processus »). Par exemple, pour « maître du processus », représentez-vous en train de maîtriser avec brio le processus (quelle est votre posture, votre expression, que faites-vous, etc.), puis ajoutez à cela de la lumière, de la couleur, des sons (des tonnerres d'applaudissements !), rapprochez l'image, bref, rendez-la irrésistible.
- Tous les jours, plusieurs fois par jour, et à chaque fois que vous pensez à l'événement déclencheur, concentrez-vous sur ce que vous voulez et sur ces représentations mentales positives jusqu'à ce qu'elles remplacent aisément les représentations négatives et déclenchent l'état émotionnel recherché.

Soyez déterminé et persévérant

Cette dernière étape est cruciale, car il ne suffit pas d'évoquer une seule fois, ou une fois de temps en temps, les représentations positives de ce que vous voulez à la place de ce que vous ne voulez pas. En effet, vos représentations mentales négatives ne lâcheront pas le morceau si facilement car elles sont automatiques et bien ancrées. En d'autres termes, il va vous falloir de la détermination et de la ténacité pour instaurer une nouvelle stratégie et déprogrammer l'ancienne, comme c'est le cas d'ailleurs pour toute « mauvaise » habitude dont on veut vraiment et sincèrement se débarrasser.

La préparation mentale n'exclut pas la préparation tout court

En résumé, le travail à faire pour vous débarrasser du trac est une véritable préparation mentale, c'est-à-dire un travail de transformation de ce qui se passe dans votre tête. Mais, avant de continuer, je tiens à rappeler que la préparation mentale ne dispense pas de la préparation sérieuse du fond et de la forme de votre intervention, déterminante pour votre crédibilité. En effet, même si vous êtes mentalement prêt, vous n'accomplirez pas grand-chose avec un contenu faible ou inadapté et une forme pénible ou soporifique…

La transformation

Afin d'illustrer au mieux la manière de transformer le trac, j'ai choisi de prendre pour exemple le travail que j'ai fait avec le client mentionné en début de chapitre (celui qui n'arrivait plus à dormir pendant les quinze jours avant son intervention). En effet, ce client qui était passé maître en autosabotage nous offre un échantillon intéressant de représentations mentales négatives parmi lesquelles vous risquez de retrouver certaines des vôtres. Vous pourrez ainsi vous aider de cet exemple pour transformer positivement vos propres représentations mentales déclencheuses de trac.

Comme je l'ai dit plus haut, malgré son trac excessif et ses prestations consternantes, ce client s'en tirait sans trop de dommages collatéraux, car il était très apprécié dans son environnement professionnel. Néanmoins, la piètre qualité de ses prestations l'empêchait depuis deux ans d'accéder à l'échelon supérieur. En effet, la direction ne pouvait se résoudre à prendre le risque de le promouvoir, sachant que ses nouvelles fonctions exigeraient qu'il intervienne en dehors de l'entreprise auprès de hauts dirigeants et de personnalités politiques, et ce parfois devant des auditoires de cent à trois cents personnes. Souhaitant vraiment cette personne à ce poste, elle fit appel à moi, me demandant anxieusement si je pouvais faire quelque chose pour lui (tout en m'avouant qu'elle craignait qu'il ne soit pas récupérable…).

Après l'avoir rencontré, je compris rapidement qu'il était tout à fait récupérable mais que cela allait demander un véritable engagement de sa part car ce n'étaient pas les quelques séances que nous allions faire ensemble qui régleraient le problème. Je l'ai vu une fois par mois pendant quatre mois, sachant que seule la première session était véritablement dédiée au trac et à la mise en place de « l'antidote » permettant la transformation. Les trois autres séances furent dédiées à la préparation, fond et forme, de l'intervention qui allait déterminer si on lui donnait ou non sa promotion. Cette intervention aurait lieu devant plus de cent managers venus du monde entier, devant la direction générale, mais surtout devant le P-DG de l'organisation dont le jugement serait impitoyable (il avait déjà vu mon client à l'œuvre et pensait que le coaching était une perte de temps et d'argent…). Mon client le savait et était déjà mort de trac quatre mois avant ! Néanmoins, il était **très** motivé, et je tenais là son engagement : il voulait cette promotion, il voulait prouver à son P-DG qu'il était capable d'assurer, et il voulait se prouver à lui-même qu'il pouvait y arriver. En même temps, l'enjeu était tel que, dès qu'il pensait à cette intervention, il était à nouveau saisi par le trac, sombrait dans le désespoir et songeait sérieusement à tout laisser tomber.

Comment voulez-vous être perçu ?

Lors de notre session de travail sur le trac, je lui ai d'abord demandé ce qu'il voulait accomplir en termes d'IMAGE lors de cette intervention (comme je l'ai déjà abordé au chapitre 4). En d'autres termes, comment voulait-il être perçu ? Il commença par me dire ce qu'il ne voulait pas (quelle surprise !) : « *Je ne veux pas avoir l'air d'un pauvre idiot qui perd tous ses moyens, qui parle trop vite, qui ennuie tout le monde…* » Je l'ai interrompu et lui ai demandé ce qu'il *voulait à la place*. Il eut l'air surpris, fronça les sourcils, réfléchit quelques instants et me répondit : « *Je veux avoir l'air très professionnel, totalement crédible, et je veux être divertissant.* » Je lui fis spécifier ce qu'il entendait par « divertissant » : être capable de manier l'humour de façon pertinente et de projeter une impression d'aisance, même s'il était mis sur la sellette ou si quelque chose se passait mal (c'est-à-dire être capable de rire de lui-même ou d'utiliser les circonstances à son avantage).

Il savait donc maintenant concrètement ce qu'il voulait. Mais hélas, je vis son regard s'assombrir : « *Oui, je sais ce que je veux, mais je n'y arriverai pas…* » Il venait à nouveau de penser à sa future prestation et c'était reparti pour un tour ! Ses représentations mentales négatives étaient de nouveau à l'œuvre… mais quelles étaient-elles ?

La même stratégie donne les mêmes résultats

Dans un premier temps, je lui expliquai, comme je l'ai fait plus haut, comment fonctionne le cerveau et comment il déclenche à son insu une stratégie programmée qui l'aliène. En effet, mon client, comme beaucoup de gens, pensait que ce que l'on ressent, on ne peut rien y faire, et que l'on doit accepter de vivre avec. Il se sentait à la merci de ses émotions puisqu'elles prenaient le dessus. Il ne savait pas que, en ce qui le concerne, le simple fait de penser à sa prestation, ne serait-ce qu'un centième de seconde, déclenchait automatiquement les représentations mentales négatives qui elles-mêmes déclenchaient sa peur, puis son comportement, etc., et tout cela à une vitesse record. Je lui dis qu'il s'était fabriqué là une stratégie extraordinairement efficace et infaillible sur laquelle il pouvait compter à chaque fois ! Plaisanterie mise à part, il réalisa surtout qu'il *ne pouvait pas s'attendre à obtenir un résultat différent s'il utilisait la même stratégie.* Il commença à reprendre espoir lorsqu'il comprit que les personnes qu'il enviait pour leur aisance face à un auditoire s'étaient, elles aussi, fabriqué une stratégie particulièrement efficace, mais qui *leur donnait les résultats qu'elles voulaient.*

Changez la stratégie, changez les résultats

J'explorai donc la stratégie aliénante de mon client afin d'identifier exactement ce qu'il faisait pour déclencher un tel trac. Je devais pour cela lui faire prendre conscience de ce qui se passait dans sa tête : ses représentations mentales. Voici un résumé de notre échange :

> CH : *« Quand vous ressentez le trac, que se passe-t-il juste avant ? »*
>
> Client : *« Je pense à ma prestation à venir, et hop ! »*
>
> CH : *« Vous y pensez comment exactement ? Voyez-vous des images ? Ou entendez-vous quelque chose ? Vous dites-vous quelque chose ? »*

Il eut un peu de mal à me répondre, car c'était la première fois qu'il avait à répondre à une question aussi bizarre – il n'avait jamais regardé ainsi dans sa tête. Il commença par me dire qu'il ne voyait rien, mais il s'attendait à ce que lui apparaisse une image comme s'il regardait un tableau ou un film. Je lui dis que c'étaient les mêmes images que lorsqu'il pensait à quelqu'un ou quelque chose (que ce soit son fils, la reine d'Angleterre, sa voiture, ou même un éléphant rose avec des étoiles vertes bien que cela n'existe pas dans la réalité). Pareil pour les sons, dont on a des représentations sonores dans sa tête (le bruit d'une cascade, le rire d'un bébé, la sirène des pompiers…).

> Client : *« Eh bien, dès que je pense à ma prestation, je vois plein de visages hostiles et grimaçants… et j'entends des rires sardoniques… et là je me sens perdre pied, et les rires sardoniques sont encore plus forts et me submergent… »*

J'appris également qu'il voyait ces visages devant lui, plus hauts que lui, très proches, et en noir et blanc. Je lui demandai d'abord de changer la couleur des visages en rose layette et de les rendre flous, puis de placer l'image en bas à gauche et loin de lui, et de la rétrécir jusqu'à ce qu'elle ne soit plus qu'un tout petit point rose. Quant aux rires sardoniques, ils étaient très forts et occupaient tout l'espace. Je lui demandai ce qu'il aimerait faire avec pour les neutraliser. Il baissa d'abord significativement le volume et plaqua dessus la musique du générique d'une vieille série télévisée comique (d'ailleurs, il « voyait » aussi le générique qui allait avec). Tout cet exercice de neutralisation de ses représentations négatives l'amusa beaucoup. Je lui rappelai néanmoins qu'elles allaient revenir, et qu'à chaque fois, il devrait systématiquement les neutraliser, et ce autant de fois que nécessaire.

Nous pouvions maintenant passer aux représentations mentales positives de ce qu'il voulait.

CH : « Reprenons maintenant vos objectifs : avoir l'air très professionnel, totalement crédible, et être divertissant, c'est-à-dire savoir manier l'humour de façon pertinente… Vous allez maintenant vous construire des représentations mentales positives et motivantes de ces objectifs. Pour vous aider, avez-vous des exemples de personnes que vous trouvez excellentes, et qu'ont-elles en commun qui les rend ainsi ? »

Client : « J'ai trois personnes en tête… Elles ont toutes les trois les qualités suivantes :

- *une super énergie ;*
- *de la passion ;*
- *elles savent rire d'elles-mêmes ;*
- *elles sont en contrôle : elles mènent le jeu et restent toujours maîtresses du processus »*

Je demandai maintenant à mon client de se représenter chacune de ces personnes en pleine action et de bien remarquer, pour chacune d'entre elles, comment elle se comportait (posture, gestes, expression, façon de se déplacer, façon de s'exprimer…), puis de s'imaginer qu'il prenait place dans leur corps pendant quelques instants. Pour chacune de ces personnes, lorsqu'il « occupait son corps », que voyait-il à travers ses yeux ? Qu'entendait-il ? Que se disait-il ? Que ressentait-il ?

Client : « Je vois les gens qui m'écoutent avec attention, ils sont souriants et à l'aise, ils ont l'air contents d'être là, je les entends rire de bon cœur, je me sens plein d'énergie et très en phase avec eux… »

L'idée ici est de se donner un modèle de ce que l'on veut pour :

1. voir « de l'extérieur » précisément à quoi il ressemble ;
2. puis aller l'essayer « de l'intérieur » pour voir, entendre et ressentir comme si l'on était cette personne.

Prendre un modèle de ce que l'on veut et « l'essayer » est une manière simple de se donner des représentations mentales positives et motivantes. Cela sert de base solide pour construire ses propres représentations. On peut également construire ses représentations en prenant modèle sur une expérience personnelle réussie ayant exigé des qualités similaires, mais ayant eu lieu dans un autre contexte (comme une performance sportive individuelle où l'on a été au top) ou un contexte similaire mais moins stressant (comme une soirée entre amis où l'on a pris la parole et été particulièrement spirituel). La seule chose qui compte vraiment, c'est de se donner des représentations mentales positives, motivantes, qui nous dynamisent.

Maintenant, je demandai à mon client de se voir *à la place* du modèle avec toutes les qualités du modèle et d'y ajouter tout ce dont il avait besoin pour que cela devienne irrésistible, c'est-à-dire qu'il pouvait « jouer » avec les couleurs, la luminosité, la proximité et tester ainsi dans sa tête leur efficacité. Après avoir essayé plusieurs choses, il s'arrêta sur un flux inépuisable d'énergie dorée qui entrait par le sommet de sa tête, pénétrait tout son corps, l'enveloppait, et partait ensuite envelopper son public de cette même énergie chaude et dorée… Je vous assure qu'il était gratifiant de voir la tête et l'expression de mon client lorsqu'il me décrivait cela : cela n'avait plus rien à voir avec la tête qu'il avait en début de session !

Je lui demandai maintenant « d'entrer » dans cette représentation afin qu'il soit à l'intérieur de son corps : que voyait-il ? qu'entendait-il ? que se disait-il ? Ici, il sentait l'énergie dorée de l'intérieur, il la voyait autour de lui et la voyait partir envelopper son public, qui le regardait avec des visages lumineux et souriants, il entendait les rires appréciateurs, les applaudissements, il se disait « Qu'est-ce qu'on est bien »…

Nous en avions presque terminé avec le travail sur les représentations mentales, mais mon client ne faisait que commencer le travail de transformation proprement dit. En effet, comme je l'ai dit plus haut, une fois ne suffit pas. Je donnai donc à mon client la tâche de déclencher ses nouvelles représentations mentales de nombreuses fois par jour : le matin avant de se lever, le soir avant de s'endormir, et le plus souvent possible, dans la journée, au moins dix fois. Et bien sûr, si une représentation négative refaisait surface, il devait la neutraliser et déclencher ensuite la représentation positive. C'est du travail, mais ça marche !

Lorsque je revis mon client un mois après, il était déjà beaucoup plus détendu et envisageait avec un certain plaisir le travail de préparation du fond et de la forme du contenu. Il avait d'ailleurs bien déblayé le terrain et me dit qu'il lui était venu plein d'idées (ce qui était loin d'être le cas avant, puisqu'il se focalisait sur le négatif et empêchait son cerveau de l'aider).

Ce travail, allié au travail de préparation mentale qu'il pratiquait religieusement, acheva de conforter mon client quant à l'impact de sa future prestation. À la dernière session, il était fin prêt, tant sur le contenu que sur la manière de le présenter.

Le jour J, il eut le trac, mais c'était le trac de l'excitation saine qui permet de rester vigilant. Fut-il parfait ? Bien sûr que non (il pécha au tout début par excès de vitesse et aurait besoin d'encore quelques expériences), mais quel progrès ! Il réussit non seulement à tenir son public éveillé pendant une demi-heure, mais aussi à l'intéresser. Il le fit rire plusieurs fois et il fut sincèrement applaudi à la fin de sa prestation. Il reçut beaucoup de *feed-backs* positifs (c'était la première fois !). Et surtout, il était heureux de ce qu'il avait réussi à accomplir et se surprit à penser « *À quand la prochaine ?* ». Il eut sa promotion.

Préparez votre physique

Apprenez à vous relaxer au quotidien

Il est également très bénéfique de vous préparer physiquement. En effet, avec les vies stressantes que nous menons, nous souffrons tous d'un même syndrome : la tension musculaire. Nous devons constamment nous « mobiliser » pour ceci ou pour cela, et à chaque mobilisation, à chaque effort d'adaptation que nous demande notre environnement, nos muscles se contractent. Le problème, c'est que nous finissons par vivre en **contraction musculaire ininterrompue** : nous sommes « tendus », nous sommes sur le qui-vive permanent.

Vous pouvez atténuer significativement ce syndrome si vous apprenez à vous relaxer au quotidien, en décontractant vos muscles et en respirant.

Méthode de relaxation au quotidien

Tout au long de votre journée, dès que vous ouvrez l'œil le matin et jusqu'à ce que vous vous endormiez le soir, pensez le plus souvent possible à décontracter vos muscles (vous risquez d'être surpris de voir qu'il y en a toujours qui sont contractés inutilement). À toute occasion, relâchez vos muscles, jusqu'à ce que cela devienne une habitude de vie, un automatisme. Ainsi, lorsque vous aurez à vous mobiliser, vous le ferez sur des muscles régénérés. Votre trac sera alors un « bon » trac, celui qui vous rend vigilant et prêt à l'action. D'autre part, respirez en gonflant le ventre puis le thorax : aussi souvent que possible dans la journée, faites de grandes respirations lentes, décontractez tous vos muscles en expirant. Couplez respiration et relaxation des muscles aussi souvent que possible.

Une astuce juste avant l'événement : soignez le mal par le mal

Vous êtes tendu, et c'est normal. Transformez cette tension en mobilisation saine en prenant le contrôle des opérations : commencez en respirant un grand coup et en « soignant le mal par le mal », c'est-à-dire en exagérant au maximum la tension de tous vos muscles (poings serrés, tous muscles tendus des pieds à la tête) jusqu'à en trembler, retenez quelques instants votre souffle, puis relâchez petit à petit vos muscles tout en expirant profondément. D'après Thierry Destrez, cette amplification volontaire de symptômes physiques du trac suivie d'un retour au calme permet de ne plus surinvestir l'instant présent et d'avoir toujours un temps d'avance sur ses émotions.

Un « calmant » à utiliser avec modération…

Pour l'avoir utilisé moi-même avec succès, je préconise parfois à mes clients de boire un verre de vin (ou similaire, mais rien de gazeux !) une quinzaine de minutes avant l'événement. Mais attention, si vous ne buvez jamais d'alcool ou si vous ne tenez pas l'alcool, ce n'est pas du tout une bonne idée… D'autre part, si votre prestation est en début de matinée, non seulement votre métabolisme risque d'être surpris, mais l'odorat de vos interlocuteurs aussi, ce qui pourrait nuire à votre image (les cils olfactifs se renouvelant tous les jours, nous « sentons » mieux le matin). En revanche, si votre prestation est l'après-midi ou le soir, vous pouvez boire un petit verre (j'ai bien dit petit) pour vous détendre juste ce qu'il faut (et sucez un bonbon à la menthe, on ne sait jamais !). Néanmoins, un peu de réflexion et de bon sens vous guideront sur ce point, car selon les circonstances et les cultures, le « petit verre » pourrait très mal passer !

Faites-vous du bien

Vous pouvez bien sûr arriver à vous débarrasser du trac tout seul, mais il est bien agréable de se faire épauler si vous en avez la possibilité. Faites-vous du bien, allez voir un sophrologue, ou un thérapeute antistress. Trouvez une approche douce, holistique, qui s'occupe de vous et de votre bien-être : non seulement vous le méritez, mais votre entourage, tant professionnel que personnel, en bénéficiera !

Transformez votre trac

✓ Une petite dose de trac est salutaire, elle vous permet de **rester vigilant** : c'est un automatisme protecteur destiné à assurer votre sécurité.

✓ Le trac excessif est un automatisme protecteur **devenu aliénant** : c'est le résultat d'une stratégie inconsciente déclenchée par le cerveau liée à des représentations mentales négatives (images, sons, ressentis, dialogues internes).

✓ Il s'agit de « **déprogrammer** » une stratégie automatique qui vous dessert pour la remplacer par une stratégie qui vous sert.

✓ Le cerveau, en fidèle serviteur, **vous aide à obtenir ce sur quoi vous focalisez votre attention**. Donc, si vous focalisez votre attention sur ce que vous ne voulez pas (comme « perdre votre crédibilité » ou « être ridicule »), votre cerveau vous aidera à l'obtenir…

✓ Aidez votre cerveau à vous donner ce que vous voulez :
- identifiez vos représentations mentales négatives et neutralisez-les en en changeant l'intensité, la couleur, la distance, le ton, le volume… ;
- focalisez consciemment votre attention sur ce que vous voulez et créez-en des représentations mentales positives et motivantes, et rendez-les irrésistibles.

✓ Les vieux automatismes sont bien ancrés. Pour arriver à les neutraliser et à en installer de nouveaux, vous devez être **vigilant, systématique et persévérant**.

✓ Et **faites-vous du bien** : relaxation, respiration et toute approche qui vise à améliorer votre bien-être.

Troisième partie

Le verbal : mettre en forme le contenu et manier la puissance des mots

« Si j'avais six heures pour abattre un arbre, je consacrerais les quatre premières heures à aiguiser ma hache. »

Abraham Lincoln

Chapitre 9

POURQUOI PARLER ?

« Parler ne fait pas cuire le riz. »
Proverbe chinois

C'est une question simple, mais que l'on a tendance à oublier tant cela semble évident. Lorsque je suis appelée à coacher un dirigeant pour un événement particulier, il arrive souvent que son intervention soit déjà écrite (souvent par quelqu'un d'autre), avec pléthore de *slides PowerPoint* à l'appui. Mon client est ainsi persuadé qu'il n'y a rien ou pas grand-chose à changer au niveau du contenu, et qu'il suffit de travailler la forme, c'est-à-dire tout ce que nous avons vu dans les chapitres précédents, pour que ce soit parfait. Bien entendu, je suis ravie qu'il ait compris l'importance de la forme – souvenez-vous, elle compte pour plus de 90 % de l'impact du message.

Mais voilà, si le message n'est pas clair, s'il est dilué ou trop fourni, si à la sortie le public ne peut pas vraiment dire ce qu'il en retient (ou pire, s'il retient justement ce qu'il ne valait mieux pas retenir), la forme ne pourra jamais se substituer au fond. Au mieux, elle rendra l'intervention plus divertissante, elle donnera, sur le moment, une bonne image, voire même une excellente image de l'intervenant. Cela me rappelle une période de mon enfance en Provence où, lors du discours animé et impressionnant d'un personnage politique en campagne, les villageois étaient littéralement magnétisés par sa prestation. Après le discours, autour d'un verre de l'amitié offert par la municipalité, les villageois se félicitaient mutuellement de cette magnifique prestation : « Ah, quel orateur ! », « Ah, qu'est-ce qu'il a bien parlé ! » ; lorsque j'entendis une dame, avec un ton d'admiration authentique, dire ceci : « Ah oui, qu'est-ce qu'il a bien parlé !

mais *qu'est-ce qu'il a dit ?* » Ce qui fit rire tout le monde… Cependant elle insista, et alors la confusion s'installa : personne ne pouvait vraiment lui répondre… Et c'est cette même dame qui eut le mot de la fin : « Ah ben, alors *finalement il n'a rien dit ?* » Je vous laisse apprécier le sentiment qui s'installa vis-à-vis de l'orateur en question…

Lorsqu'un client arrive avec son intervention préparée, je lui demande de me donner le contexte de son intervention, le temps prévu, et quelques informations sur le public auquel il s'adresse. Puis je lui demande de me dérouler son intervention telle qu'il l'a préparée, une sorte de premier jet en situation que je filme. En général, ce premier exercice est un calvaire pour mon client : il démarre à froid, pas vraiment prêt, il a le nez dans ses papiers, et se sent scruté, examiné sous l'œil impitoyable de la caméra renforcé par mon œil critique… (Cette mise à nu demande un grand courage, et franchement, j'en profite ici pour tirer mon chapeau à mes clients !!). Mon client déroule donc sa prestation, et je l'écoute. Je me mets à la fois dans la peau de l'auditoire et dans ma position d'observateur critique. Je fais abstraction pour le moment de la forme, et je laisse le contenu faire son travail : qu'est-ce que je capte ? Qu'est-ce que je ressens ? Qu'est-ce que je comprends ? Qu'est-ce que j'en retire ? En quoi cela fait-il sens ?… À la fin de la prestation, je me retrouve souvent avec la sensation d'avoir été bombardée par des tonnes d'informations, dont certaines au demeurant semblent très intéressantes, mais dont je n'arrive pas à dégager l'essence, le noyau, la raison d'être. Pourquoi ? Oh ! pour *quoi* a-t-il parlé ?

Parler : pourquoi ? pour quoi faire ?

Ce sont des questions auxquelles on répond généralement de façon implicite, mais qui méritent une réponse explicite et formulée, ne serait-ce que pour s'assurer de la validité de notre choix. En effet, quelle est la **véritable raison d'être** de l'événement et de votre intervention (quel objectif poursuivez-vous et pourquoi ?), et en quoi le fait de parler **apporte-t-il une valeur**

ajoutée (plutôt que de dire les choses par écrit, de faire parler quelqu'un d'autre, ou encore de ne rien dire du tout) ? La plupart du temps, les réponses vous sembleront évidentes, car elles découlent naturellement du contexte et des problématiques dans lesquels vous évoluez. De plus, si vous passez en revue toutes vos interventions, ou celles des autres, elles peuvent quasiment toutes se résumer aux objectifs suivants :

- **motiver** ;
- **convaincre** ;
- **faire adhérer** ;
- **fédérer.**

Par exemple : « Je veux motiver mes collaborateurs pour qu'ils redoublent d'efforts en cette période difficile. » Ou : « Je veux convaincre ma direction que mon projet est le plus pertinent pour la société. » Ou encore : « Je veux convaincre les n-1 d'adhérer à la nouvelle politique de gestion. »

Ne confondez pas objectifs et moyens

Pourtant, on court souvent le risque de confondre objectifs et moyens. Par exemple, certains voudraient ajouter « informer » comme autre objectif récurrent, mais pour moi, informer n'est pas un objectif, c'est plutôt l'un des **moyens d'atteindre un objectif** : derrière l'information, il y a toujours un autre but. Quand un dirigeant « informe » les actionnaires sur la santé de l'entreprise, n'est-ce vraiment que du partage d'information ? Quand une société fait une réunion d'information sur ses produits ou services, est-ce vraiment son but ? Quand les médias nous informent, est-ce vraiment leur seule préoccupation? Attention donc de ne pas tomber dans le piège qui consiste à confondre objectifs avec moyens car on risque de faire « fausse route » et de perdre de vue le véritable objectif.

Lorsque vous n'êtes pas sûr de votre objectif, vous pouvez le tester de la façon suivante, comme je l'ai fait avec ce dirigeant français nouvellement nommé à la présidence d'un groupe international, qui décida de réunir pour deux jours aux États-Unis (en hommage à l'entreprise qu'il venait d'y acquérir), ses deux cents *top managers* mondiaux afin de leur présenter sa stratégie. Plus de deux tiers de ces *managers* n'avaient encore jamais vu leur nouveau président. Celui-ci, avec l'aide de son directeur de la communication, avait préparé pour l'ouverture de ces deux jours un *speech* de quatre heures… « Ouh-la-la ! me suis-je dit, les pauvres *managers* ! » (De plus, ce speech en anglais allait être dit avec un bon accent français…) Je me suis donc empressée de jauger l'objectif : que cherchait-il vraiment à accomplir ?

L'échange s'est passé à peu près comme ceci :

Lui. – … Mon objectif est donc de leur présenter ma stratégie.

Moi. – Oui, bien sûr. Et pourquoi exactement voulez-vous leur présenter votre stratégie ?

Lui *(me lançant un regard que je qualifierais d'irrité)*. – Eh bien, pour qu'ils comprennent ce que je veux faire, voyons !

Moi *(sachant que je provoquerais ses foudres)*. – Oui, bien entendu, mais pourquoi exactement voulez-vous qu'ils comprennent ce que vous voulez faire ?

Lui *(commençant à se demander si j'étais tout à fait bien)*. – Je veux qu'ils comprennent pour qu'ils adhèrent ! *(Nous y voilà !…)*

Moi. – Ah, vous voulez qu'ils adhérent à votre stratégie !

Lui. – Oui, c'est évident non ?!

En effet, c'était évident ! Mais pourtant, il fallait se poser cette question : en quoi présenter sa stratégie pendant quatre heures (qui n'est en fait qu'un moyen) garantirait-il la compréhension des auditeurs ? (Ils risqueront probablement de décrocher bien avant la fin et comprendront une chose : c'est qu'ils se sont bien ennuyés !) De plus, en quoi leur compréhension garantirait-elle leur adhésion ? (Je peux comprendre et ne pas être d'accord…) Voilà pourquoi il est important de tester vos objectifs pour ne pas vous fourvoyer et perdre une énergie et un temps précieux à préparer quelque chose qui ne sera pas efficace, voire dans certains cas, désastreux !

Formulez vos objectifs de manière adéquate

Certains ont l'habitude de se fixer un objectif en termes de « message à faire passer », comme par exemple : « Je veux faire passer le message suivant, à savoir que le *management* par projet est l'avenir de notre entreprise. »

Personnellement, je n'ai pas une passion pour cette formulation, car le choix des mots la rend assez neutre, plutôt froide et détachée. Cela m'évoque l'image de quelqu'un qui tient un paquet dans les mains, dont on n'est pas sûr qu'il lui appartienne, et qui tente de le passer à « quelque chose » de nébuleux qui serait l'auditoire… Alors que si je dis : « Je veux faire adhérer les *managers* au *management* par projet » ou encore : « Je veux les convaincre que le *management* par projet c'est l'avenir », la formulation employée, les mots eux-mêmes évoquent une action forte, plus engagée et en prise directe avec les personnes concernées. Cela peut vous paraître un détail sans importance, et il se peut que vous ne soyez pas sensible à cette différence. Pourtant, différents mots provoquent des réactions neurologiques différentes qui elles-mêmes induisent des **états** différents. Vous pouvez le vérifier par vous-même en testant les formulations en question à haute voix (soyez en même temps à l'écoute de votre ressenti, de l'impact de l'une ou l'autre phrase) : laquelle de ces formulations vous motive le plus ? Certains ressentiront une différence énorme, d'autres au contraire en ressentiront très peu. Et d'autres encore ne ressentiront aucune différence du tout ! Si vous êtes de ceux-là, vous faites probablement partie de ceux qui se laissent difficilement influencer par les mots des autres – ce qui est souvent un avantage – mais qui peuvent éprouver quelques difficultés à bien faire passer les messages qu'ils aimeraient justement faire passer.

Soyez concret

Formuler votre objectif comme nous l'avons vu ci-dessus peut suffire. (Par exemple : « Je veux convaincre mes *managers* que le *management* par projet est l'avenir de l'entreprise. »)

Néanmoins, voici trois questions que je vous invite à vous poser pour vous aider à formuler de façon très spécifique **ce que vous cherchez à accomplir** lorsque vous décidez de prendre la parole :

Le résultat visé

C'est-à-dire, que souhaitez-vous que votre public dise, ressente, pense, et fasse lorsque vous aurez terminé ? Et comment saurez-vous que vous avez réussi ?

En effet, réfléchir à l'impact de votre intervention en termes de résultat visé rend l'objectif beaucoup plus concret, et identifier des indicateurs de réussite vous aide à reconnaître si vous avez atteint votre objectif. Par exemple : « À la fin de mon intervention, je veux que mes *managers* se disent que c'est une idée qui vaut le coup et qu'ils aient envie d'aller plus loin. Je le verrai à leur physionomie, et à la teneur des questions qu'ils me poseront. »

Même si vous ne pouvez jamais être sûr de ce que les autres pensent ou ressentent, le fait de vous concentrer consciemment sur eux pour voir leurs réactions, et savoir ce que vous recherchez est déjà quasiment révolutionnaire (la majorité d'entre nous ne s'est même pas posé la question et ne se concentre que sur sa prestation).

Votre objectif est-il celui de l'entreprise ?

C'est-à-dire en quoi votre intervention va-t-elle apporter une pierre à l'édifice de vos objectifs, de votre vision, à plus long terme ? Cette question peut encore une fois paraître évidente. Néanmoins, elle mérite qu'on la pose, ne serait-ce que pour confirmer que ce que l'on entreprend est bien en phase avec notre mission et notre vision à long terme (les nôtres, celles de notre entité, celles de notre entreprise).

Cela me rappelle le directeur d'une filiale d'un groupe international, dont l'objectif par son intervention était de fédérer ses « troupes » autour d'une idée : être la filiale avec les meilleurs résultats. C'était au demeurant une idée plutôt bonne et plutôt motivante lorsqu'on sait que l'esprit de compétition donne souvent de bons résultats. Pour la petite histoire, il s'agissait ici d'une filiale nord-américaine acquise par un groupe français. Et en grattant un peu la « surface » du politiquement correct, il apparut qu'il y avait dans cette idée un peu d'esprit de revanche : bien qu'ils ne l'aient jamais ouvertement avoué, ils s'étaient senti humiliés d'avoir été « acquis » par des Français – avaient-ils alors éprouvé le besoin de prouver qu'ils étaient les meilleurs ? Or, la vision du groupe était de travailler ensemble pour offrir aux clients des solutions globales et lisses (ce qui revient à dire que le client, où qu'il soit dans le monde, n'aurait affaire qu'à un seul interlocuteur qui lui fournirait la meilleure solution globale pour n'importe quelle demande de prestation couvrant plusieurs pays). Cela impliquait que les filiales et leurs équipes travaillent de façon transversale et soudée au-delà de leurs différences. Tâche déjà difficile s'il en est, mais quasiment impossible si la filiale américaine se met en compétition avec les autres filiales. L'objectif de l'intervention prévue par le dirigeant de la filiale était louable en soi, et aurait fort bien pu convenir dans d'autres circonstances, mais il ne s'inscrivait pas dans la stratégie globale de l'entreprise, allant même à son encontre.

Votre image : que voulez-vous projeter ?

Je sais que pour certains d'entre vous, le fait de poser cette question vous met mal à l'aise – comme si le fait de décider consciemment de l'image que l'on veut laisser ou des qualités que l'on veut faire ressortir était répréhensible… Certes, cela serait répréhensible si votre but était de manipuler votre auditoire. Mais, à partir du moment où vous êtes sincère et où, quels que soient les objectifs que vous poursuivez, votre but est que les autres y trouvent aussi leur compte, il est plus qu'utile de répondre à ces questions.

Remarquez que nous abordons ici de nouveau l'aspect non verbal. Si je reprends l'exemple du dirigeant dont je parle au début du livre qui fit un « flop » devant ses quatre cents *top managers* mondiaux, je suis certaine qu'il avait en l'occurrence totalement occulté ces questions. L'important au niveau de la préparation est de **formuler explicitement ce que l'on veut projeter**. Si cela ne garantit pas que l'on projette effectivement ce que l'on a décidé de projeter, le fait même d'y avoir pensé et d'avoir fait un choix oriente nos efforts dans le sens voulu.

Imaginons que vous cherchiez à convaincre un parterre d'analystes du fait que votre entreprise est celle qu'il faut conseiller à leurs vendeurs face aux entreprises concurrentes, alors que les performances de votre entreprise et celles des entreprises concurrentes se valent. Outre celle de votre discours, quelles qualités serait-il utile de projeter, pour que la balance penche de votre côté (et donc du côté de votre entreprise, puisque le public fera l'amalgame entre ce que vous projetez et leur perception de l'entreprise) ?

Crédibilité : elle est incontournable dans le domaine professionnel. Vous avez vu dans les chapitres 3, 4, 5 et 6 dédiés à la forme (posture, gestes, regard et voix) comment manifester par votre comportement cet aspect de vous-même. Néanmoins, pour déployer toute votre puissance et asseoir votre crédibilité, cet accompagnement comportemental doit absolument servir un contenu qui « tient la route », et où l'auditoire est rassuré sur le fait que vous maîtrisez le sujet à hauteur de ce qu'il attend de vous dans votre rôle.

Solidité et flexibilité : ici ce choix peut être intéressant (sachant que la crédibilité reste une qualité incontournable). Si la solidité alliée à la flexibilité est l'une de vos qualités, vous saurez la manifester physiquement. En effet, comme pour tout aspect de votre personnalité, il vous suffit de vous remémorer un moment où vous étiez en pleine possession de cette qualité et de vous replonger physiquement et émotionnellement dans la personne que vous étiez à ce moment-là. Où étiez-vous ? Que voyiez-vous ? Qu'entendiez-vous ? Que ressentiez-vous ? Que projetiez-vous ? Comment était votre posture ? Comment était votre ton de voix ? Comment les autres vous voyaient-ils ?... Vous retrouverez ainsi l'état dans lequel vous étiez et en adopterez avec aisance la physiologie et le comportement.

Imaginons maintenant que vous vouliez convaincre votre direction d'investir dans un projet innovant. Quels aspects de votre personnalité serait-il judicieux de mettre en lumière (sachant que la crédibilité reste, bien entendu, la qualité incontournable) ?

Conviction inébranlable : en effet, lorsqu'on présente un projet innovant, il est important de montrer que l'on y croit dur comme fer.

Combativité : si vous êtes un battant, c'est une bonne occasion de le montrer, car toute innovation demande que l'on se batte pour elle.

L'une des conditions *sine qua non* en termes de choix de qualités personnelles est que ces qualités soient véritables. En effet, les qualités que vous avez choisies de montrer sont en quelque sorte un contrat moral que vous avez passé avec votre public ; il faut donc que vous soyez capable de tenir cette image dans le temps. Cela ne vous empêche aucunement de faire apparaître d'autres qualités selon les évolutions, mais chacune de ces qualités doit être vôtre. Bien sûr, si vous êtes bon comédien, vous pouvez faire semblant… mais vous pratiquerez alors une forme de manipulation sur votre auditoire, et vous vous décrédibiliserez rapidement si vous n'arrivez pas à démontrer ce que vous aviez promis.

Ceci me rappelle le cas d'un jeune dirigeant qui avait réalisé, à sa grande stupéfaction, que le terrain humain et ses aspects *soft* comme l'écoute, la reconnaissance, le développement des personnes (etc.), étaient de véritables *boosters* de performance. Il trouvait personnellement tout cela très irrationnel (il avait raison, l'être humain est très irrationnel !), et n'en vit l'importance que par rapport à des choses très rationnelles comme la performance et les résultats. Il en était tellement convaincu, qu'il lança un projet d'entreprise pour développer ces aspects *soft*, jusqu'à les répercuter dans les objectifs et évaluations des *managers*. Il fit une grand-messe de lancement, et tout en préparant son intervention, pensait qu'il fallait donner de lui une image d'humanité et d'empathie. « Comment dois-je faire ? », me demanda-t-il. Je lui répondis : « Ne *faites* surtout pas ! » En effet, ce « jeune loup » brillant et ambitieux, dont la seule motivation était les résultats, n'aurait pas été crédible longtemps dans ce registre. En revanche, il pouvait s'appuyer sur deux aspects forts : sa puissance d'engagement et son authenticité. Authentique dans le sens où, ne pouvant faire semblant d'être ce qu'il n'était pas, nous décidâmes au contraire qu'il reconnaîtrait sincèrement ses lacunes dans ce domaine et qu'il montrerait la voie en étant le premier à se « soigner ». Ce fut un grand succès car il s'engagea à fond dans cette démarche et, même s'il avait des difficultés évidentes à appliquer le « *soft* », on était plus indulgent car on voyait qu'il faisait des efforts en donnant réellement l'exemple.

Que veut votre public ?

Vous savez ce que vous cherchez à accomplir à court et à long terme, et vous avez une bonne idée de l'image que vous voulez montrer. Mais vous avez déjà compris que tous ces objectifs, aussi clairs soient-ils, ne seront vraiment valables que lorsque vous les aurez confrontés aux objectifs, la plupart du temps implicites, de votre auditoire. Et c'est ce que je vous propose d'explorer au chapitre suivant.

Pourquoi parler ?

✓ La question principale à vous poser est : « **Qu'est-ce que je cherche à accomplir à travers ma communication ?** »

✓ Attention à ne pas confondre **objectifs** et **moyens** !

✓ Attention à la façon dont vous **formulez un objectif** ! Recherchez des formulations actives (« Je veux convaincre ma direction de... »), plutôt que passives (« Je veux faire passer le message que... »).

✓ **Soyez concret. Posez-vous les trois questions suivantes :**
- que voulez-vous que votre public dise, pense et/ou fasse, à la fin de votre intervention ? (court terme) ;
- en quoi ce que vous cherchez à accomplir s'inscrit-il dans ce que vous (l'entreprise) cherchez à accomplir demain ? (long terme) ;
- lesquelles de vos qualités humaines voulez-vous mettre en lumière ? (image).

Chapitre 10

À QUI PARLEZ-VOUS ?

« On peut essayer de convaincre les hommes par ses propres raisons, on ne les persuade que par les leurs. »

Anonyme

Connaître les critères du public : connaître ses cordes sensibles

Mon amie Ruth ne savait pas comment convaincre son mari de participer avec elle à un séminaire sur les émotions (à l'époque, on n'avait pas encore inventé le terme « intelligence émotionnelle »), auquel je devais également participer avec mon mari. Elle avait avancé un tas d'arguments pertinents, mais aucun n'avait « collé ». Son mari, bien que conscient de l'intérêt de ce séminaire, ne pouvait se résoudre à l'accompagner ; le mot « émotion » le bloquait totalement… Ayant eu le plaisir de travailler préalablement avec lui, j'avais remarqué qu'il adorait analyser un propos et échanger son point de vue avec ses confrères. J'ai donc confié à mon amie Ruth de lui dire ceci : « L'une des raisons pour lesquelles Chilina participe à ce séminaire est de voir si elle peut en tirer des idées pour ses propres séminaires de communication en entreprise. Elle serait très contente si tu pouvais venir, car elle aimerait bien avoir ton avis sur la question… » Il n'y eut pas l'ombre d'une hésitation ! Non seulement il fut un participant précieux, mais il m'apporta des idées très intéressantes lorsque nous échangeâmes sur le propos après le séminaire. De plus, il en retira beaucoup sur le plan personnel ! J'avais su toucher ses cordes sensibles, c'est–à–dire ses critères.

Chaque fois que l'on touche l'une de nos cordes sensibles, l'un de nos critères, cela provoque en nous une **réaction physique et émotionnelle**. Les mots mêmes qui se rapportent à ces critères sont associés dans notre mémoire à des expériences émotionnellement similaires qui se sont imprégnées en nous au cours de notre vie. Dès que nous entendons un de nos critères, le mot lui-même va déclencher une réaction émotionnelle. C'est grâce à cette réaction que le mari de mon amie décida sans hésiter de venir participer à ce séminaire.

D'une façon générale, on pourrait dire que **convaincre**, c'est avant tout donner des informations de façon à influencer la pensée de ceux qui nous écoutent pour qu'ils « achètent » ce que nous avons à leur « vendre », que ce soit une idée, un projet, un produit, des compétences, ou des connaissances. On a donc naturellement tendance à croire que si ce que nous proposons est excellent, et si cela apporte des bénéfices indéniables, il suffira de donner toutes les informations correspondantes pour influencer favorablement la pensée de nos auditeurs. Hélas !…

Le ressenti qui « décide »

Vous est-il jamais arrivé d'écouter avec intérêt les arguments d'un vendeur ou d'un prestataire de services, de comprendre la valeur ajoutée ou l'aspect unique de ce qu'il propose, de voir même en quoi cela pourrait vous être utile, mais néanmoins de ne pas prendre la décision d'acheter ? Peut-être ce prestataire aura-t-il influencé **votre pensée**, mais il n'aura pas déclenché en vous **un ressenti** assez puissant pour que **vous passiez à l'action**.

Il ne suffit donc pas que votre idée soit bonne, que votre projet soit excellent, ou que votre produit soit révolutionnaire. Même si vous avez identifié le fait que votre public soit intéressé, qu'il ait un problème à résoudre, et que ce que vous proposiez correspond à ses besoins. Il vous faut d'abord **identifier ce qui le fait « vibrer »**, c'est-à-dire déterminer ce qui a assez d'importance pour déclencher sa motivation et sa décision de vous suivre, ou de vous « acheter ». En d'autres termes, les informations que vous donnerez devront être présentées de façon à le toucher là où il se reconnaît immédiatement dans ce que vous dites, là où cela parle à ce qui est vraiment important pour lui, à savoir ses critères. C'est cela qui déclenchera le ressenti ; un ressenti assez puissant pour faire « tourner son moteur » et lui donner l'envie irrésistible de vous suivre.

Analysez votre public pour identifier ses critères

En effet, les gens ne fondent pas leurs décisions sur des **informations**, mais sur des **critères** : leurs valeurs, leurs croyances, leurs expériences, leurs peurs, leurs besoins, leurs engagements, leurs espoirs, leurs rêves, leurs relations… Votre plus grand travail consiste donc à recueillir toutes les informations qui vous permettent d'identifier les critères par lesquels votre public sera touché, et ceci par rapport au sujet de votre intervention et au résultat que vous visez. Plus vous connaissez les critères de vos auditeurs, plus vous avez de facilité à les rencontrer là où ils sont et à harmoniser vos objectifs avec les leurs.

Les critères les plus puissants : valeurs et croyances

Nous sommes nos valeurs

Tous les choix que nous faisons, **toutes** les préférences que nous manifestons – du film que nous allons voir, au livre que nous lisons ; de la voiture que nous achetons (ou que nous aimerions acheter !), au travail que nous faisons (ou que nous aimerions faire) ; des sports que nous pratiquons, aux personnes que nous admirons –, sont le reflet de ce qui guide toute notre vie, à savoir **nos valeurs**.

Les valeurs, c'est tout simplement ce qui est important et fondamental pour nous, c'est ce que nous avons absolument besoin de satisfaire pour déclencher ce ressenti de bien-être, d'épanouissement, voire de dépassement. Nous cherchons constamment à satisfaire nos valeurs, ce sont elles qui forgent nos aspirations et nos idéaux ; c'est à travers elles que nous sommes motivés à l'action, et ce sont toujours à elles que nous sommes confrontés dans le moindre détail de notre environnement, qui en est le reflet.

Pour preuve, regardez maintenant autour de vous : qu'est-ce qui vous plaît ? Qu'est-ce qui vous déplaît ? Pour chacune des choses en question (animées ou inanimées, tangibles ou intangibles), quelle est la valeur, satisfaite ou non, qui y est attachée ? Par exemple, si je regarde autour de moi, je vois mon bureau, et il me plaît : c'est *mon* bureau, c'est ma pièce à *moi*, c'est mon havre, mon univers, je m'y sens vraiment bien. Valeur : « avoir mon espace privé »… Quoi d'autre encore ? Je vois tous mes livres professionnels, et c'est un grand bonheur. Valeur : « apprendre, s'enrichir »… Je regarde encore et je vois ma carte du monde qui fait la moitié d'un pan de mur, et mon esprit vadrouille… Valeur : « voyager, découvrir »… Je vois maintenant le dessus de mon bureau, et là, cela me plaît beaucoup moins : il y a des piles de papiers, des carnets, une boîte de bonbons (tiens, pourtant je ne mange pas de bonbons…), des paquets d'agrafes, des cartes de visite, un livre, trois capsules de bouteille d'eau, une tasse (sale depuis hier)… Valeur insatisfaite : « ordre ».

Nous avons une hiérarchie de valeurs

Oui, on peut avoir une valeur (« ordre ») et ne pas la satisfaire pleinement (puisque je suis assez désordonnée et que cela me gêne). Cela veut dire qu'il y a une autre valeur plus haute dans ma hiérarchie qu'il est encore plus important pour moi de satisfaire, celle que j'appellerai ici « qualité de mes activités » : je préfère écrire, lire, ou travailler sur un projet que de ranger mon bureau… jusqu'au moment où le désordre devient insupportable et *empiète* sur la « qualité de mes activités ». À l'inverse, mon mari place l'« ordre » plus haut dans sa hiérarchie : si cette valeur n'est pas satisfaite, il *ne peut pas* travailler (tout désordre lui est insupportable).

Il est donc important, lorsque vous recherchez les valeurs de votre public, d'identifier celles qui, par rapport à leur contexte, et par rapport à ce que vous cherchez à accomplir, sont les plus hautes dans leur hiérarchie.

Ne bafouez pas une valeur fondamentale

Il est intéressant de noter que **moins une valeur est satisfaite, plus elle devient consciente et pressante** (par exemple, plus on vous manque de respect, plus le besoin de respect va devenir important ; plus on vous surveille, plus vous aspirez à l'autonomie…). Il vous sera donc assez facile d'identifier ces valeurs-là.

Inversement, **plus une valeur est satisfaite et traduite dans les comportements, moins elle devient pressante**, au point où elle peut devenir tout à fait inconsciente (la liberté d'expression, par exemple, qui, dans nos pays démocratiques, est une valeur fondamentale, alors que nombre d'entre nous n'en ont pas conscience puisque c'est « normal »). En revanche, si cette valeur se trouve un jour bafouée, c'est avec une grande violence qu'elle revient à la conscience. Il n'est pas facile d'identifier ces valeurs-là, puisqu'elles sont satisfaites et donc implicites. Vous pouvez tenter de les identifier en prêtant attention aux pratiques de votre public, à ses habitudes, à sa façon de fonctionner dans tel ou tel contexte.

Nos croyances déterminent nos comportements

Comme pour nos valeurs, nos croyances dans la vie ont un impact sur nos comportements, nos pensées et nos émotions. Une croyance, c'est tout simplement ce que l'on *croit* être vrai (que cela soit vrai ou pas), et elle est presque toujours rattachée, de façon plus ou moins directe, à une ou plusieurs valeurs. Nous développons nos croyances de deux façons :

* soit elles nous sont **inculquées** (parents, éducation, société, religion) ;
* soit elles sont le fruit de notre **expérience**.

Cela nous permet de déterminer ainsi si quelque chose est bien ou mal, bon ou mauvais, souhaitable ou non souhaitable, réalisable ou irréalisable. Je me souviens d'un client qui ne supportait pas qu'on lui fasse des compliments et qui était également incapable d'en faire. En creusant un peu, je compris que cela venait de cette croyance : « Faire des compliments est de la manipulation, c'est-à-dire un moyen détourné d'obtenir quelque chose de quelqu'un et c'est mal. » (Les valeurs qui sous-tendent cette croyance sont la « franchise », la « droiture. ») Il se trouve que cette croyance lui avait été inculquée dès sa plus tendre enfance. Il ne l'avait jamais remise en question : pour lui, chaque fois qu'il entendait quelqu'un faire un compliment, c'était de la manipulation !

En ce qui me concerne, j'ai cru pendant des années : « Les amis de mes amis sont mes amis, je peux donc leur faire totalement confiance… » Jusqu'au jour où l'un deux m'a escroquée ! Dans ce cas, la valeur bafouée est la « confiance » (depuis, je suis devenue beaucoup plus vigilante, et ma croyance s'est modifiée pour devenir : « La confiance ne se donne pas *a priori*, elle se construit à travers les échanges et les preuves mutuelles, y compris pour les amis de mes amis ! »)

Comme vous le voyez, une croyance peut évoluer, elle peut même changer radicalement, et ce à partir d'une expérience particulièrement forte qui ébranle notre croyance d'origine. En revanche, nos valeurs changent très rarement, elles peuvent tout au plus changer de niveau d'importance dans la hiérarchie (par exemple, la beauté physique en tant que valeur essentielle à satisfaire pourra diminuer en vieillissant ou au contraire augmenter selon les croyances que l'on aura développées autour de la beauté).

Mettez-vous dans la peau de votre public

Il est donc utile de garder à l'esprit que votre auditoire est un véritable « cocktail », potentiellement explosif, de combinaisons complexes de valeurs satisfaites et insatisfaites, et de croyances diverses sur les meilleures façons de les satisfaire. Votre rôle est donc délicat et consiste à vous « fondre » le plus possible dans la peau de votre public, d'identifier au mieux ses valeurs, de cerner ses croyances, et de vous synchroniser avec elles.

Le public : à la recherche de modèles

Vous vous heurtez également à un autre phénomène, qui découle de ce mécanisme de valeurs et de croyances : le besoin d'avoir des **modèles**. Étant donné que nous n'arrivons pas à satisfaire toutes nos valeurs, nous sommes à l'affût de modèles auxquels nous pouvons nous identifier et qui sont en quelque sorte la matérialisation physique et tangible de nos aspirations (« C'est comme ça que j'aimerais être ! C'est comme ça que j'aimerais vivre ! »). Les modèles nous permettent de rêver, ils nous élèvent, ils sont en résonance avec le besoin viscéral de **satisfaire nos valeurs**, et ce d'autant plus qu'elles sont insatisfaites. Voilà qui explique le fait que nos modèles soient forcément charismatiques, en tout cas à nos yeux, et qu'ils soient forcément convaincants. Nous voulons leur ressembler parce qu'ils nous ressemblent, parce qu'ils répondent à une image de nous-même que nous *croyons* idéale, ou en tout cas profondément souhaitable.

En entreprise, dès lors que vous encadrez ou dirigez, la quête de modèles se met en marche. Toutefois, soyez rassuré ! Dès que la connivence semble possible au niveau des valeurs et des croyances qui y sont liées, **votre public ne demande qu'à se rallier** à votre panache et à faire de vous son *leader* charismatique ! Certes, dans la majorité des cas, cette demande n'est pas consciente, ni encore moins explicite. Elle est même souvent masquée sous des airs grognons et désabusés, voire hostiles, de la part d'individus qui ont été déçus ou qui n'arrivent pas à trouver leurs modèles. Ce besoin de trouver des modèles risque alors fort d'être l'un des critères prédominants à satisfaire.

Les trois grandes tendances de votre public

Lorsque nous voulons convaincre, le but est de nous faire des **alliés** qui vont nous aider d'une façon ou d'une autre à **atteindre nos objectifs**.

Pour vous faciliter la tâche, partez du principe suivant : quelles que soient les circonstances, votre auditoire se partage en trois catégories, réparties différemment selon le contexte, selon le sujet abordé, et selon ce qu'il a déjà vécu avec vous. Il y a :

* vos **alliés** ;
* les **indécis** ;
* vos **opposants**.

Vos alliés

Si vous avez déjà des alliés, attention ! Ne vous reposez pas sur vos lauriers ! Dites-vous bien qu'ils ne seront jamais acquis. Un allié a besoin d'être **conforté** dans son choix, il veut pouvoir se dire qu'il a raison de vous suivre. J'insiste sur ce point, car j'ai déjà vu des alliés devenir des ennemis en un instant parce qu'une valeur avait été bafouée sans vergogne par l'orateur. Il me revient en mémoire un dirigeant qui, focalisé sur les indécis et les opposants qu'il cherchait à convaincre, passa son temps à valoriser leurs contributions et à ignorer celles de ses alliés comme s'ils n'existaient pas. Ce fut un vrai désastre, alors qu'un peu de **reconnaissance** aurait suffi !

Les indécis

Les indécis sont assez faciles à convaincre, mais très **versatiles**. Faciles à convaincre car, dans le fond, ils ne demandent qu'à basculer de votre côté – à partir du moment où vous savez accrocher en eux ce qui résonne, et où vous savez toucher ce qui compte vraiment pour eux. Très versatiles, car au prochain « coup », ils risquent de se rallier à la cause de votre concurrent, qui aura su les accrocher avec quelque chose de plus important, ou de la même importance mais différent : c'est ce qui se passe avec les gens particulièrement flexibles, qui peuvent facilement comprendre plusieurs points de vue car ils y trouvent toujours quelque chose qui leur correspond. Ce sont ceux dont on dit parfois : « Il est de l'avis du dernier qui a parlé. » C'est donc avec ceux-là qu'il faut particulièrement soigner votre accompagnement non verbal et utiliser le langage d'influence que nous aborderons dans le chapitre 12.

Notons que dans le même registre que les indécis existent également les **sceptiques** : ils ne sont pas hostiles, ils ont tout simplement un *a priori* négatif. Ce sont ceux qui ont tendance à ne rechercher que ce qui ne va pas, que ce qui ne marchera pas, ou qui prennent systématiquement le contre-pied de ce que vous proposez. Il y en a beaucoup, et particulièrement en France (ah, le fameux esprit critique !). Nous verrons plus loin comment agir avec eux (chapitre 12)…

Vos opposants

Dans le meilleur des cas, vos pires opposants ne vous gratifieront pas de leur présence : s'ils sont opposés à ce point, ils n'éprouveront aucunement le besoin de venir écouter ce que vous avez à dire.

En entreprise, néanmoins, vous pouvez vous trouver assez facilement face à des opposants, soit parce qu'ils n'ont pas le choix (ils sont obligés de venir), soit au contraire parce qu'ils viennent pour vous contrer. Dans le premier cas, ils vous en voudront et seront réfractaires à vos arguments ; dans le second cas, ils seront d'humeur belliqueuse, à l'affût de tout élément dans votre discours sur lequel ils pourraient rebondir pour mieux vous enfoncer. Quelle délicieuse perspective !

Votre but, vis-à-vis des opposants, n'est pas de les convaincre – ou du moins pas dans l'immédiat, cela serait peu réaliste – mais de **semer le doute, de les ébranler dans leurs certitudes**. En effet, ce sont ceux-là qui auront des croyances particulièrement ancrées et difficiles à faire basculer. Si vous ne pouvez les convaincre, donnez-leur au moins à réfléchir tout en engendrant le respect mutuel.

Recueillez des informations sur votre public

De la même manière que nous adaptons notre façon de nous habiller selon les circonstances (par respect, pour maintenir l'harmonie, pour accroître le sentiment d'appartenance), nous adaptons notre communication en fonction des critères de notre public : « Nous sommes du même monde, nous nous reconnaissons, nous sommes bien ensemble… » C'est tout cela que nous tentons de créer, de maintenir ou d'améliorer par cet effet miroir, par cette synchronisation avec l'autre. Et la première étape vers cette synchronisation est la récolte d'informations.

Toutes les informations que vous recueillerez sur votre public vous permettront de faire le lien entre le **résultat** que vous cherchez à accomplir (vos objectifs) et **ce que vous allez leur dire**. Ce sont ces informations qui vous éclaireront sur leurs critères et qui guideront vos choix (choix d'idées, d'arguments, de mots) pour en assurer la pertinence et l'efficacité. Pour que votre récolte reste réalisable, restez concentré sur la manière dont vos auditeurs réagiront au sujet que vous avez prévu d'aborder, et recherchez ce qui facilitera ou au contraire gênera l'accueil bienveillant de votre communication, et à chaque étape identifiez les critères qui s'en dégagent.

Quels sont les antécédents de votre public ?

Autrement dit : que connaissez-vous de son passé, de son histoire, de son fonctionnement, de ses préférences qui puisse affecter en bien ou en mal l'accueil de vos idées ? Par exemple :
- qui sont les **décisionnaires** ?
- quel est le **processus** de prise de décision ?
- **quelles décisions** ont déjà été prises qui pourraient affecter leur attitude vis-à-vis de vos idées ?
- êtes-vous ou non un **spécialiste** du sujet ?
- y a-t-il des **spécialistes** dans votre auditoire ?
- existe-t-il des **différences culturelles** à prendre en considération (culture d'entreprise, culture de métier, culture nationale) ?

En effet, vous aurez une approche très différente selon que vous vous adressiez à un public de responsables en *marketing* ou à un public d'analystes financiers : les valeurs et les croyances ne seront pas les mêmes, ou du moins n'auront pas le même ordre d'importance. Les uns et les autres ne « vibreront » pas sur la même musique (originalité, image, impact, et changement pour les premiers ; résultats, pérennité, rigueur, et perspectives pour les seconds).

Voici quelques pistes à explorer par rapport aux différences culturelles :

- quel **degré de formalité** ou d'informalité sera le mieux perçu ? (que ce soit sur le plan de l'approche verbale, vestimentaire, ou des règles de bienséance) ;
- quelle attitude face au **risque** ? (Si vous devez leur présenter un projet ambitieux, auront-ils besoin d'avoir épuisé toutes les « avenues » et leurs conséquences avant de décider et d'agir, ou suffit-il de leur donner quelques informations pour qu'ils passent à l'action, sachant qu'ils préfèrent aborder le reste « chemin faisant » ?) ;
- quelle attitude face au **temps** ? (Le temps est-il flexible, peut-on prendre le temps qu'il faut pour débattre et aller d'un sujet à l'autre, ou au contraire le temps est-il précieux, doit-il être réparti efficacement, et peut-on ne traiter qu'une chose à la fois ?) ;
- **pragmatiques** ou **conceptuels** ? (Les pragmatiques préfére-ront-ils une approche qui s'adapte aux circonstances et aux moyens pour traiter les sujets ? Les conceptuels auront-ils besoin que l'on traite les sujets en partant de principes géné-raux ou de modèles conceptuels ?).

Quels sont les besoins de votre public ?

Le besoin de reconnaissance

L'un ou plusieurs de vos auditeurs méritent-ils une reconnais-sance particulière ? En effet, le besoin de reconnaissance est rarement exprimé, mais il est presque toujours présent, à des degrés plus ou moins pressants :

- vous ont-ils particulièrement **aidé** ou soutenu ?
- vous ont-ils permis d'obtenir certaines **ressources** ?
- vous ont-ils **facilité** les choses ?

- ont-ils permis à **l'entreprise** d'avancer ?...

Ne négligez aucune piste, car si un besoin de reconnaissance n'est pas identifié, cela peut coûter très cher !

Le besoin de compréhension

Pouvez-vous gagner des alliés en leur montrant que vous comprenez leurs problèmes :

- en reconnaissant que les commerciaux ont à faire face à d'énormes difficultés face à une concurrence sauvage ?
- en reconnaissant le « casse-tête » que représente l'harmonisation des procédures dans l'entreprise ?…

Les préoccupations territoriales ou politiques

- en quoi vos idées ou préconisations touchent-elles positivement le territoire de compétences ou de responsabilités de quelqu'un ?
- au contraire, en quoi pourraient-elles le **menacer** et quelles pourraient en être les conséquences ?

Les attentes spécifiques

- qu'attendent vos auditeurs de votre intervention ?
- espèrent-ils que vous leur apportiez une solution ?
- veulent-ils être rassurés ?
- allez-vous pouvoir satisfaire ces attentes ?

Quels sont vos obstacles ?

Les obstacles peuvent être des personnes, un événement particulier, un contexte, ou encore une expérience partagée. Identifier clairement les obstacles vous permet d'appréhender l'état d'esprit de vos auditeurs et de prévoir les questions ou commentaires difficiles.

Les personnes

- quelles **attitudes** ou susceptibilités devez-vous prendre en compte ?

- **qui** est foncièrement **opposé** à vos idées, ou à vous, et pourquoi ?
- quels **besoins** se cachent derrière cette opposition ?

Un événement

Y a-t-il un événement récent dans la sphère de la société, de l'entreprise ou de l'auditoire qui pourrait porter préjudice à vos idées ou votre intervention ? (Je repense ici à l'exemple extrême, mais hélas véritable, du 11-Septembre 2001 : je devais entreprendre le lendemain en Suisse, un séminaire de communication pour des dirigeants de banque qui avaient perdu des collègues dans la catastrophe… Tout d'un coup, apprendre à être un meilleur communicant semblait bien futile… J'ai alors très rapidement compris que la manière dont j'allais ouvrir le séminaire allait être déterminante, et j'y ai planché une bonne partie de la nuit…)

Un contexte

À la différence de l'événement, le contexte est plus « ambiant » ; il est durable. En quoi peut-il menacer votre objectif ? Il peut s'agir de choses intangibles, comme un état d'esprit, des rumeurs, ou de choses tangibles comme un changement de stratégie ou une restructuration.

Une expérience commune négative

- avez-vous partagé une expérience avec votre auditoire qui s'est révélée pénible et a laissé un goût amer ?
- comment la **surmonter** et sur quoi pouvez-vous vous appuyer ?

Qui ou quoi vous soutient ?

Mais nous avons tendance à oublier de prendre en compte ce qui va dans notre sens. Or, il est très utile d'identifier précisément tout ce qui peut être porteur car c'est ce qui nous aidera à faire le lien avec l'auditoire, à élaborer notre cas sur un terrain d'entente, et à mieux nous armer contre les obstacles.

Quels sont les valeurs et les objectifs communs entre vous et votre public ?

Il s'agit ici de recenser les valeurs et objectifs que vous avez en commun (en général assez faciles à identifier dans le cadre d'une entreprise), ainsi que d'identifier les autres valeurs essentielles que partagent tous ou la plupart de vos participants (que vous identifierez à travers vos réponses à toutes les autres questions) et sur lesquelles vous pouvez appuyer votre discours.

Quelles expériences communes positives partagez-vous avec votre public ?

Je parle ici du type d'expériences qui soudent, dont le souvenir ou la mention déclenche une réaction émotionnelle positive.

Qui sont vos alliés et pourquoi ?

Il est fort probable que vous sachiez qui sont vos alliés. Mais savez-vous pourquoi ? Si vous le pouvez, demandez-le-leur, car il est fort probable que leurs raisons ne soient pas forcément celles que vous pensez. Il vous sera très utile d'avoir ainsi un autre éclairage de la situation et cela vous donnera des atouts supplémentaires. De plus, il est souvent judicieux d'aller à la rencontre de vos alliés *avant* votre intervention afin de vous entendre sur la meilleure manière de vous soutenir pendant l'événement lui-même.

En quoi un allié peut-il devenir un obstacle ?

Oui, cela arrive plus souvent qu'on ne le croit ! Et ceci me rappelle le proverbe suivant : « *La route vers l'enfer est pavée de bonnes intentions.* » Parfois, un allié est trop inconditionnel et finit par agacer. Ou encore, il prépare tellement bien le terrain qu'il fait naître à votre égard des attentes difficiles à satisfaire. Ou pire encore, la personne qui vous soutient est *persona non grata*. Ce cas de figure est plus fréquent qu'on ne le pense, car la personne en question peut avoir un statut très important tout en étant très peu appréciée, voire méprisée, par une grande partie de l'entreprise – gardez vos oreilles grandes ouvertes, notamment dans les couloirs. En tant que consultante, j'ai moi-même été « grillée » au sein d'une organisation pour avoir fait alliance avec un directeur dont tout le monde espérait que le grand patron (qui l'avait pourtant recruté) allait rapidement s'apercevoir qu'il était temps de le « remercier ». Même si mon projet était bon, personne ne pouvait le soutenir puisqu'il était soutenu par la « mauvaise » personne. J'en garde un souvenir cuisant (et formateur !) car, des années après, il m'est encore impossible de remettre les pieds dans cette organisation ! (Il faut que j'attende que certaines personnes partent à la retraite !)

Un événement ou un contexte porteur

Comme pour la recherche d'obstacles, en quoi certains événements récents ou un contexte ambiant peuvent-ils être porteurs et vous servir ?

Les facteurs clés de conviction

Il s'agit ici de faire un tri. Une fois toutes les informations recueillies, vous devez identifier les deux ou trois éléments qui vous semblent les plus importants par rapport à votre auditoire. Ce sont les points qu'il vous faut soulever ou traiter (que ce soit de façon implicite ou explicite) si vous voulez que vos objectifs soient atteints.

Par exemple, vous pouvez identifier que :

- vos auditeurs attendent de vous une **solution motivante** ;
- vos auditeurs ont un fort besoin de **reconnaissance** ;
- le **contexte** ambiant est difficile.

Ce sont donc les trois points essentiels que vous devrez prendre en compte tout au long de votre intervention, enrichis des critères recueillis que vous jugerez pertinents.

Une fois que vous avez identifié ces facteurs clés, il est judicieux de les confronter à vos objectifs.

Vos objectifs pour cette intervention peuvent-ils **réellement aboutir** ? En effet, si l'on reprend l'exemple ci-dessus, si vous avez conçu une solution à la fois ambitieuse et réaliste, et que votre objectif est de les faire adhérer à votre projet, il y a de fortes chances pour que vous atteigniez votre objectif, même s'il y a quelques détracteurs dans la salle. (Profitez-en également pour vérifier en quoi l'aboutissement de votre objectif à court terme vous aide à atteindre votre objectif à long terme !) En revanche, si votre objectif est de convaincre vos « troupes » de trouver les solutions par elles-mêmes, il y a de fortes chances pour que vous rencontriez une certaine résistance, surtout si vous êtes dans une culture d'entreprise où l'initiative et l'innovation font peur.

Lorsque vos objectifs ne sont pas en phase avec vos facteurs clés de conviction, vos alternatives sont les suivantes :

- discuter en tête à tête avec les **personnes clés** avant ou à la place de votre intervention ;
- **reprogrammer l'intervention** pour un moment plus propice et plus porteur ;
- organiser, plutôt qu'une seule réunion, une **série de réunions** avec un objectif plus réaliste pour chacune d'elles.

Des efforts vains ?

Cette récolte d'informations peut paraître parfois un peu laborieuse, surtout lorsque vous connaissez mal ou peu votre public (comme lorsque vous changez de poste, d'équipe, ou que vous arrivez dans l'entreprise). Néanmoins, vos efforts ne sont pas vains, car ils vous permettent d'accroître votre confort et votre souplesse : mieux vous êtes préparé à votre public, mieux vous savez ce qui le touche, et plus vous permettrez à la connivence de s'établir et à votre charisme d'opérer.

À qui parlez-vous ?

✓ Pour convaincre et donner envie d'agir, il ne suffit pas d'influencer les esprits, il faut **déclencher des ressentis.**

✓ Ce n'est pas le fait de donner des informations qui convainc, c'est le fait de **donner des informations qui correspondent aux critères de motivation de votre auditoire** : valeurs, croyances, expériences, besoins, espoirs, rêves, relations…

✓ **Valeurs et croyances sont les critères les plus puissants :** c'est sur la base de ces valeurs et croyances que votre auditoire sera touché ou non, sera convaincu ou non par vos arguments.

✓ **Il faut vous fondre dans la peau de votre public.**

✓ Votre rôle, à travers **la récolte d'informations**, est de repérer ces valeurs et croyances et de vous « synchroniser » avec elles.

✓ Gardez toujours à l'esprit qu'à partir du moment où vous êtes dans un rôle d'encadrement, votre public cherche à **trouver en vous un modèle.** Attention de ne pas le décevoir !

✓ **Que faire face aux trois grands groupes qui constituent votre public :**
- conforter vos alliés ;
- faire basculer de votre côté les indécis ;
- neutraliser vos opposants en semant le doute dans leurs certitudes.

✓ La récolte d'informations vous permettra de faire le lien entre le **résultat** que vous cherchez à accomplir (vos objectifs), les **critères** de votre public, et **ce que vous allez lui dire** :
- **quels sont les antécédents de mon auditoire** (historique, culture, décisionnaires, attitudes vis-à-vis du sujet) ?
- **quels sont les besoins de mon auditoire ?** (reconnaissance, compréhension, préoccupations territoriales ou politiques, attentes spécifiques)

- **quels sont vos obstacles ?** (personnes, événement, contexte, expérience commune négative)
- **qui ou quoi vous soutient ?** (valeurs et objectifs communs, expériences communes positives ; qui sont vos alliés et pourquoi un allié peut-il devenir un obstacle ?)

✓ **Les facteurs clés de conviction** : à partir des informations recueillies, identifiez les deux ou trois éléments les plus importants pour votre auditoire.

✓ **Vos objectifs sont-ils en phase avec vos facteurs clés de conviction ?** (S'ils ne le sont pas, réfléchissez aux alternatives possibles.)

AMPLIFIEZ L'IMPACT DE VOTRE CONTENU

« Un bon discours doit être comme la robe d'une jolie femme : assez long pour couvrir le sujet, assez court pour maintenir l'attention. »

Ralph Waldo EMERSON

À éviter

Ne donnez pas trop d'arguments

L'une des croyances les plus répandues est que plus on donne d'arguments, plus on a de chances de convaincre. ERREUR ! Certains rétorquent qu'étant donné la faible capacité de concentration d'un auditoire, et sachant que son esprit vadrouille avec une grande facilité, plus on lui donne d'arguments et plus il pourra en « capter » entre deux moments d'absence… ERREUR ! Dans les deux cas, notre auditoire se trouve tétanisé, incapable d'« ingurgiter », et encore moins de digérer, tout ce qu'on lui propose. C'est un peu comme si vous lanciez un plat de spaghettis contre le mur : vous n'avez aucune idée de ceux qui vont coller et de ceux qui vont tomber par terre…

De toute façon, le problème que rencontrent la plupart des gens est d'avoir trop d'informations à organiser, et rarement d'en avoir trop peu. Il nous faut donc **faire des choix**. Rappelez-vous que votre but n'est pas de bombarder vos auditeurs d'arguments et d'informations pertinentes, mais de les **convaincre** ! Votre choix d'arguments sera déterminant, et il ne sera valable qu'en donnant à votre auditoire uniquement ceux qui « collent » en priorité aux **critères** que vous avez identifiés lors de votre analyse.

Ne montrez pas que vous êtes intelligent

Un autre travers que l'on rencontre fréquemment – et qui explique aussi cette pléthore d'informations – est le besoin de montrer que l'on est intelligent. C'est un travers tout à fait légitime, car il est très important d'**asseoir sa crédibilité**. Mais il ne s'agit pas non plus de faire en sorte que notre auditoire se sente ignorant ou stupide, ce qui est à la fois désagréable pour lui, et inefficace pour nous.

Rendez votre public intelligent : les trois règles d'or

Le véritable *challenge* consiste à rendre votre public intelligent ; autrement dit, à faire tout ce qui est en votre pouvoir pour **faciliter sa compréhension** (d'autant plus si vous êtes expert sur un sujet et qu'il ne l'est pas). Pour cela, outre les vertus de l'analyse que nous avons abordées au chapitre 10, gardez constamment à l'esprit les trois règles d'or qui garantissent la compréhension, et donc le sentiment d'intelligence, de votre public :

Simplifiez

À l'oral, tout ce qui demande un effort particulier de concentration est à proscrire. Ce que vous dites doit aller droit au but, et doit être compris au moment où vous le dites. Votre intervention n'est pas une devinette et ne doit pas faire appel aux facultés de déduction de votre public :

- choisissez des **concepts** simples, ou simplifiez des concepts complexes ;
- préférez des **mots** simples, des mots que tout le monde connaît, plutôt que des mots ésotériques nécessitant une incursion dans le dictionnaire (souvenez-vous, votre but principal n'est pas d'éduquer votre auditoire, mais de le convaincre ! La seule exception à cette règle a lieu dans le cas où vous auriez affaire à un public dont le critère principal est l'utilisation d'une langue châtiée, pleine de mots recherchés) ;

* recherchez une **argumentation** qui soit facile à suivre et où vos auditeurs ne soient pas obligés de « s'accrocher » pour comprendre.

Autrement dit, le public doit « boire » vos paroles, et non pas les mâcher au risque de se casser les dents !

Illustrez

Plutôt que de noyer vos auditeurs dans un océan d'informations qui diluera votre impact, choisissez quelques arguments forts et donnez-leur de l'ampleur et de la portée en les illustrant par des **exemples**, des **anecdotes**, des **faits**, des **analogies** ou des **métaphores**. En effet, il s'agit ici d'élargir le champ de perception sensorielle de vos auditeurs en leur donnant l'opportunité de « voir » et de ressentir ce que vous dites au lieu de seulement l'entendre. Si vous dites : « Le sucre fait grossir », vous aurez moins d'impact que si vous dites : « J'ai pris trois kilos en un mois en ajoutant seulement une barre chocolatée par jour à mon régime habituel. » Et si vous dites : « Travailler en équipe requiert les qualités suivantes : esprit d'équipe… », vous ferez moins d'effet que si vous dites : « Travailler en équipe, c'est comme être en cordée. » (Cela ne vous empêche pas d'énumérer par la suite les différentes qualités, mais l'image de la cordée marquera les esprits.)

Répétez

À l'inverse de l'écrit, où l'on fait des efforts surhumains pour ne pas prononcer deux fois de suite le même mot, il est souhaitable de répéter les mêmes termes à l'oral. La raison en est très simple : notre capacité de concentration étant très fragile à l'oral, la répétition permet d'ancrer les termes dans l'esprit de vos auditeurs. C'est un **ancrage verbal**. Votre travail consiste donc à trouver les termes les plus appropriés plutôt que de chercher des synonymes qui, à l'oral, engendrent la confusion.

Une autre manière de faciliter la compréhension et d'ancrer dans les esprits est de répéter explicitement ce que vous avez déjà dit lorsque vous y faites référence plus loin dans votre intervention.

Par exemple, si j'ai parlé de trois règles d'or : « Simplifier. Illustrer. Répéter » et que plus loin dans mon intervention j'y fais à nouveau référence, il ne suffit pas que je dise : « Comme nous l'avons vu avec les trois règles d'or… » car, soyez-en sûr, une bonne partie du public se posera la question : « C'était quoi déjà ces trois règles-là… ? » et ne vous écoutera plus. Il vaut mieux dire : « Comme nous l'avons vu avec les trois règles d'or : Simplifier. Illustrer. Répéter… » N'hésitez pas non plus, lors d'une transition, à faire référence aux anecdotes, exemples, faits, analogies ou métaphores que vous aurez utilisés pour illustrer vos arguments.

Identifiez l'angle d'intérêt

L'angle d'intérêt est l'éclairage principal que vous donnez à votre intervention et par lequel vous déclencherez et maintiendrez la **motivation** de vous écouter. Comment déterminer cet éclairage ? Grâce à vos **objectifs** (le résultat que vous comptez atteindre) et à l'**analyse** de votre public. Imaginons qu'un de vos objectifs soit de convaincre un public de techniciens de consacrer leur temps à se former aux compétences interpersonnelles. D'après votre analyse, l'aspect humain et *soft* du *management* est loin d'être leur préoccupation principale. En revanche, les temps sont durs, et ils ont beaucoup de défis à relever : leurs collaborateurs se disent débordés, et « traînent des pieds » pour prendre des tâches supplémentaires. Ces techniciens sont donc frustrés de ne pas arriver à livrer les résultats attendus et en veulent à leurs collaborateurs de leur mettre ainsi des « bâtons dans les roues ». Vous avez compris, j'en suis sûre, que les collaborateurs souffrent en fait du style de *management* de leurs *managers*, et qu'ils sont démotivés. Étant donné la nature de ce public (très rationnel et peu intéressé par les méandres du fonctionnement humain) et sa préoccupation principale qui est de « livrer les résultats », un angle d'intérêt motivant pourrait être celui de la « performance ». C'est-à-dire que tout ce que vous allez dire (tous les arguments que vous avancerez pour les convaincre d'améliorer leurs compétences interpersonnelles) devra mener à l'aspect « performance ». Ainsi, grâce à cet angle d'intérêt, vous pouvez vous permettre d'aborder les aspects *soft* et irrationnels du fonctionnement humain puisqu'ils montreront toujours en quoi ils sont intimement liés à la « performance » (qui, elle, mène à l'objectif : « Livrer les résultats. »).

Imaginons maintenant que l'un de ces techniciens cherche à convaincre un public de créatifs de la nécessité de mettre en place une base de données de tous leurs travaux et projets passés et en cours. D'emblée, ce technicien n'aura probablement pas l'idée de penser à un angle d'intérêt adapté à son public de créatifs, et risquera fort de présenter les choses sous un angle qui lui viendra naturellement, c'est-à-dire un angle motivant pour lui (l'angle « organisation » par exemple). Et présenté ainsi, il est clair qu'il n'y aura rien de plus repoussant pour des créatifs, qui du coup ne verront que l'aspect rébarbatif et contraignant de cette base de données ! Quel pourrait donc être cet angle d'intérêt qui soit pertinent pour ces créatifs, qui leur donne au moins l'envie de considérer la question et de l'approfondir ? Tout dépend de ce qui se dégagera de l'analyse, mais on peut déjà estimer sans trop se tromper que si l'on présente les choses sous l'angle « possibilités », c'est-à-dire sous l'angle de l'ouverture du champ des possibles, et que l'on ramène tout à cela (de façon explicite ou implicite), il y a de bonnes chances de capter et maintenir leur intérêt.

Identifier un angle d'intérêt est une chose que peu de personnes font mais qui comporte trois atouts majeurs :

* vous aider, tout en restant en accord avec vos objectifs, à **déterminer le style, le ton, le rythme**, que vous voulez attribuer à votre intervention (vous ne ferez pas les mêmes choix selon que vous ayez par exemple « performance » ou « possibilités » comme angles d'intérêt) ;
* vous guider dans le **choix de vos arguments** et dans la **manière de les présenter** (il y a en effet peu d'intérêt à choisir des arguments, même s'ils sont très bons, qui ne ramènent pas à votre angle d'intérêt. Si l'on reprend l'exemple plus haut, il ne servirait à rien de prouver en quoi l'installation d'une base de données faciliterait la tâche du personnel administratif

car ce n'est pas la priorité des créatifs. Il vous faut trouver la manière de présenter ces arguments de façon à ce qu'ils aient une relation évidente avec l'angle d'intérêt en démontrant, par exemple, comment les demandes fréquentes, et par conséquent gênantes, du personnel administratif seraient significativement réduites et n'empiéteraient plus sur leur processus créatif…) ;
- apporter **cohérence, clarté et confort d'écoute** à votre public (ce dont il vous sera éminemment reconnaissant même s'il n'en est pas forcément conscient).

Comment faire face
à un public hétérogène

La question que l'on me pose toujours lorsque j'aborde l'angle d'intérêt est la suivante : quel angle d'intérêt choisir lorsqu'on est face à un public hétérogène (comme un comité de direction qui regroupe des univers aussi divers que les finances, les ressources humaines, le *marketing*, et la production ; ou encore un séminaire qui regroupe des activités très différentes du même groupe, comme le bâtiment, la télévision, et les télécoms) ?

Lorsqu'on tente de convaincre un auditoire hétérogène, la tentation légitime est de vouloir aborder les choses par des angles d'intérêt différents – après tout, un angle « économie » pour les financiers, puis un angle « innovation » pour les responsables de *marketing*, devraient satisfaire tous les publics concernés. **Mais attention, il ne s'agit pas de confondre angle d'intérêt et arguments !** L'angle d'intérêt est l'élément auquel se rapportent tous vos arguments, ce n'est pas un argument. Si vous confondez ces deux notions, cela veut dire qu'il n'y a pas d'angle d'intérêt commun, seulement des arguments différents adaptés aux différents publics que vous ciblez dans un même auditoire. Alors le risque est le suivant : pendant que vous argumentez « économie », vous perdez une bonne partie de votre auditoire, et lorsque vous argumentez « innovation », vous en irritez une autre partie. La phase d'analyse de votre auditoire est ici très importante, car elle vous permet d'identifier, au-delà des différences et des préférences, **l'angle d'intérêt commun** qui sera le fruit d'une préoccupation, d'une valeur, d'une attente, ou d'un besoin commun.

Prenons le cas d'un public composé d'experts techniques, d'experts financiers, de responsables de *marketing*, production, ressources humaines, et grands comptes, qui ont tous été conviés à écouter le président-directeur général sur le thème : « Travaillons ensemble ! » (thème qui fait d'ailleurs sourire tout le monde tant ceci semble utopique compte tenu de leurs expériences respectives du manque de coopération des *autres* !) Néanmoins, ce thème n'est pas le fruit du hasard, il fait suite aux résultats d'un audit de satisfaction client, qui ont surpris et peiné toute l'entreprise (bien que les résultats ne soient pas si mauvais que cela !). Le but du président-directeur général est de donner envie à ses équipes d'initier des actions transversales afin d'accroître la coopération entre les équipes, et donc au bout du compte la satisfaction du client. On pourrait, bien entendu, prendre « satisfaction client » comme angle d'intérêt, sauf qu'il est un peu convenu et n'intéresse vraiment que les responsables de comptes. En revanche, un trait commun très fort, et qui a été bafoué par les résultats de l'audit, est le sentiment de fierté (« Nous sommes les meilleurs ! ») prédominant dans cette entreprise. C'est donc « la fierté » que choisit le président-directeur général en tant qu'angle d'intérêt commun et auquel tous ses arguments se rapporteront, que ce soit de façon explicite ou implicite.

Convainquez votre public par un contenu « choc »

Vous êtes maintenant prêt à élaborer votre contenu proprement dit ; l'angle d'intérêt vous accompagnera tout au long de votre élaboration pour en assurer la cohérence et la pertinence.

Comme dans toute intervention, il y a un début, un milieu et une fin. Comme dans toute intervention, il faut d'abord arriver à convaincre le public de vous accorder son attention, et ensuite de vous écouter jusqu'au bout. (Rappelez-vous de l'importance majeure de l'accompagnement non verbal dans cet exercice !) Mais, en ce qui concerne les interventions où le but est de convaincre, il vous faut en plus convaincre sur le contenu ! La manière dont vous allez mettre en forme ce contenu est donc cruciale.

Attention à la formule classique très répandue, que vous connaissez d'ailleurs certainement, qui se résume à ceci :

- « Dites ce que vous allez dire ;
- Dites-le ;
- Dites ce que vous avez dit. »

Bien que cette formule ait le mérite d'être claire, elle n'est pas la plus efficace pour convaincre, surtout au niveau du démarrage de votre intervention. En effet, le fait d'annoncer dans l'introduction ce que vous allez dire comporte deux risques majeurs :

1. ennuyer votre auditoire – entendre un simple résumé de ce que vous allez lui dire n'est pas vraiment accrocheur ;
2. engendrer la résistance – annoncer d'avance ce sur quoi vous voulez le convaincre lui donne des verges pour vous battre s'il n'est pas d'emblée de votre avis.

Voici un exemple typique de démarrage classique :

« Aujourd'hui, je vais vous parler du projet d'uniformisation de nos systèmes informatiques, et en quoi cela va nous permettre d'accroître notre performance. » C'est vrai que c'est clair. Mais c'est vrai aussi que c'est banal et manque un peu de « peps »… À l'heure actuelle où les personnes sont littéralement « gavées » de réunions et de présentations, ce n'est pas ce genre de démarrage qui va leur faire tendre l'oreille – vous ne serez donc pas surpris de voir une bonne partie de votre auditoire en train de jouer sous la table avec ses appendices électroniques ! De plus, en annonçant la couleur dès le départ, vous allez immanquablement provoquer la résistance chez les sceptiques et les opposants à ce projet, comme s'ils se disaient dans leur tête « Ah oui, tu parles Charles, on a vu ce que ça a donné chez X, comme amélioration des performances on a vu mieux, ça a été le foutoir pendant trois ans, ah ah ah… » En fait, ce commentaire, je l'ai entendu d'un auditeur qui s'adressait à son voisin, qui lui répondit avec un regard inquiet : « Ah bon, à ce point-là ?! » Franchement, c'est très risqué si vous cherchez à convaincre. Voici des façons plus percutantes, plus engageantes de présenter votre contenu, du début à la fin de votre intervention.

Sachez démarrer

Le rituel d'ouverture

Avant le début de votre intervention proprement dite, il y a quasiment toujours un rituel d'ouverture à respecter. Cela peut aller du simple « bonjour ! » à des rituels plus élaborés avec remerciements, message de bienvenue, etc. Dans tous les cas, voici quelques règles de base à appliquer :

* pas de seconde chance pour **faire une première bonne impression** (les premières secondes donnent le ton, même si vous n'avez pas encore vraiment démarré votre intervention) ;
* **plus c'est court, mieux c'est** (si un simple « bonjour ! » chaleureux peut suffire, n'en rajoutez pas inutilement ; toutefois, si dans certaines circonstances, il vous faut faire nécessairement des remerciements, faites-les avec sincérité tout en restant court et concis : ne diluez pas…) ;
* **regardez votre auditoire**, établissez le contact, soyez content d'être là avec eux, souriez, respirez, avancez-vous vers eux, ayez une gestuelle d'ouverture.

Une accroche percutante

Lorsqu'on cherche à convaincre, il est plus efficace de démarrer par une accroche courte et percutante plutôt que d'introduire longuement le sujet.

De plus :

* évitez à tout prix les démarrages du genre : « Je suis venu pour vous parler de… », ou : « Nous sommes ici pour aborder ensemble… » ; **entrez directement** dans votre accroche ;

- votre accroche doit absolument **refléter votre angle d'inté-rêt**, que ce soit de façon implicite ou explicite : c'est grâce à cela que vous capterez d'emblée l'attention et l'intérêt ;
- préparez votre accroche et **apprenez-la par cœur** sans toutefois la réciter par cœur ; rien n'est pire qu'une accroche percutante qui ne percute pas.

Différents types d'accroche

Selon les circonstances, selon l'auditoire, selon votre goût personnel, vous choisirez d'utiliser le type d'accroche qui vous semblera le plus approprié. D'une façon générale, plus vous saurez varier vos accroches, plus vous gagnerez en aisance et en impact. Toutes vos accroches doivent, bien entendu, être le fruit synthétique et percutant de l'analyse de votre public, de vos objectifs et de votre angle d'intérêt (voir également chapitre 11).

L'humour

C'est probablement ce qu'il y a de plus puissant. Mais c'est aussi puissant que dangereux. En effet, si vous commencez par de l'humour et que le reste de votre intervention est très sérieux, vous courez le risque de décevoir votre public qui, après votre premier et unique trait d'humour, s'attendait à plus de « légèreté » de votre part. D'autre part, si l'humour n'est pas forcément votre point fort ou que vous ne le pratiquez pas assez (ce qui ne vous empêche pas de l'apprécier), vous aurez peut-être du mal à le manier avec aisance dès le démarrage devant un public et vous risquez alors de perdre d'emblée votre crédibilité. Il vaut mieux, dans ces cas-là, commencer par autre chose et vous mettre à acquérir de la pratique avant de vous lancer dans l'humour (voir chapitre 16). Si, au contraire, l'humour est déjà l'un de vos points forts et que vous le pratiquez souvent (et que vous faites rire, bien sûr !), vous pouvez oser démarrer par une accroche drôle.

Une accroche drôle, une blague pertinente, qui provoque une vague de rires chez tous vos auditeurs, tout en percutant les esprits, vous assure un démarrage mémorable. Mais comme tout ce qui est puissant et mémorable et même si vous êtes naturellement bon, l'humour reste un **choix à haut risque** : vous devez être absolument sûr de faire rire, et de faire rire *tout le monde*. Il n'y a pas pire qu'une blague qui tombe à plat ! Vous aurez du mal à rétablir votre crédibilité, et les autres auront un sentiment d'inconfort qui les mettra très mal à l'aise vis-à-vis de vous (le « modèle » potentiel dont je parle plus haut se sera écroulé). Attention donc à la blague trop subtile au point que personne ne puisse la comprendre ! Dans ce cas, c'est vous qui passerez pour un idiot. Attention également à la blague qu'une seule partie de l'auditoire puisse comprendre ! L'autre moitié se sentira ridicule et vous en voudra de l'avoir mise dans cette situation.

L'ignorance des différences culturelles et de ce qui est recevable ou non en matière d'humour est un danger majeur qui peut retourner une salle entière contre vous en un clin d'œil. Il peut s'agir de différences culturelles liées au métier ou à l'activité (vous ne vous permettrez pas les mêmes blagues avec un groupe de concessionnaires automobiles qu'avec un groupe de dames de la paroisse !), et il peut également s'agir des différences culturelles liées aux pays ou aux régions. Si vous vous trouvez devant un parterre d'Américains, vous n'avez pas intérêt à raconter une blague où la femme serait dotée de la capacité intellectuelle d'un hamster (comme dans les blagues sur les « blondes ») ! Si vous êtes amené à vous adresser à des publics multiculturels, soyez très attentifs à la recevabilité de votre humour. Comment pensez-vous qu'a réagi un public de Français lorsque la première phrase de leur nouveau P-DG américain qui arrivait tout droit des États-Unis et ne parlait pas encore un mot de notre langue commença ainsi : « Dès mon arrivée, après avoir fait désinfecter mon bureau… » ? Croyez-moi, les Français en question n'eurent pas un sens de l'humour très développé ce jour là… Si vous n'êtes pas à cent pour cent sûr de l'impact de votre blague, même après avoir fait une analyse approfondie de votre public et des différentes cultures représentées, ne vous lancez pas en espérant que tout ira bien, c'est trop risqué. Choisissez une autre approche !

Une question

Démarrer par une question peut également être très puissant, pour la simple raison que les questions sont **irrésistibles**. En effet, il est très difficile, même si cela reste au stade de la pensée, de ne pas répondre à une question qui vous est posée, ou de ne pas chercher à y répondre. Même si je vous pose une question par écrit, votre réaction automatique sera d'y répondre : « Quelle est la couleur des yeux de la reine d'Angleterre ? » Je sais que la majorité d'entre vous a répondu, ou a du moins a commencé à chercher la réponse dans sa tête… Ceci est particulièrement vrai pour les **questions fermées** comme la question ci-dessus (une question fermée est une question à laquelle on ne peut répondre que par une seule réponse précise), ce qui les rend particulièrement puissantes et donc risquées :

- **puissantes** parce qu'elles invitent d'emblée votre public à participer à votre intervention, à vous répondre, et établissent un lien dès votre ouverture (si vos auditeurs ne connaissent pas la réponse, le lien sera établi quand même car ils seront alors en attente de la réponse, et s'ils croient connaître la réponse mais se trompent, vous bénéficierez de l'effet de surprise) ;
- **risquées** si vous n'avez pas bien cerné les réactions qu'elles pourraient susciter chez certains de vos auditeurs.

Par exemple, des questions du type : « Qui n'a pas pris de vacances cette année ? », ou encore : « Qui n'a jamais été à découvert ?» (qui sont en fait des figures de rhétorique), déclencheront l'envie irrésistible de se manifester chez celui ou ceux qui n'ont justement pas pris de vacances ou qui n'ont jamais été à découvert ; ce qui fera tomber comme un soufflé l'effet que souhaitait faire l'orateur.

Les **questions ouvertes** qui engagent à la réflexion – des questions du type : « Pourquoi les enfants n'aiment-ils plus les fromages ? », « Qu'est-ce qui empêche nos clients de dépenser plus chez nous ? », « Comment nos concurrents ont-ils fait pour couler aussi vite ? » – sont également puissantes si elles ne tombent pas dans le travers de la banalité. Malheureusement, trop de présentations commencent par des questions ouvertes qui ne sont en réalité qu'un titre qui révèle ce que l'on cherche à accomplir, du genre : « Pourquoi faut-il soutenir le projet X ? », ou : « En quoi le *management* par projet sera-t-il bénéfique à l'entreprise ? » Ce type d'accroche est un peu ennuyeux, et de plus, il engendre de fait la résistance de votre auditoire car vous annoncez d'emblée que votre opinion est la bonne, ce qui est rédhibitoire lorsque l'on cherche à convaincre (voir chapitre 13). Si vous choisissez de démarrer par une question, faites en sorte qu'elle soit un peu originale et percutante par rapport au sujet que vous abordez.

Un fait surprenant

Il s'agit ici de surprendre votre auditoire en lui donnant une information inattendue dont il ne soupçonnait pas l'existence (comme : « Les hommes initient des négociations quatre fois plus que les femmes ») et qui a, bien entendu, un rapport étroit avec votre sujet.

Une anecdote

Il s'agit de quelque chose que vous avez personnellement **vécu**, qui doit illustrer d'emblée l'essence de votre intervention. Cela peut également être une anecdote vécue par quelqu'un que vous connaissez, ou une figure connue de l'entreprise, ou encore une figure connue du grand public. Si vous avez l'intention de raconter l'anecdote de quelqu'un d'autre – un collaborateur, un pair ou un hiérarchique –, assurez-vous auparavant auprès de la personne concernée que vous pouvez vous en servir. Vous pouvez également démarrer votre intervention en faisant référence à un événement récent qui soit parfaitement adapté à votre sujet.

Une analogie

Les analogies sont puissantes car elles percutent les esprits et y restent facilement « imprimées ». Plus votre analogie sera simple, plus elle sera **percutante et mémorable**. Bien entendu, elle doit être totalement adaptée à votre public. Vous devez donc être parfaitement assuré qu'il comprend ce à quoi vous faites référence, ou que l'analogie en question lui parle vraiment… Cela peut vous sembler évident, mais j'ai déjà vu de bonnes analogies tomber à plat parce qu'elles n'avaient pas pris en compte la nature du public – par exemple une analogie avec Henri IV devant un public multiculturel, ou des analogies avec le football ou les voitures devant un public principalement féminin !

Rappelez-vous que, comme pour l'humour, l'analogie peut être dangereuse : selon le choix que vous faites de mise en relation d'une chose avec une autre, d'une situation avec une autre, vous risquez de déclencher de la **résistance**, voire de l'**hostilité**, qu'il vous sera infiniment difficile à rattraper. Par exemple, j'ai entendu une fois un intervenant ouvrir son *speech* ainsi : « Comme lorsque vous jouez au golf, vous pouvez vous sentir découragées quand… », et ceci devant un groupe d'assistantes sociales… Une autre fois, j'ai fait moi-même une analogie entre l'harmonie dans le couple et l'harmonie dans une équipe devant un parterre de « jeunes loups » qui commençaient à « se faire les dents » au *management* ! Analogie périlleuse : j'étais face à des jeunes hommes encore peu expérimentés en *management* (et probablement peu expérimentés en « vie de couple » !) qui essayaient de se donner le change. De plus j'étais une femme intervenant dans une organisation d'hommes (il n'y avait quasiment aucune femme *manager*). Ils ont estimé cette analogie tout à fait déplacée et m'ont trouvée vraiment très peu professionnelle (« Il n'y a qu'une femme pour faire des erreurs pareilles ! »). Tout ce que je peux vous dire là-dessus, c'est que mon manque de discernement m'a beaucoup appris sur la nécessité impérative de s'adapter à son public. Pour la petite histoire, sachez que deux mois après je coanimais une session avec un consultant anglais, un ancien gradé de l'armée britannique à la retraite. Nous avions exactement le même type de public. À ma surprise, mon confrère utilisa la même analogie que moi… Il fit un tabac ! L'explication est simple : c'était un homme particulièrement viril, il était plus âgé, et il venait de l'armée ; il était donc crédible, car il fournissait à ces « jeunes loups » un modèle auquel ils pouvaient s'identifier. (Comment auraient-ils pu s'identifier à moi !)

D'une façon générale, essayez de construire des analogies originales mais immédiatement **compréhensibles et recevables par tout votre auditoire**, et tâchez d'éviter les analogies déjà très connues car elles ont moins d'impact.

Une citation

Les citations sont intéressantes car, par le truchement d'un personnage connu, elles ajoutent une légitimité à notre propre pensée – un peu comme si l'on disait : « Vous voyez, Untel pense comme moi. » Et grâce à Internet, il est très facile à notre époque de trouver des citations. La difficulté réside peut-être dans le fait qu'on peut facilement passer des heures pour tenter de trouver LA bonne citation, celle qui exprime en une phrase l'essence de notre intervention (c'est mon problème justement, je peux y passer l'après-midi tant je me laisse séduire par les citations que je rencontre et qui m'entraînent loin de mon sujet). Comme pour les autres accroches, votre citation doit être parfaitement adaptée à votre public, mais vous devez également vous assurer que son auteur est recevable (mieux vaut un auteur « anonyme », qu'un auteur trop polémique, telles certaines figures politiques, culturelles ou religieuses).

Je ne résiste pas à la tentation de partager avec vous une citation qui n'a strictement rien à voir avec le sujet qui nous préoccupe, mais qui m'enchante : « Dieu a inventé la calvitie pour rendre les hommes plus humbles. » (Bruce Willis) Si pour une raison ou une autre vous décidiez de vous servir de cette citation, mieux vaut que vous ne fassiez pas partie de ces heureux individus qui arborent une crinière de lion !

Évitez les habitudes

Si vous êtes amené à parler plus de deux fois de suite à un même public, changez de type d'accroche à chacune de vos interventions. En effet, si vous démarrez deux fois de suite par de l'humour, vous créerez une forte attente pour votre troisième intervention : ils attendront tous la blague, et risqueront d'être un peu déçus si vous démarrez autrement, surtout si vous aviez été très drôle précédemment. Mais attention ! Si vous voulez leur faire plaisir et toujours démarrer avec une blague, vous risquez alors d'être jugé sur l'excellence de votre blague et de générer des commentaires entre auditeurs du type : « Mmh, la blague était pas terrible cette fois-ci… Tu ne trouves pas qu'il faiblit ?… »

Si vous ne parvenez pas à trouver une accroche qui vous plaît

Rassurez-vous, c'est normal. Le travail d'organisation du contenu n'est pas un travail séquentiel : pour arriver à un résultat qui soit séquentiel (d'abord l'accroche puis le corps, puis la clôture), il faut un peu tout faire en même temps, comme si l'on avait une vision de l'ensemble, et qu'on faisait des allers-retours entre les différents points. Par exemple, lorsque je coache mes clients pour une intervention, et qu'il n'y a pas d'emblée une accroche percutante qui surgisse de leur esprit (d'ailleurs, c'est presque toujours le cas), nous faisons l'exercice de chercher différentes formules pendant environ 10 à 15 minutes. Il est d'ailleurs rare que l'on trouve vraiment notre accroche à ce moment-là, mais cet exercice est nécessaire car il donne à notre cerveau les informations qui lui permettront de continuer à travailler sur l'accroche, alors que nous travaillons sur autre chose. Après ces 15 minutes, nous passons donc au corps de l'intervention dont la préparation et l'organisation vont quasi invariablement faire naître l'accroche, presque à notre insu. Celle-ci se cache souvent dans le contenu : j'ai ainsi maintes fois identifié des accroches superbes noyées dans le corps de l'intervention, et dont mes clients ne soupçonnaient ni l'existence ni l'impact ! Grâce à toute votre préparation et à l'ordre que vous aurez donné à votre cerveau de vous donner une belle accroche, vous saurez la reconnaître lorsqu'elle se « promènera » dans le contenu, elle vous « viendra » plutôt facilement.

L'ouverture à quatre temps

Voici encore une autre façon de démarrer : l'ouverture à quatre temps, inspirée des styles d'apprentissage de Bernice McCarthy (*Four Mat System*). Cette ouverture, plus longue qu'une accroche, peut être utilisée à la place d'une accroche, ou encore, directement après une accroche. Cette formule à quatre temps est très efficace, notamment dans les cas où l'on juge nécessaire, voire indispensable, d'annoncer à son auditoire de quoi l'on va parler, mais ce d'une façon **engageante** (et surtout pas de la manière barbante et risquée décrite plus haut : « Dites ce que vous allez dire… »). Je trouve l'ouverture à quatre temps particulièrement utile pour démarrer des interventions plus longues (comme des séminaires ou des journées à thème où l'auditoire vient pour apprendre quelque chose). Néanmoins, vous pouvez tout aussi bien l'utiliser pour d'autres types d'interventions, comme des présentations de vente. Cette accroche consiste à traiter les quatre questions suivantes :

1. Pourquoi ?
2. Quoi ?
3. Comment ?
4. Quoi d'autre ?

Pourquoi ?

Pourquoi votre public devrait-il vous écouter ? En d'autres termes, le « pourquoi » fait référence à deux choses :

* la situation actuelle et les expériences négatives ou problèmes qu'elle engendre ;
* la situation désirée et les expériences positives qu'elle devrait engendrer.

Imaginons que vous deviez intervenir une journée auprès d'un public de jeunes travailleurs indépendants sur le thème « Comment attirer plus de clients ». Quelle peut bien être leur situation actuelle et en quoi est-elle préoccupante : pas assez de clients, vulnérabilité économique, difficulté à boucler les fins de mois, fatigue… Quelle serait la situation désirée : un flot constant de clients qui payent bien, des clients qui appellent, du temps et de l'énergie en plus à consacrer à d'autres choses…

L'objectif de la partie « Pourquoi ? » est, dès vos premières phrases, de donner à vos jeunes travailleurs indépendants l'envie irrésistible d'écouter la suite. Cette partie doit idéalement inclure le négatif et le positif.

Vous pouvez la présenter sous forme de questions (c'est celle que j'ai tendance à préférer) : « Avez-vous parfois le sentiment que tout peut basculer si vous perdez un client ? Êtes-vous trop souvent inquiet pour l'avenir ? Aimeriez-vous plutôt avoir un flot constant de clients qui payent et savoir comment les attirer de façon irrésistible ? »

Vous pouvez également la présenter sous forme déclarative : « Parce qu'on est tout seul pour tout faire, parce qu'on court après le temps et l'argent, le défi le plus difficile à relever quand on est travailleur indépendant, c'est de s'assurer un flot régulier de clients, et de clients qui payent ! »

Quoi ?

« Quoi ? » est relatif à ce que vous proposez par rapport au « Pourquoi ? » et doit également montrer en quoi il répond au « Pourquoi ? ».

« Voici un système révolutionnaire qui a fait ses preuves et qui vous permettra d'attirer irrésistiblement un flot régulier de clients, sans devoir leur courir après et sans vous démener ! »

Comment ?

« Comment ? » est relatif à la manière dont vous allez vous y prendre pour donner à votre auditoire le « Quoi ? ».

« D'abord, nous explorerons le système avec des exemples vécus, puis vous l'appliquerez chacun à votre situation spécifique, pour déboucher sur une stratégie et un plan d'action individuel simple, concret et facile à mettre en œuvre qui vous assurera le flot régulier de clients qui payent que vous méritez. »

Quoi d'autre ?

Cela ouvre sur d'autres avantages ou applications possibles de ce que vous proposez (le « Quoi ? »). Ce quatrième point est intéressant et motivant, car il permet aux auditeurs de sortir du cadre qui les amène et d'accroître leur attraction pour ce que vous leur proposez.

« D'ailleurs, non seulement vous aurez plus de temps à consacrer à ce que vous aimez vraiment faire, mais ce système inclut également des moyens simples et rapides de concevoir et créer de nouvelles offres qui ne feront que renforcer et accroître votre flot de clients. »

Le corps de votre intervention

Triez et classez vos informations

L'accroche a déclenché chez votre auditoire l'envie de vous écouter, d'aller plus loin avec vous. Reste le corps de votre intervention, qui est toute votre argumentation… Vous devez donc décider ici de ce que vous souhaiter aborder. Vos objectifs, l'analyse de votre auditoire, votre angle d'intérêt, et les trois règles d'or (Simplifier. Illustrer. Répéter), vous guideront pour les choix à faire.

Néanmoins, vous courez toujours le risque de vouloir trop en dire, de vouloir donner trop d'arguments. Plus vous êtes expert sur un sujet, et plus vous courez ce risque : tout vous semble si important, ou tout est tellement lié que vous ne pouvez dire ceci sans aborder cela, et vous vous retrouvez alors avec une intervention bourrée d'informations complexes, qui certes vous satisfera, mais qui perdra votre auditoire s'il n'est pas « branché » comme vous. (Souvenez-vous qu'il faut trouver « les spaghettis qui collent » !) Il est vrai que ce travail de tri n'est pas des plus amusants, surtout si vous disposez d'une grande masse de données, mais il devient crucial lorsque l'on sait qu'il ne faut pas dépasser 5 idées principales pour que vos auditeurs puissent s'en souvenir (ce qui n'est pas garanti, car 5 c'est déjà trop). L'idéal est de choisir le chiffre 3, le meilleur si vous voulez que votre public se souvienne facilement. Voici quelques indications qui pourront vous aider à faire ce travail.

Comment trier des informations

1. Posez-vous la question suivante : par rapport aux critères que vous avez dégagé durant votre analyse, quelles informations vos auditeurs (ou les personnes clés que vous avez identifiées) ont-ils absolument besoin d'entendre pour que vous puissiez atteindre vos objectifs ?
2. Éliminez tout ce qui n'est pas essentiel, c'est-à-dire tout ce qui ne contribue pas à poursuivre ce but, notamment les détours inutiles, les détails superflus (certes, ils ne sont pas superflus pour vous, mais la question est : sont-ils superflus *pour eux* ? Ces détails sont-ils vraiment nécessaires ? ou au contraire risquent-ils de les embrouiller ?). Vous parviendrez ainsi à vos points forts ou idées principales ;
3. Parmi ces idées principales que vous souhaitez développer, prenez les 3 qui vous semblent les plus importantes ;
4. Demandez-vous en quoi elles sont tout aussi importantes pour votre public, et en quoi elles sont vraiment les plus pertinentes et les plus adaptées (reportez-vous encore et toujours à votre analyse, aux facteurs clés de conviction, et à votre angle d'intérêt) ;
5. Si vous avez un doute, réessayez avec d'autres points forts en vous mettant à chaque fois dans les « chaussures » de votre public. Gardez les 3 qui vous servent et servent au mieux votre public ;
6. Classez-les maintenant dans l'ordre qui vous semble le plus convaincant, sachant qu'il est souvent recommandé de mettre l'idée la plus puissante en premier.

Vous ferez de cette manière forte impression dès le début, et sachez que l'attention de l'auditoire sera plus « fraîche » au début qu'à la fin (surtout si vous faites partie d'une série d'intervenants) ; il peut arriver également que certains auditeurs clés soient appelés à quitter la réunion avant la fin de votre intervention, ou encore que vous soyez obligé d'écourter... Imaginez votre frustration si vous gardiez le meilleur pour la fin !

Maintenant que vous avez choisi et organisé vos idées principales, il vous faut choisir les évidences qui appuieront vos idées, c'est-à-dire les **preuves** de ce que vous avancez. Voici quelques propositions de types d'évidences.

Faits et statistiques

Ce sont des preuves très puissantes car elles sont indéniables (en tout cas, il vaut mieux qu'elles le soient, sinon vous allez souffrir !). Néanmoins, selon votre public, cette nature de preuves, un peu aride, peut vite ennuyer ou embrouiller – tout le monde n'est pas fanatique de chiffres. Il vaut mieux vous limiter à un ou deux faits marquants, ou à une ou deux statistiques particulièrement frappantes (*Simplifier*), que de bombarder des séries de chiffres à tout-va. Panachez avec d'autres types d'évidences pour varier les plaisirs et donner vie et couleur à vos preuves (*Illustrer*).

Exemples

Choisissez des exemples concrets, vérifiables (c'est-à-dire de sources fiables, au cas où ils seraient contestés). Vous pouvez également illustrer avec des expériences personnelles qui donnent un côté humain, mais il faut que vous soyez sûr que votre public puisse s'identifier à votre expérience, sinon vous ne prouverez rien (voir également le chapitre 13 pour aller plus loin dans ce registre). Utilisez les expériences d'autrui à partir du moment où autrui est crédible. Les analogies peuvent également être très puissantes, mais elles ne seront valables en tant que preuves que si elles sont particulièrement bien ciblées, et que si vous avez apporté d'autres preuves en complément.

Une opinion de référence

Il est parfois utile de citer l'opinion de quelqu'un d'autre, à partir du moment où vous avez identifié le fait que cette personne est particulièrement estimée ou admirée par votre auditoire. Il est néanmoins recommandé de compléter avec des preuves plus objectives.

Présentez vos idées pour un maximum d'impact

Selon votre auditoire et ce que vous cherchez à accomplir, demandez-vous également si vous allez *explicitement* présenter vos idées (suivies de leurs preuves) ou s'il est préférable de les avoir simplement à l'esprit et de présenter directement les preuves. En effet, généralement, il est préconisé d'énoncer clairement son idée, et ensuite d'introduire les preuves qui vont la soutenir.

Mais de par mon expérience, je pense que ce n'est pas toujours la bonne formule si l'on cherche à **convaincre**. Pourquoi ? Parce que je garde toujours à l'esprit qu'il y a forcément des personnes sceptiques (les indécis ou les opposants) dans mon auditoire. Énoncer clairement une idée comporte donc un certain risque, car cela équivaut à énoncer une opinion. Or, une opinion est le reflet de certaines valeurs et croyances, et est potentiellement explosive si elle se heurte à des valeurs et croyances différentes. Imaginez que je cherche par exemple à convaincre un auditoire de directeurs du fait qu'il va falloir entreprendre des changements significatifs dans les choix de recrutements de l'entreprise, et qu'entre autres j'énonce clairement l'idée majeure suivante : « Le pragmatisme des autodidactes à des postes de responsabilités va assainir et dynamiser l'entreprise… » Il y a alors de fortes chances pour que certains des directeurs hautement diplômés n'aient même plus envie d'écouter la suite. Or, j'ai tout intérêt à ce qu'ils écoutent et finissent par considérer la question avec bienveillance et intérêt si je veux qu'ils adoptent de nouveaux comportements de recrutement.

Il vaut donc mieux dans ce genre de cas que je **n'énonce pas mon idée au préalable**, mais que je commence par les preuves, à travers des faits et des exemples (et pourquoi pas, si possible, à travers une opinion de référence venant d'un grand diplômé respecté de tous) qui **amèneront tout naturellement et sans douleur mon auditoire à l'idée en question** ; comme si l'idée était la conséquence incontournable et incontestable des preuves avancées. Il va sans dire que tout au long de mon intervention, je dois absolument montrer mon respect sincère pour les diplômés.

Vous pouvez vous permettre d'énoncer votre idée dans le cas où elle serait immédiatement plus recevable, comme : « La nouvelle procédure informatique permettra de libérer du temps pour vous consacrer à d'autres activités plus intéressantes… »

Même si l'idée de changer de procédure me rebute d'avance, je serai prête à écouter car l'idée énoncée répond à une de mes valeurs fortes qui est « intérêt de l'activité ».

Une formule pour convaincre qui a fait ses preuves

Le bon sens et tout votre travail de préparation sont vos meilleurs guides pour vous aider à décider si vous pouvez vous permettre d'énoncer d'emblée votre idée ou si au contraire il ne vaut mieux pas. Si vous avez un doute, je vous conseille de passer directement aux preuves, c'est plus sûr. D'une façon générale, voici la formule qui aura le plus de chances de donner des résultats :

- énnoncer les **preuves** : faits, statistiques, exemples, etc.
- énnoncer les **opinions** : c'est grâce aux preuves que l'opinion est valide et parfois il n'est même pas utile d'exprimer l'opinion, tant elle devient évidente ;
- déclencher les **sentiments** : rappelez-vous que tout acte de communication réussi vise à déclencher des ressentis ; c'est grâce aux différents états que vous déclencherez chez votre auditoire que vous pourrez convaincre, et c'est par le choix des preuves et des opinions qui y sont liées que vous déclencherez ces états.

Sachez clôturer

Laissez une forte impression par vos derniers mots

La plus grande difficulté que j'ai pu identifier est celle de ne pas arriver à finir son intervention. Beaucoup d'intervenants arrivent à gâcher une communication en diluant sa fin, en ne sachant pas s'arrêter franchement, en rajoutant des détails inutiles ou des idées superflues. Bref, c'est ce que j'appelle « finir en eau de boudin », comme si l'on avait peur du silence qui va suivre… En général, le ton perd aussi de sa vigueur, devient faible et hésitant et l'on devient pratiquement inaudible. Le secret d'une clôture réussie, c'est qu'elle soit courte et aussi percutante que possible. Ce sont vos derniers mots, et ils laisseront une forte impression ; mieux vaut donc que celle-ci soit bonne !

Le but de votre clôture est bien sûr de clore votre intervention, si possible de façon percutante. Parfois, si cela est pertinent, votre clôture peut tout simplement reprendre votre accroche : la répétition l'ancrera solidement dans les esprits. Dans tous les cas, votre clôture doit découler logiquement de votre communication et être en phase avec vos objectifs (notamment l'objectif à court terme : que voulez-vous que les gens disent, pensent ou fassent à la fin de votre intervention ?). Votre clôture peut donc ainsi :

- **inciter à la réflexion** : « Imaginez tout ce que vous pourriez accomplir si vous saviez comment *booster* la performance de votre équipe… » Soyez plus ou moins de manière spécifique selon ce que vous cherchez à susciter ;
- **inciter votre public à l'action** : «Vous voulez *booster* la performance de votre équipe ? Vous en avez assez qu'ils traînent des pieds ? Vous aimeriez tester notre formation ? Appelez Untel au 5213 avant la fin de la semaine. » Plus vous serez spécifique dans votre formulation, plus vous aurez de chances pour que vos auditeurs s'engagent dans l'action en question ;
- **inciter à la réflexion pour déboucher sur l'action** : « Imaginez tout ce que vous pourriez accomplir si vous saviez comment faire pour *booster* la performance de votre équipe… *(Pause)* Vous aimeriez tester notre formation ? Appelez Untel au 5213 avant la fin de la semaine. »

Si vous devez improviser

« *Pour réussir, il ne suffit pas de prévoir, il faut aussi savoir improviser* », affirma Isaac Asimov… Tant mieux ! car on dispose parfois de peu de temps pour préparer. Bien sûr, c'est plus risqué, mais c'est parfaitement faisable à partir du moment où l'on maîtrise parfaitement son contenu. En d'autres termes, **n'improvisez jamais sur un sujet que vous connaissez mal ou sur lequel vous n'êtes pas à l'aise.**

L'un des meilleurs moyens de savoir improviser est de vous donner des occasions de pratiquer l'improvisation. Pratiquez d'abord dans des environnements peu risqués où vous connaissez bien votre public : par exemple, si vous avez quelque chose à dire en réunion, au lieu de dire ce qui vous passe naturellement par la tête, prenez quelques minutes pour structurer vos propos en suivant les grandes lignes de ce chapitre, et gardez toujours à l'esprit les trois règles d'or : **Simplifier. Illustrer. Répéter.** Quelle que soit l'occasion, demandez-vous ce que veut le public et choisissez l'angle d'intérêt le plus approprié. Puis demandez-vous :

- quelle serait **la bonne accroche** ?
- quelles seraient **les idées principales** ?
- quelle serait **la façon de terminer** ?

Votre plan est alors prêt, il vous suffit de le remplir !

Mais vous pouvez aussi pratiquer l'improvisation dans votre tête, à n'importe quel moment de la journée où vous avez le temps : en voiture, en attendant le train, en faisant vos courses, en faisant votre *jogging*…

Technique d'improvisation

1. Choisissez d'abord des sujets faciles (par exemple le dernier film que vous avez aimé, le sport que vous pratiquez, le pays que vous préférez…) ;
2. Imaginez un public *lambda* que vous connaissez bien (vos trois adolescents, un groupe d'amis, vos beaux-parents…) ;
3. Imaginez que vous devez les convaincre d'aller voir ce film, d'essayer ce sport, ou d'aller visiter ce pays.

Vous verrez que vous pourrez bientôt passer à un stade plus difficile (toujours dans votre tête), comme convaincre la direction de libérer le budget nécessaire pour financer une semaine de *team building* pour vous et votre équipe dans un endroit exotique et cher de votre choix… Vous verrez, non seulement on s'amuse bien dans sa tête, mais en plus on renforce ses compétences ! Et comme disait le Bouddha : « *La réalisation réside dans la pratique.* »

Allez plus loin

Vous savez maintenant mettre en forme votre contenu pour qu'il soit à la fois convaincant et mémorable. D'ores et déjà, si vous appliquez et pratiquez tout ce que nous avons vu dans ce chapitre et dans tous les chapitres précédents, vous obtiendrez des résultats probants, et serez rapidement un bon, voire un très bon communicant. Mais, si vous voulez aller encore plus loin, si vous voulez savoir comment être en osmose totale avec votre public, si vous voulez jouer dans la cour des grands communicants, les prochains chapitres dédiés à la puissance des mots vous en donneront les clés !

Amplifiez l'impact
de votre contenu

✓ Une approche destinée à convaincre et à **laisser une empreinte**.

✓ Le problème principal est d'avoir trop d'informations ou trop d'arguments à organiser : attention, **trop d'informations « tuent » la conviction**.

✓ Votre *challenge* est de **rendre votre public intelligent,** et non pas de lui montrer que vous êtes intelligent.

✓ Les trois règles d'or :
  - **simplifier** (préférez des mots simples, des concepts simples) ;
  - **illustrer** (illustrez avec des exemples, des analogies, des anecdotes) ;
  - **répéter** (répétez les mots-clés lors des transitions).

✓ **Identifiez l'angle d'intérêt le plus approprié pour votre communication.**
  C'est l'éclairage principal que vous lui donnez qui doit être parfaitement adapté aux besoins de votre public (référez-vous à votre analyse de l'auditoire), et auquel tous vos arguments se rapportent.

✓ **La mise en forme proprement dite.**
  Après le rituel de démarrage (bonjour, remerciements...) cherchez à créer une accroche percutante et pertinente qui doit faire dresser l'oreille et donner envie de vous écouter.

✓ **Vous pouvez ainsi démarrer par :**
  - de l'humour (puissant, mais aussi très risqué) ;
  - une question (attention à ce qu'elle peut déclencher) ;
  - un fait surprenant ;
  - une anecdote ;
  - une analogie ;
  - une citation.

✓ **Vous pouvez aussi démarrer par une ouverture à quatre temps** plus longue mais très engageante, qui repose sur les quatre questions suivantes :

1. Pourquoi ? (Vous écouter : quels problèmes, quels buts ?) ;
2. Quoi ? (Que proposez-vous ?) ;
3. Comment ? (Quel processus allez-vous utiliser ?) ;
4. Quoi d'autre ? (Quels autres avantages, quelles autres applications ?).

✓ **Le corps de l'intervention.**

Idéalement ne pas dépasser 3 idées principales pour que votre public s'en souvienne, et étayez-les par des preuves :

- faits et statistiques ;
- exemples ;
- opinions de référence.

✓ **La meilleure façon de présenter ses idées.**

Demandez-vous si vos idées principales doivent ou non être énoncées explicitement. Souvent, il vaut mieux au départ que l'idée reste implicite, car elle risque d'être perçue négativement, comme dans le cas d'opinions divergentes.

✓ **La formule la plus convaincante** :

- apporter des **preuves**…
- … qui amènent des **opinions**…
- … pour déclencher des **sentiments** (car le but de toute intervention orale est de déclencher des états c'est-à-dire des ressentis).

✓ **La clôture.**

Le plus difficile est de savoir finir. Votre clôture doit être courte et percutante, elle doit découler logiquement de votre intervention et, selon vos objectifs, inciter à l'action, à la réflexion, ou au deux.

✓ **Improviser.**

- Ne pas improviser sur un sujet que l'on connaît peu ;
- se demander ce que veut le public ;
- choisir l'angle d'intérêt ;
- suivre le plan suivant : accroche/idées majeures/clôture ;
- pratiquer, pratiquer, pratiquer (dans sa tête et « en vrai »).

Chapitre 12

LES RECETTES « ANTISCEPTIQUES »

« Un sceptique est un type qui, s'il rencontrait Dieu,
lui demanderait ses papiers. »
Edgar A. SCHOAFF

« Je ne comprends pas… Mon contenu est bon, j'ai des arguments percutants, je me sens plutôt à l'aise, mais ça ne passe pas… Et je n'arrive pas à savoir pourquoi ! », me disait récemment un dirigeant venu se faire coacher pour une intervention importante. Comme il avait préparé son contenu, je lui demandai de me dérouler son intervention afin que je puisse en faire un « diagnostic ». Bien souvent, dès les premières secondes, on peut voir qu'il s'agit avant tout d'un problème de forme. Mais ici ce n'était pas le cas. Ce monsieur avait beaucoup de prestance, il était effectivement à l'aise, et avait une bonne « image sonore », bref il n'avait aucun souci à se faire sur les aspects non verbaux de son intervention. Son contenu méritait quelques améliorations, mais pouvait très bien passer tel quel. Et pourtant, il faisait bien quelque chose qui ne passait pas. À la fin de l'intervention, je lui ai demandé ce qu'il en pensait. Il a répondu : « Eh bien justement, c'est ça le problème : moi, j'ai l'impression d'avoir bien fait… »

Ce qui rend votre public sceptique

Les formules qui déclenchent la résistance

Hélas ! Ce dirigeant faisait preuve d'une capacité certaine à transformer un public au départ bienveillant en public résistant et fermé. Même ses alliés se transformaient en résistants passifs dès lors qu'il leur présentait des idées différentes ou nouvelles – vous pouvez alors facilement imaginer l'impact qu'il avait sur les indécis et les opposants !... Que pouvait-il donc bien faire pour avoir cet effet déplorable sur son public ?

La réponse est très simple, et comme pour beaucoup de choses simples nous avons tendance à passer à côté. En effet, pendant toute son intervention, il n'avait rien fait de plus compliqué que d'utiliser des formules du type : «Vous devez comprendre l'importance de ce projet... » ; « Il faut absolument que vous sachiez... » ; « Ainsi, vous gérerez mieux... » ; «Vous n'aurez qu'à... ». Ces formulations sont très risquées lorsqu'on est en plein exercice de conviction, car elles peuvent littéralement « tuer » une intervention. Chez la plupart des gens, ce type de langage déclenche au niveau inconscient (jusqu'à parvenir parfois jusqu'au niveau conscient) la réaction suivante : « Pour qui se prend ce type ? De *quel droit* me dit-il *ce que je dois faire* ? » Et alors, l'auditoire se retrouve dans un état très peu enclin à l'ouverture : il nous regarde de travers, avec une certaine défiance même, et son regard semble dire : « Ah, tu veux me commander ! Eh bien vas-y ! Essaye ! je t'attends au tournant ! » Et il bascule directement dans une attitude de fermeture ou de résistance en recherchant dans vos propos uniquement ce qui lui prouve que « vous avez tort, que vous n'êtes pas au point, que de toute façon, cela ne marchera pas, que c'est trop compliqué », etc. En d'autres termes, il vous résiste, il est devenu sceptique.

L'excès d'enthousiasme

Vous est-il déjà arrivé d'être particulièrement enthousiaste à propos de quelque chose, et de constater en voulant partager cet enthousiasme avec votre auditoire, qu'au lieu de vous suivre, celui-ci se rétractait ? Certains évitaient-ils votre regard ? D'autres se lançaient-ils de petits coups d'œil entendus ?... Perplexe, vous vous êtes alors demandé : « Qu'ai-je donc fait qui les ferme autant ? » Alors que vous étiez pourtant vraiment convaincu de ce que vous avanciez (n'est-ce donc pas la condition *sine qua non* si l'on cherche à convaincre ?)… Et que vous étiez vraiment enthousiaste (ne vous a-t-on pas dit que l'enthousiasme était communicatif ?)… Ici, c'est **comme si votre enthousiasme déclenchait la résistance** !

Dans cette situation également l'auditoire est devenu **sceptique**. Après tout, ce n'est pas parce que vous êtes convaincu et enthousiaste que cela suffit à le convaincre. Même si vous avez bien préparé votre intervention, même si vous avez de bons arguments… Ici il y a des chances pour que vous ayez péché par la **manière** dont vous avez formulé votre enthousiasme ; des formules du type : «Vous n'en reviendrez pas… » ; «Vous allez être surpris… » ; «Vous ne regretterez pas… » ; «Vous devez absolument essayer… » ; «Vous pouvez me faire confiance si je vous dis que… » ; etc.

Le processus déclenché chez votre auditoire est similaire à celui de l'exemple précédent, et revient à le propulser en état de résistance. C'est comme si vous aviez provoqué chez lui la réaction suivante : « Ah oui ? Mais c'est *à moi de décider* si c'est génial… si je le regretterai ou non… si je dois l'essayer… si je peux te faire confiance… » Puis, il complète le processus en se mettant à rechercher systématiquement ce qui ne va pas, ce qui ne lui convient pas, ce qui ne le convainc pas. Il résiste, il est devenu **sceptique**.

L'incompréhension d'arguments pourtant valables

La voie qui mène à votre objectif est donc une « route minée » : vous pouvez provoquer « une explosion » à tout instant malgré toutes vos bonnes intentions. Ceci me fait penser à une définition de la communication qui m'accompagne depuis vingt ans : **« La communication, c'est ce que l'autre a compris. »** Votre auditoire ne vous juge pas par rapport à vos intentions, ni par rapport à votre préparation, ni encore par rapport à la validité de vos arguments : il vous juge par rapport à ce qu'il *comprend*, et si ce qu'il comprend n'est pas ce que vous aviez prévu, c'est vous qui en êtes responsable (eh oui, je sais, cette définition de la communication peut être particulièrement irritante, notamment par rapport à certaines personnes qui s'ingénient à ne rien comprendre de ce que vous dites !). Néanmoins, voyons le côté positif de la chose : voilà qui vous rend maître du processus. Si vous pouvez être responsable du pire, vous pouvez également être responsable du meilleur.

Astuces « antisceptiques »

Lorsque je dois parler pour convaincre, je me dis qu'il faut que je désamorce au *maximum* toute résistance existante, latente ou potentielle – et surtout que j'évite de déclencher une résistance qui n'existait pas au départ !

Avant même de commencer l'analyse de mon public pour découvrir ses critères, je me facilite la tâche en partant du principe que j'aurai un *maximum* de personnes sceptiques dans mon auditoire :

- soit j'aurai affaire à un public *a priori* **sur la défensive** qui ne m'épargnera pas dès qu'il en aura l'occasion ;
- soit j'aurai affaire à un public *a priori* **bienveillant**, mais qui pourra à tout moment entrer en résistance au détour d'une formulation malencontreuse.

En effet, dans le contexte où mon public est venu m'écouter pour « acheter » ce que j'ai à lui « vendre » (moi, une équipe, un projet, une stratégie, un service, une idée…), il met en place inconsciemment un processus tout à fait légitime d'« autopréservation », dans lequel il me jauge et cherche la faille systématiquement :

Me jauger

Même si mon public est venu m'écouter en tant qu'expert sur un sujet (comme lorsqu'on vient m'écouter parler de communication), et même s'il a payé pour cela, il ne prendra pas tout ce que je dis comme des vérités célestes ! Il aura plutôt tendance à me jauger d'un œil dubitatif et à « attendre de voir » avant de décider par lui-même si j'ai vraiment quelque chose de valable à dire ou à apporter.

Chercher la faille

Mais avant d'être vraiment certain que ce que j'ai à proposer est valable, et pour s'assurer qu'il ne commet pas d'erreur en se laissant convaincre, mon public recherche d'abord toutes les failles dans ce que j'avance : il relève tout ce qui ne va pas ou tout ce qui pourrait ne pas aller ; il « scanne » pour trouver toutes les situations où ce que je dis ne marchera pas ; et il « zoome » sur la moindre erreur que je pourrais commettre (par exemple le choix d'une analogie qui ne lui conviendrait pas, ou ma tenue qu'il trouverait trop décontractée…).

Le langage qui exacerbe l'esprit critique

Ces attitudes sont les deux « mamelles » de l'esprit critique – grand trait de caractère de la culture française. Dans de nombreux contextes, l'esprit critique est très utile car il permet de prendre des décisions réfléchies. Là où il est nettement moins utile, c'est lorsqu'il devient systématique et excessif : « C'est trop beau pour être vrai ; c'est tous des menteurs ; ça ne marchera jamais… » Vous voyez en quoi il peut être judicieux de bien choisir ses formulations : il ne s'agit pas de tuer un esprit critique sain et utile, il s'agit d'éviter que l'autre ne passe en mode critique de manière excessive, et de lui permettre de **considérer avec bienveillance et ouverture vos arguments.**

Lorsque nous déclenchons ces schémas critiques, nous déclenchons ce que mon amie Shelle Rose Charvet appelle le « syndrome Macho ». (Rassurez-vous messieurs, les femmes ne sont pas épargnées par ce syndrome !) Ce syndrome est une réaction très légitime puisqu'elle cherche à nous protéger de ces formulations et de leurs auteurs qui veulent nous imposer leurs idées ou leurs opinions sans nous laisser aucun choix. Le syndrome

Macho est donc une réaction automatique au **langage d'impo-sition** – jusqu'ici, je n'ai rencontré personne qui ne succombait pas à ce syndrome de temps à autre ! J'y succombe moi-même régulièrement lorsque j'assiste à une conférence et que le conférencier « m'assène » son savoir ; ou encore lorsque mon mari me dit ce que je *devrais* faire pour être plus organisée, ou lorsqu'une amie me dit comment *il faut* que je mène ma vie ! Ce qui est terrible, c'est que ce syndrome nous rend totalement sourds à ce que nous propose la personne, alors que cela est souvent intéressant ou utile. De plus, une fois ce syndrome déclenché, cela nous demande un effort immense pour arriver à dépasser cette réaction épidermique – mais encore faut-il être conscient de ce qui se passe, ce qui est rarement le cas d'un auditoire.

Quand le pire se déclenche

Un peu comme le phénomène « Dr Jekyll et Mr. Hyde », lorsque vous déclenchez le syndrome Macho vous avez tout d'un coup en face de vous des individus avec l'esprit critique exacerbé, ce qui donne à peu près ceci :

- des personnes qui **savent déjà tout** ce qu'il y a à savoir sur un sujet (même le vôtre, même si vous êtes l'expert) ;
- des personnes qui **sont parfaites**, qui n'ont pas de problèmes (même si elles ont un problème et même si vous avez LA solution) ;
- des personnes qui, si elles sont obligées de reconnaître qu'il y a un problème, ne sont jamais en faute car c'est forcément **la faute de quelqu'un d'autre**…

Désamorcez les « mines » potentielles avec le « test Macho »

Voici le test emprunté à mon amie Shelle Rose Charvet qui vous permettra d'éviter les « mines » et donnera aux esprits l'opportunité de s'ouvrir suffisamment pour considérer sérieusement ce que vous avez à dire. Ce test s'appelle bien sûr le « test Macho » et consiste à vous poser les questions qui vont suivre.

Y a-t-il quoi que ce soit dans vos propos, que ce soit de façon implicite ou explicite, qui pourrait laisser penser à vos auditeurs :

* que vous leur **imposez** quoi que ce soit ?
* que vous ne leur donnez **pas le choix** ?
* que vous **décidez à leur place** ?
* que **vous savez** quelque chose **qu'ils ne savent pas** ?
* que quelqu'un d'autre est plus important ou **plus intelligent qu'eux** ?
* qu'ils ont un **problème** ?
* qu'ils ne sont **pas parfaits** dans ce qu'ils font ?

Déclenchez l'ouverture d'esprit et la curiosité grâce au langage de suggestion

Vous pouvez ainsi revoir ce que vous avez préparé à la lumière de ce test. Ainsi, chaque fois que vous proposerez quelque chose à vos auditeurs, afin d'éviter qu'ils ne se transforment en horribles « Machos », pensez à utiliser le langage de **suggestion** :

* suggérez les choses de manière à ce qu'ils aient le **choix** de les prendre en considération : « Personnellement, j'ai trouvé telle chose très utile » ; « Je vous invite à… » ;
* faites en sorte que ce soient **eux qui décident** : « Vous seuls pouvez en décider », « Vous savez mieux que moi si ça peut marcher chez vous » ;
* lorsque vous vous préparez à leur annoncer quelque chose qu'ils ne savent probablement pas, faites comme s'ils **savaient** : « Comme vous le savez déjà… » ; « Je ne vous apprends rien en vous disant… » ;
* si vous devez parler de quelqu'un d'autre ou le citer comme exemple, faites bien attention d'impliquer **qu'il n'a pas plus d'importance qu'eux** : « Je me demande ce que vous pensez de l'idée d'Untel… » ; « Je ne sais pas si vous trouverez le projet d'Untel intéressant… » ;
* si vous avez une solution à apporter à leur problème, formulez les choses comme s'ils n'avaient **pas de problème** ou comme si c'était la **faute de quelqu'un ou quelque chose d'autre** : « Je ne sais pas si vous êtes concernés par tel problème, mais

voici ce qui m'a été particulièrement utile quand… » ; « Il est vrai que c'est difficile de redresser la barre avec des collaborateurs démotivés… » ;

- même s'ils admettent avoir un problème et font appel à vous, **résistez à la tentation irrépressible de leur donner la solution** car vous risquez de déclencher le syndrome Macho ! Formulez plutôt les choses de la manière suivante : « J'ai bien une solution, mais je ne suis pas sûr que ce soit bien celle qu'il vous faut… » ; « J'ai pensé à une solution, mais elle me paraît un peu audacieuse ; à vous de voir si… »

Ces formulations agissent en général comme des « ouvre-boîtes » ; elles ont le mérite de déclencher la curiosité de vos auditeurs. De plus, et cela peut paraître paradoxal, comme vous les invitez explicitement à porter un jugement, ils deviennent alors beaucoup plus ouverts et attentifs à vos idées. L'élégance de cet exercice est la suivante : si votre solution ou idée n'est effectivement pas celle qu'il leur faut, ou si elle est en effet un peu trop audacieuse pour eux, vous ne perdez malgré tout en aucun cas votre crédibilité ; au contraire vous l'augmentez tout en accroissant la connivence entre eux et vous. Vous serez alors en situation de partenariat avec vos clients (internes ou externes) pour modifier votre solution, au lieu d'être un prestataire qui doit « revoir sa copie ».

Rassurez ceux qui ont besoin de l'avis des autres pour décider

Au risque de vous entraîner dans un nouveau paradoxe, bien que vos auditeurs agissent comme s'ils voulaient décider totalement par eux-mêmes, certains d'entre eux ont également besoin que vous leur apportiez une **opinion de référence** (déjà succinctement abordée au chapitre 11). En d'autres termes, ils ont besoin de savoir si ce que vous leur présentez a déjà été testé et approuvé par d'autres ; mais bien entendu, pas par n'importe quels autres : des autres qu'ils tiennent en haute estime ou qu'ils considèrent comme importants. Ne vous privez donc surtout pas de leur donner une opinion de référence, au contraire ! Par exemple : « Le directeur général a adopté cette méthodologie de conduite de réunions et ne jure que par elle, mais encore une fois, vous seuls êtes à même de savoir si cette méthodologie est vraiment celle qui vous convient dans votre contexte. » Comme vous l'avez remarqué, ce n'est pas parce que l'on donne une opinion de référence qu'il faut oublier d'utiliser le langage de suggestion (sinon, vous risquez fort de déclencher le syndrome Macho !).

Quand il n'est pas recommandé d'utiliser le langage de suggestion

Le langage de suggestion s'utilise lorsque vous cherchez à **convaincre** (c'est-à-dire dans toute situation où vous cherchez à déclencher l'envie et la décision de vous suivre).

En revanche, dans les situations où l'on fait appel à vous en tant qu'expert technique sur un problème spécifique, où il est évident que la seule chose qu'on attend de vous c'est de donner la solution ou la marche à suivre (comme lorsque je fais appel à mon expert en informatique), vous pouvez alors vous permettre un **langage d'imposition**. Dans ces cas-là, ce langage peut être très rassurant pour vos interlocuteurs. Par exemple : «Voici les modifications que vous devrez apporter pour garantir que vos locaux soient adaptés aux critères du *Feng Shui*. » Vous pouvez également utiliser le langage d'imposition lorsque vous avez à **informer sur des règlements ou des procédures non négociables** : « Il est impératif qu'à chaque fois qu'un client mécontent appelle vous le mettiez directement en contact avec son chargé de clientèle » ; « Quand vous prescrirez ce médicament à vos patients, vous devrez d'abord vous assurer que… » Et, bien entendu, il convient de ne pas utiliser le langage de suggestion lorsqu'il y a **urgence**, où lorsque l'on attend de vous que vous sauviez la situation (imaginez le chef des pompiers « invitant » ses hommes à aller chercher la lance à incendie, ou à « décider par eux-mêmes » s'il faut monter la grande échelle !).

Restez toujours vigilant

L'argument en trop

Avez-vous déjà souffert de l'argument en trop, celui qui rend votre public sceptique alors que vous veniez enfin de le convaincre ? Pour l'avoir vécu, je peux vous dire que ce phénomène arrive en général au moment où l'on relâche sa vigilance : on est tellement euphorique et soulagé d'avoir « marqué un point », que l'on en « rajoute une couche » ! Et l'on a vite fait de s'en mordre les doigts ! Partons donc du principe que **rien n'est jamais gagné** : ce n'est pas parce que j'ai convaincu mes auditeurs à un moment donné, qu'ils vont rester convaincus une fois pour toutes… Et c'est tant mieux ! Attention également aux arguments « en plus », ceux qui n'étaient pas prévus ! Sont-ils vraiment adaptés à mon auditoire ? Et attention à ma façon de parler ! Le syndrome Macho peut resurgir à n'importe quel moment !

Les mots qui « tuent »

Parfois, tout va bien, le public est sous le charme, et hop ! un mot qui « tue » s'est glissé dans vos propos, et le charme est rompu… Les mots ou expressions qui « tuent » sont des termes qui déclenchent la résistance ou le syndrome Macho. En voici quelques-uns à éviter à tout prix si vous ne voulez pas provoquer les foudres de vos auditeurs :

- MAIS : un grand classique, que l'on utilise sans y penser et qui fait parfois des ravages : « Les femmes sont intelligentes, *mais…* » ; « Ce que vous avez fait est excellent, *mais…* » ; « Ce que vous faites est utile, *mais…* » Dans ces exemples, le « mais » vient annuler ce qui précède et peut être particulièrement blessant. À la place du « mais » préférez plutôt utiliser l'expression « **en même temps** » qui n'annule pas ce qui a été dit, et qui le met sur le même plan. Vous pouvez aussi remplacer par « **et** », et vous pouvez également remplacer par un silence puis dire ce qui vient après. Bien entendu, le « oui, mais » est également à proscrire (remplacez-le par « oui, et en même temps »). Sachez néanmoins que le mot

« mais » peut aussi être un grand allié lorsque vous l'opposez à quelque chose de négatif, comme dans les exemples suivants : « Nous ne pouvons pas baisser le prix, *mais* nous pouvons faire des facilités de paiement », ou encore comme le célèbre slogan de la première crise du pétrole : « En France, nous n'avons pas de pétrole, *mais* nous avons des idées ! » Ici, le *mais* diminue l'impact du négatif et accroît l'impact du positif qui le suit ;

- NÉANMOINS, CEPENDANT, TOUTEFOIS, EN REVANCHE, PAR CONTRE : dans la même catégorie que le « mais » qui tue ces adverbes sont à proscrire à partir du moment où ils s'opposent négativement à ce qui précède ;

- TOUJOURS, JAMAIS, SYSTÉMATIQUEMENT : attention aux généralisations tranchantes : «Vous ne lisez *jamais* vos courriels » ; «Vos équipes sont *toujours* en retard » ; «Vous cherchez *systématiquement* les failles ». Remplacez-les plutôt par des formulations du genre : «Vous avez *tendance* à ne pas lire vos courriels » ; «Vos équipes prennent *souvent* du retard » ;

- IL FAUT QUE, VOUS DEVRIEZ, VOUS DEVEZ, IL N'Y A QU'À : bref, toutes ces formulations qui impliquent que vous imposez sans donner le choix… Préférez-leur le langage de suggestion ;

- VOUS AURIEZ DÛ, IL AURAIT FALLU, VOUS N'AVIEZ QU'À : encore pire, puisque vous culpabilisez et rendez les autres impuissants (ils ne peuvent plus rien y faire puisque c'est passé !) ; préférez-leur des formulations qui s'en réfèrent au futur, qui déculpabilisent et qui donnent la possibilité d'agir : « La prochaine fois, vous *pourriez* essayer de… » ; « Si le même genre de situation *devait* se reproduire, il serait intéressant de… »

Le cadrage « antisceptiques »

Le cadrage « antisceptiques » est un moyen élégant et puissant de démarrer une intervention. Il consiste à **désamorcer la résistance avant même qu'elle n'apparaisse** et peut être utilisé à chaque fois que vous avez :

- **des idées particulièrement originales** à faire passer (c'est-à-dire n'importe quelle idée ou concept qui risque d'être perçu comme bizarre par votre auditoire) ;
- **des solutions ou des connaissances à « vendre »** à un public qui n'est pas acheteur (c'est-à-dire qui ne veut pas ou ne tient pas à considérer autre chose ; ou qui ne peut pas « acheter » parce qu'il pense que c'est bon pour les autres mais pas pour lui ; ou encore qui n'est pas conscient qu'il y a besoin ou problème).

Identifiez d'abord les objections

Dans un premier temps, et ce par rapport aux objectifs que vous poursuivez, votre récolte d'informations vous aura renseigné sur ce qui fait vibrer votre auditoire (ses cordes sensibles), mais aussi sur ce qui pourrait nuire à votre intervention (les obstacles). Tout ce travail vous aura aidé à identifier votre angle d'intérêt et vos idées principales. Lorsque vous préparez le contenu proprement dit, demandez-vous également quelles pourraient bien être les objections que vos idées, ou votre intervention elle-même, risquent de soulever. Mettez-vous dans la peau de votre auditoire : « Si j'étais eux, si je voyais les choses à travers leurs yeux et leur expérience, quelles seraient mes objections ? » Identifiez aussi bien les objections **explicites** (celles qui risquent d'être exprimées verbalement par vos interlocuteurs) que les objections **implicites** (celles qui seront sous-jacentes et non formulées verbalement). Pour être sûr de ne rien laisser passer, n'hésitez pas à vous faire aider par une personne de confiance (un œil extérieur est parfois bien utile !).

« Précadrez » ensuite

Par expérience, si j'identifie des objections fortes, je préfère m'en libérer le plus rapidement possible plutôt que de courir le risque qu'elles ne sabotent mon intervention : **il est beaucoup plus facile de « précadrer » une objection que d'avoir à la recadrer par la suite.** En effet, lorsque quelqu'un formule une objection (sous forme de question ou de commentaire négatif), nous sommes en quelque sorte « mis en examen ». Nous nous retrouvons en position de défense et nous devons nous débrouiller pour recadrer les choses de façon à ce qu'elles deviennent recevables pour notre auditoire. Si l'on s'en tire bien, si le recadrage est satisfaisant (voir chapitre 14), nous aurons préservé notre crédibilité, et le tour sera joué. Néanmoins, si l'on peut éviter l'apparition de ces objections dès le départ, tout en renforçant la connivence avec notre auditoire, pourquoi s'en priver !

Traitez les objections implicites

Le pire danger, ce sont les objections non exprimées, celles qui sont implicites et qui restent sous-jacentes pendant toute l'intervention : rien n'est exprimé verbalement, mais le non-verbal nous renseigne très vite sur le fait qu'il se passe quelque chose. Et à ce stade, ce n'est pas facile de rattraper le « coup »… Parfois, lors de mes séminaires de communication interpersonnelle, il m'arrive d'avoir des participants qui sont envoyés par leur supérieur hiérarchique. Imaginez l'état d'esprit dans lequel ils arrivent au séminaire… Je me dois donc de **traiter ce problème dès le départ**, d'autant plus qu'il s'agit d'objections implicites qui peuvent se manifester par des comportements de sabotage. En d'autres termes, me voilà déjà dans un acte de conviction puisque je dois arriver en quelques instants à les convaincre de m'écouter, et surtout à les convaincre de participer de façon constructive au séminaire. Et vous pouvez être sûr que ce n'est pas en leur expliquant tout ce qu'ils vont en retirer ! J'imagine sans trop de mal ce qui peut leur trotter dans la tête : « Peuh ! j'ai des tonnes de travail, alors je n'ai pas trois jours à perdre à des bêtises qui ne servent à rien ; c'est mon supérieur qui m'envoie, mais c'est surtout lui qui a besoin de mieux communiquer, pas moi… »

Voici donc comment je m'y prends, sachant que mon but est double : avoir des participants qui participent vraiment, ET qui repartent avec le sentiment de ne pas avoir perdu leur temps. Je démarre alors d'abord par les objections suivantes : « Je sais que vous avez tous beaucoup de travail, et j'imagine surtout que vous voulez éviter de perdre votre temps pendant ces trois jours… Il y a des chances pour que ce soit encore plus vrai pour ceux d'entre vous à qui ce séminaire a été fortement "recommandé" par leur supérieur hiérarchique – d'autant plus que bien souvent, on sait que c'est lui qui aurait plutôt besoin de venir ! » Le fait même que je commence avec les objections prouve au moins que j'y ai consacré un peu de réflexion !

Au début d'une intervention, selon les cas et ce qui vous paraît le plus approprié, les objections peuvent soit faire partie du rituel d'ouverture (qui sera alors suivi de l'accroche), soit servir d'accroche pour aller ensuite directement dans le corps.

Identifiez les expériences communes

Nous avons déjà vu dans les chapitres précédents qu'il était indispensable d'apporter des **preuves** de ce que l'on avançait : faits, statistiques, exemples concrets, opinions de référence. Ces preuves, la plupart du temps suffisantes, sont toutes des preuves venant de l'extérieur. Or, comme nous l'avons vu plus haut, ce dont a vraiment besoin une personne sceptique, c'est de pouvoir **décider par elle-même** si ce que vous avancez lui correspond, si cela fait sens pour elle. Et pour pouvoir faire cela, elle a besoin « d'aller à l'intérieur », c'est-à-dire en son for intérieur. Si votre public est particulièrement sceptique, donnez-lui la possibilité « d'aller à l'intérieur » pour tester vos idées bizarres et ainsi les rendre recevables.

Un moyen efficace est d'identifier des **expériences communes** que tout le monde aura vécues d'une façon ou d'une autre, et qui prouvent ce que vous avancez. Par exemple, dans le cas de mes participants, après avoir d'emblée traité les objections, je peux leur offrir une ou deux expériences communes en guise d'accroche. Sachant qu'une partie de mes participants pensent qu'ils n'ont pas vraiment besoin de participer à ce séminaire, je cherche une expérience commune (commune à tous les participants, y compris ceux qui sont volontaires), qui leur permette d'identifier en quoi ce séminaire pourrait leur être utile. Par exemple : «Vous est-il jamais arrivé de sentir que ça ne collait pas avec une personne... *(Je laisse un silence et je regarde les personnes.)*... sans savoir pourquoi ?... *(Un autre silence qui leur permet « d'aller à l'intérieur » rechercher dans leur expérience personnelle une expérience qui correspond à ma proposition.)* Et au contraire, ne vous est-il jamais arrivé de vous sentir vraiment en phase avec une personne, au point que cette entente avait une qualité presque magique... ? *(Silence)* Et ne vous est-il jamais arrivé aussi d'être parfaitement en phase avec quelqu'un, que tout se passe bien, et que, tout d'un coup, sans que vous sachiez pourquoi, ça n'aille plus... ? *(Silence)* »

Ces trois expériences communes, assez vagues dans leur formulation comme vous l'aurez constaté, permettent ainsi à chaque personne de mon auditoire d'y **greffer sa propre expérience spécifique, et d'identifier par elle-même** qu'il y a effectivement des choses qui se passent en communication dont elle n'a pas la clé. Avec un peu de chance, j'aurais réussi à déclencher leur curiosité !

Il devient alors plus facile pour moi de proposer à mes participants d'accroître leurs compétences en communication une fois qu'ils ont ainsi identifié par eux-mêmes le fait qu'ils n'avaient pas toutes les clés.

Si vous oubliez de « précadrer »

Il me revient en mémoire une journée de séminaire désastreuse que j'aurais préféré ne pas vivre ! Ah, que je fus naïve ! C'était il y a quelques années lorsque je fus appelée à remplacer à la dernière minute un consultant « *star* » qui était très attendu par un groupe de dirigeants d'entreprise. Cette journée était programmée depuis des mois, et était impatiemment attendue. La *star* en question pensait pouvoir venir jusqu'au dernier moment, mais elle m'avait néanmoins fait comprendre qu'il y avait quatre-vingt-dix-neuf pour cent de chances que j'aie à la remplacer. Avec le recul, je pense qu'il aurait mieux valu donner le choix au groupe de dirigeants : soit ils maintenaient l'intervention avec un remplaçant, soit ils déprogrammaient l'intervention et reprenaient date avec la *star*. Dans les faits, l'organisateur du groupe de dirigeants fut informé du changement la veille, et il lui était donc impossible ou en tout cas très coûteux de tout annuler (salle de conférences, repas gastronomique dans un château…) ; sans parler des dirigeants qui s'étaient déjà déplacés et passaient la nuit au château. Néanmoins, j'étais confiante : je maîtrisais bien mon sujet (qui était le même que celui de la *star*) et je savais animer un groupe. Hélas ! – trois fois hélas ! – je n'avais pas songé à l'obstacle principal, pourtant évident si l'on y réfléchit deux secondes ! Ce n'était pas le sujet de la journée qui intéressait ces dirigeants : non, ils venaient voir la *star*. Imaginez alors quelle fut leur déception ! J'étais dans une situation éminemment délicate, et j'en avais largement sous-estimé le danger. J'allais de ce fait allègrement au « casse-pipe ». Vous pensez bien que ces dirigeants ne pouvaient exprimer leur véritable déception. Après tout, la journée était maintenue, il y avait une remplaçante, et ils ne pouvaient pas vraiment avouer qu'ils étaient surtout venus pour la *star*. L'objection était donc implicite… et énorme. Au départ, ils furent « polis avec la dame » (il n'y avait que des hommes, mais franchement, cela n'aurait rien changé s'il y avait eu quelques femmes), mais au fur et à mesure de la journée, la courtoisie se transforma en bataille ouverte : ils voulaient me « descendre » ! C'est ce qu'ils firent ! Le déjeuner gastronomique fut horrible : personne ne m'adressa la parole et les deux qui n'avaient pas pu faire autrement que de s'asseoir à côté de moi (c'était comme par hasard les deux seules places qui restaient quand ils arrivèrent à table) me tournèrent le dos pour parler à leur voisin pendant tout le repas. L'après-midi fut sanglant (quelques verres de vin avaient effacé toute trace de retenue). Je n'arrive même plus à me rappeler si certains sont partis avant la fin tellement ce souvenir est douloureux.

Ce jour-là, j'appris donc à mes dépens l'importance du « précadrage ». Je n'avais pas pris en compte l'objection principale : je n'étais pas la *star* et ils étaient terriblement déçus. J'ai seulement dit quelques mots pour expliquer que la *star* était désolée de ne pas avoir pu venir, mais que j'étais ravie d'avoir pu la remplacer ; puis j'ai démarré le programme de la journée. Dès le tour de table des participants, je compris que quelque chose « clochait » ! Personne n'avait d'attentes précises pour la journée, personne ne me regardait dans les yeux… Ils avaient tous basculé au sein d'un schéma critique exacerbé (« Pour qui elle se prend celle-là ? Ah, elle veut remplacer la *star* ! Eh bien, qu'elle essaye ! on l'attend au tournant !… »). Le reste de la journée fut une succession d'objections et de comportements saboteurs. J'étais tellement consternée que je perdis pied. Ils le virent et cela fut encore pire : ils s'engouffrèrent dans toutes les failles que je leur offrais et je perdis toute crédibilité – une crédibilité que je n'avais de toute façon pas établie ! J'en étais arrivée à douter de mon contenu, à douter de mes compétences, à douter de moi. Vous imaginez l'impact d'une telle attitude ! Depuis, je suis « grillée » à vie auprès de cette organisation de dirigeants… Néanmoins, ce fut une grande leçon qui me servit beaucoup par la suite !

C'est vrai que la situation était particulièrement délicate, mais si j'avais « précadré » en tenant compte de l'objection principale, j'aurais au moins pu désamorcer leur rejet, et j'aurais pu déclencher un semblant de connivence : « J'imagine que vous devez être très déçus que M. Star n'ait pu venir ; et en plus, d'apprendre cela au dernier moment n'a pas dû vous réjouir ! Et pour couronner le tout on vous impose une remplaçante dont vous n'avez jamais entendu parler… Je comprends que vous puissiez regretter d'être venus !… »

Jusque-là, je n'aurais fait qu'**exprimer tout haut** ce qu'ils pensaient tout bas, et j'aurais commencé à établir ma crédibilité (en traitant l'objection principale sans avoir peur d'en parler). Il se serait agi ensuite de les **convaincre de m'accepter** (afin qu'ils ne dépensent pas leur temps et leur énergie à me saboter) : «Vous est-il déjà arrivé, en voulant rendre service, de vous retrouver dans une situation périlleuse où vous sentiez que vous alliez au "casse-pipe" ? Où vous saviez que quoi que vous fassiez, et malgré toutes vos meilleures intentions, on ne vous louperait pas ? Mais vous étiez là et il vous fallait assumer ?... *(Expérience commune)* C'est la situation dans laquelle je me trouve aujourd'hui avec vous… et c'est loin d'être confortable ! *(Bien* *entendu, la crédibilité non verbale doit à ce stade être à son comble !)* Je ne suis pas M. Star, et je ne prétends pas le remplacer. En revanche, en ce qui concerne le sujet de la journée, j'ai pas mal de choses à vous proposer, alors si vous le voulez bien, je vous invite à les explorer avec moi et ce soir vous pourrez décider si vous avez oui ou non perdu votre temps ! »

Pour la suite, on a dans ce cas intérêt, bien entendu, à être bon, et à **rester éminemment vigilant** ! Sans pour autant garantir le résultat (il y a parfois des situations où il vaut mieux éviter de s'engouffrer), ce type de « précadrage » permet d'exprimer et d'évacuer le non-dit. Il permet aussi d'établir sa crédibilité (puisqu'on assume pleinement la situation, qu'on ose en parler, qu'on reconnaît son inconfort, et que l'on n'a pas peur) et de reprendre le contrôle de la situation (puisque l'on devient force de proposition au lieu de se retrouver en position de défense). Je ne soulignerai jamais assez l'importance de l'accompagnement non verbal dans cet exercice : à aucun moment je ne peux me permettre de faire quoi que ce soit qui donne à penser que je suis une pauvre victime de la situation, ou que je recherche l'approbation de mon public, sinon ce sera l'hallali !

Outre le langage de suggestion et le « précadrage », je vous invite maintenant à explorer dans le chapitre suivant d'autres sortes de langage qui vous donneront les moyens de rendre votre communication quasiment irrésistible et toucheront vos interlocuteurs au cœur même de leur motivation.

Les recettes « antisceptiques »

✓ Un public sceptique est un public qui résiste.

✓ Attention :
  * à l'excès d'enthousiasme ;
  * aux formulations qui « imposent » ;
  * aux objections sous-jacentes ;
  * aux mots qui « tuent ».

✓ Un public sceptique est un public critique qui vous jauge et cherche les failles.

✓ Suggérer au lieu d'imposer :
  * suggérez et donnez le choix à votre public de prendre les choses en considération ;
  * même si vos auditeurs ne savent pas quelque chose, utilisez des formulations du genre : « Comme vous le savez... » ;
  * ne laissez jamais penser que quelqu'un d'autre est plus important ou plus fort que vos auditeurs, dites plutôt : « Je me demande ce que vous pensez de l'idée d'Untel... » ;
  * ne sous-entendez pas qu'ils ont un problème, dites plutôt : « Je ne sais pas si tel problème vous concerne, mais j'ai trouvé très utile de... »

✓ Utiliser le cadrage « antisceptiques » pour désamorcer la résistance dès le début d'une intervention :
  * identifiez les objections les plus menaçantes comme si vous étiez eux et voyiez les choses à travers leurs yeux ;
  * identifiez les expériences communes qui permettront à vos auditeurs d'aller chercher dans leur for intérieur les preuves de ce que vous avancez ;
  * démarrez votre intervention par les objections et les expériences communes (au moment du rituel, ou en guise d'accroche).

Chapitre 13

RENDEZ VOTRE DISCOURS IRRÉSISTIBLE

« L'influence d'un mot, dit à son heure,
n'est-elle pas incalculable ? »
Henri-Frédéric AMIEL

« Ils buvaient ses paroles… » Il n'est pas facile de décrire ce que l'on ressent lorsqu'on « boit » les paroles de la personne qui nous parle. Si cela vous est déjà arrivé, vous saurez ce que je veux dire. Voici comment un de mes participants décrit son expérience : « C'est comme si ses paroles entraient en moi directement et sans effort : je n'ai pas besoin de traduire ce que j'entends. Cela fait sens immédiatement. Je me sens totalement relié à la personne, comme si nous ne faisions qu'un… Si j'osais, je dirais que c'est magique ! » C'est vrai, il y a parfois en communication des moments privilégiés où l'on pourrait presque parler d'état de grâce… Cet état où l'on est sur la même longueur d'onde, où l'on se sent élevé, ressourcé, où notre énergie s'amplifie et nous donne des ailes…

« L'inconscient se déploie dans les effets de langage. » Ainsi parlait Jacques Lacan… Et les recherches menées depuis les années 80 en neurolinguistique montrent que, sans que nous en ayons conscience, **la manière dont nous nous exprimons** (c'est-à-dire les schémas de langage que nous utilisons) **reflète nos déclencheurs de motivation inconscients**[1]. De la même manière que monsieur Jourdain faisait de la prose sans le savoir, dès lors que nous parlons, nous utilisons ces schémas de langage sans le

1. Voir note page 198.

savoir, et sans le savoir nous agissons directement sur des processus qui se passent hors de la conscience de notre auditoire. En tant qu'individu, nous aurons donc tout naturellement tendance à nous exprimer dans nos **schémas de langage** préférés :

- l'avantage est que nous touchons et motivons **ceux qui ont des schémas similaires** ;
- l'inconvénient est que nous laissons de côté **ceux qui ont des schémas différents.**

Déclenchez l'intérêt et la motivation grâce aux schémas de langage

Connaître ces différents schémas de langage qui stimulent l'intérêt et la motivation, et savoir les utiliser, nous permet d'offrir à notre auditoire cette communication privilégiée qui l'aidera à se mettre dans un état de réception optimale. Toute cette « mécanique » n'est pas anodine… et on ne peut pas s'engager dans cette voie de façon désinvolte, car on touche aux fonctionnements inconscients des personnes qui nous écoutent. Outre l'accroissement immédiat de notre capacité à convaincre, cette voie, qui exige une intégrité personnelle et un profond respect de l'autre, nous permet également de construire des relations fortes et de garder nos alliés dans le temps.

Ouvrez les esprits et touchez les cordes sensibles

Nous avons déjà exploré deux aspects essentiels d'une utilisation éclairée du langage :

- le **langage de suggestion** au chapitre 12, élément incontournable puisqu'il nous permet **d'ouvrir les esprits** de nos interlocuteurs ;
- les **cordes sensibles** de l'auditoire (souvenez-vous qu'au chapitre 10 nous avons vu à quel point il était important d'identifier ses critères).

En effet, savoir présenter nos arguments dans les critères de notre auditoire est un acte de communication extrêmement puissant puisqu'il **déclenche une réaction physique et émotionnelle** qui influencera sa décision.

M'appuyant sur les travaux de mon amie Shelle Rose Charvet, je vous propose donc ici d'explorer d'autres schémas de langage destinés à déclencher l'intérêt et la motivation de vos auditeurs. Lorsque vous vous retrouverez face à un groupe de personnes que vous chercherez à convaincre ou à faire adhérer, il vous suffira alors de penser à inclure certains de ces schémas linguistiques dans votre communication. Sachez qu'au début, cela vous demandera probablement un peu de vigilance et de concentration puisqu'il se peut que certains de ces schémas ne vous viennent pas naturellement.

Déclenchez la motivation en fonction du contexte et du public

Il est intéressant de noter que tous ces schémas sont **contextuels** : à quel contexte faites-vous donc référence lorsque vous vous adressez à vos interlocuteurs ? Selon les contextes, ce qui déclenchera l'intérêt et la motivation d'une personne sera différent (ce ne sont pas les mêmes déclencheurs qui sont à l'œuvre si l'on essaie de me vendre un lieu de vacances ou si l'on me propose une mission). D'autre part, certains publics peuvent avoir des tendances marquées pour certains déclencheurs quels que soient les contextes abordés, ce qui est le plus souvent une réflexion de leur activité et culture professionnelle (ce n'est pas par hasard si l'on fait le travail que l'on fait). Vous pouvez aussi avoir un public hétérogène, avec des déclencheurs différents selon les individus… Alors, que faire ? Comment savoir quels schémas de langage utiliser avec quels publics par rapport à quels contextes ?

Il est vrai qu'il n'est pas évident d'identifier les préférences de votre auditoire. Alors quel langage utiliser ? Toutefois, il y a une astuce ! Amusez-vous à la découvrir dans les quelques pages qui suivent – elle se cache toujours aux mêmes endroits… (Je vous donne rendez-vous page 194 pour confirmer votre découverte.)

Schémas de langage et langage déclencheur

Voici donc les schémas de langage en question. Comme vous pourrez le voir, ces schémas sont présentés par groupes de deux ou de trois. En effet, chaque groupe représente une préférence en *continuum* d'un schéma à l'autre, et chaque schéma est décrit dans sa configuration extrême. Après la présentation de chaque groupe de schémas, je vous donnerai des exemples de langage déclencheur que vous pourriez utiliser pour obtenir le meilleur impact avec chacun des schémas.

La carotte ou le bâton ?

Il y a une dizaine d'années, je coanimais une série de séminaires dans la filiale française d'une grande compagnie américaine. Cette compagnie traversait une période difficile, et espérait à travers ce séminaire motiver ses *managers* à adopter de nouveaux comportements. Tâche délicate, car ces *managers* refusaient de croire que leur compagnie, une des plus anciennes et des plus connues, pouvait vraiment être en difficulté. Lors du tout premier séminaire, mon partenaire américain, rattaché à la direction des ressources humaines du groupe, procéda à son ouverture, son but étant de déclencher la motivation des *managers* pour qu'ils s'impliquent à fond dans le séminaire. Le résultat fut proche du désastre : pendant que mon partenaire parlait, je voyais les participants lever les yeux au ciel, d'autres regardaient par la fenêtre, d'autres arboraient un sourire cynique… Bref, nous étions loin, très loin de l'adhésion espérée. La raison majeure était la suivante : mon partenaire utilisait un schéma de langage qui ne correspondait pas aux déclencheurs inconscients de l'auditoire.

La carotte :

- personnes motivées pour **aller vers** les objectifs, les résultats, les bénéfices ;
- personnes aimant les formulations positives.

Dans cet exemple, mon partenaire avait tout simplement utilisé ses tournures de langage préférées, celles qui le motivaient à s'impliquer dans le processus du séminaire. Il disait des phrases comme : « Voici ce que ce séminaire pourra vous *apporter*... » ; « Les *résultats* que vous *atteindrez*... » ; « Vous y *gagnerez*... » ; « Voici les *avantages* d'une telle démarche... » Notre ami parlait en termes de résultats, de bénéfices, et n'employait que des formulations positives : il montrait la carotte. Nous sommes nombreux en effet à être motivés par la carotte : elle nous montre le but à atteindre, ce vers quoi nous devons aller, ce qui nous permet ainsi de mettre tout en œuvre pour y arriver. Il suffit que nous la voyions pour avoir envie d'y aller. D'ailleurs, certains d'entre nous ont véritablement besoin de la carotte : s'ils n'ont pas de but à atteindre, ou une chose particulière à réaliser, ou un bénéfice précis à retirer, s'ils n'ont rien vers lequel aller, ils seront démotivés, confus, et ne pourront pas passer à l'action.

Le bâton :

* personnes poussées à **s'éloigner de** quelque chose de menaçant ou de négatif ;
* personnes poussées à agir par les choses à éviter, par les problèmes à résoudre ;
* formulations principalement négatives.

Or, bien que l'efficacité de la carotte ne soit plus à démontrer, il y a des contextes où l'on se fiche éperdument de la carotte (si l'on est « gras et bien nourri », pourquoi suivre la carotte ?). Et pour de nombreux individus, même s'ils perçoivent intellectuellement l'intérêt de la carotte, ils ne sont pas pour autant motivés pour passer à l'action. Ils n'en ont rien à faire, car ce qui les pousse vraiment à agir, c'est ce qu'ils doivent éviter, comme s'ils avaient besoin de voir les conséquences négatives de ne pas passer à l'action. C'est pour cela qu'ils sont irrésistiblement attirés par les problèmes à résoudre (car s'ils ne les résolvent pas, ils vont droit à la catastrophe !). Typiquement, ce sont des personnes qui s'attèlent à un travail au dernier moment car, tant que l'échéance ne devient pas menaçante, elles ne sont pas motivées. Ainsi, le passage à l'action est ce qui va leur permettre d'éviter le pire. Pour revenir à nos *managers*, je me souviens qu'ils furent nettement plus motivés et attentifs lorsque nous leur avons proposé des formulations du type : « Si vous n'aidez pas l'entreprise à prendre ce tournant, il y a de fortes chances pour *qu'elle n'existe plus* dans les trois ans à venir. » (C'est ce que m'avaient livré les dirigeants américains, avec l'injonction de n'en rien dire aux participants pensant que cela les démotiverait !) ; « Nous comptons sur vous pour *empêcher que* l'entreprise ne s'effondre... » Nos *managers* étaient motivés : ils venaient d'appréhender ce qu'il fallait à tout prix éviter ! La série de séminaires fut un réel succès (et l'entreprise en question ne s'est pas effondrée, elle a au contraire repris le chemin de la prospérité).

Langage déclencheur

Voici quelques exemples de langage déclencheur relatif à la carotte et au bâton qui vous aideront à obtenir l'attention complète de vos interlocuteurs, et vous éviteront de laisser en plan une partie de votre auditoire :

- **aller vers** (la carotte) : «Voici ce que vous pourrez accomplir... » ; « L'objectif à atteindre... » ; « Le but est proche... » ; «Vous obtiendrez... » ; « Cela vous permettra de... » ; « Les avantages de ce projet... » ; «Vous pourrez tirer profit de... » ; «Vous gagnerez ceci... » ;
- **s'éloigner de** (le bâton) : «Vous n'aurez pas à... » ; «Vous éviterez le pire... » ; « Cela vous empêchera de perdre... » ; « Il n'y aura plus de problèmes... » ; «Vous pourrez résoudre... » ; « Le *challenge* à relever est le suivant... » ; «Vous serez débarrassé de... » ; «Vous verrez tout de suite les signaux d'alarme... »

Explorer les possibilités ou suivre un chemin déjà tracé ?

Un « jeune génie » du service informatique était en train de présenter sa dernière petite merveille à un public hétérogène composé de responsables des différents services de l'entreprise.

Il avait commencé en disant qu'il leur montrait la dernière version, mais qu'il était déjà en train de « travailler sur certaines modifications qui en amélioreraient encore la performance ». Cette entrée en matière fit perdre d'emblée l'attention d'au moins un tiers des personnes présentes. (« Pourquoi diable perdre du temps à nous montrer une version qui n'est pas la bonne ?! ») Puis, il continua en insistant sur « les possibilités quasi illimitées » de sa petite merveille. Les personnes qui avaient décroché dès le début étaient maintenant totalement larguées. (« On s'en fiche des possibilités, nous on veut savoir comment ça marche ? ») En parallèle, le deuxième tiers buvait les paroles de ce « jeune génie », et le dernier tiers suivait sans toutefois être particulièrement motivé ou démotivé.

Explorer les possibilités :

- personnes motivées par les différentes **options** et possibilités ;
- personnes motivées par les choix, les opportunités, le développement, la variété.

Notre « jeune génie » s'exprimait dans un schéma de langage qui reflétait ses propres déclencheurs de motivation : son attention se portait naturellement sur le champ des possibles, il était galvanisé par le nombre illimité de possibilités et d'idées, et était toujours à la recherche d'une meilleure façon de faire. Par voie de conséquence, rien n'est plus stimulant pour une personne fonctionnant en schéma Options que la perspective de pouvoir briser ou contourner les règles établies pour parvenir à un but, car cela prouve que c'est *possible* ! Si l'on prend un exemple typiquement français, relatif au contexte administratif, quel est le sport national français ? Contourner le règlement, ou l'ignorer, pour faire autrement !

Suivre un chemin déjà tracé :

- personnes qui souhaitent suivre un **processus** établi ;
- personnes motivées par le « comment » et par la « bonne » manière de faire les choses.

À l'inverse, les personnes qui furent démotivées par la présentation du jeune informaticien sont des personnes qui, dans ce contexte, fonctionnent sur le schéma Processus. Elles ont besoin d'une marche à suivre, d'un mode d'emploi. En effet, dans ce contexte particulier, où elles n'ont besoin de l'informatique que dans le but de répondre à un besoin précis (l'informatique étant ici un simple moyen, rien de plus), elles ne sont intéressées que par une application particulière, et n'attendent qu'une chose : qu'on leur dise *comment* faire marcher la petite merveille, et non pas *pourquoi* elle est si extraordinaire et tout ce qu'elle peut faire. J'ai personnellement la même réaction lorsqu'on me vante les possibilités étonnantes des téléphones portables : je m'en contrefiche. Plus on m'en dit, plus je décroche, car tout ce que je veux c'est connaître précisément la bonne manière de faire marcher les trois ou quatre applications de base dont j'ai besoin — et si malgré tout on veut vraiment que j'utilise l'application « photo », il va falloir me dire exactement comment je dois faire.

Langage déclencheur

Voici différents exemples de langage déclencheur qui vous offriront plusieurs manières de trouver les bons mots à dire à votre auditoire et vous permettront de savoir comment les dire :

- **options** : « Parmi les opportunités qui se présentent… » ; « Les choix sont nombreux… » ; « Les possibilités sont infinies… » ; « Voici l'une des façons de… » ; « Vous pouvez faire comme ceci, ou encore comme cela… » ; « Même si le règlement veut que…, j'ai trouvé une autre manière de… » ; « Une alternative consiste à… » ;

- **processus** : « D'abord vous faites comme ceci…, puis…, après quoi…, et enfin… » ; « Voici comment faire… » ; « Le mode d'emploi est simple… » ; « C'est une méthode qui a fait ses preuves… » ; « La bonne façon de procéder est de… » ; « Voici la marche à suivre… ».

Du pareil au même, mieux, ou différent ?

Dans les années quatre-vingt, le traitement de texte fit son apparition et quelques entreprises d'avant-garde décidèrent d'en équiper leurs dactylos. Or, dans bon nombre de ces entreprises, ces traitements de texte engendrèrent une résistance féroce de la part des dactylos : quand on leur présenta ces machines, elles refusèrent de s'en servir ! Cette résistance fut totalement incomprise par ceux qui pourtant avaient eu la grande générosité de penser au bien-être de leurs dactylos : ces machines ne simplifiaient-elles pas radicalement leur tâche ? Encore une fois, c'est la manière dont s'exprimèrent les personnes qui présentèrent les machines qui engendra leur résistance.

Du pareil au même :

- personnes motivées et rassurées par ce qui est **pareil**, ce qui est stable ;
- personnes qui n'aiment pas le changement.

Il faut savoir que la grande majorité des dactylos concernées étaient des dactylos plus que confirmées, frappant le clavier à des vitesses époustouflantes, et faisant très peu de fautes. Elles en éprouvaient d'ailleurs une fierté légitime. Cela faisait des années qu'elles faisaient toujours la même chose, de la même manière, et lorsqu'il fut question de changer leurs machines pour des traitements de texte, elles se sentirent menacées dans ce qui jusqu'alors avait constitué leur identité et leur fierté professionnelles.

Dans ce contexte particulier, les dactylos refusent le changement, car elles ont probablement une peur inconsciente de ne pas être à la hauteur, de ne pas savoir se servir correctement des machines, ou de ne plus être aussi performantes. Néanmoins, on aurait pu capter leur intérêt et leur faire dépasser leur peur du changement si on leur avait présenté les choses en leur montrant en quoi ces machines étaient fondamentalement *les mêmes* que leurs machines à écrire : «Vous voyez, c'est *exactement le même* clavier, avec seulement quelques touches en plus. Votre vitesse et votre performance *resteront les mêmes*, même dès les premières utilisations. » Selon les contextes, et selon les préférences inconscientes de chacun, si le schéma Pareil est celui qui nous motive le plus, on veut que les choses restent pareilles, stables. On ne veut pas le changement, on l'évite à tout prix. On se raccroche à ce que l'on connaît, et l'on n'est pas attiré par la nouveauté (par exemple, je suis motivée par le schéma Pareil lorsque je commande toujours le même *risotto* dans le même restaurant).

Mieux :

- personnes motivées par une **évolution** graduelle des choses ;
- personnes qui n'aiment pas les changements radicaux ou brutaux.

Dans un contexte donné, ces personnes aiment que les choses restent au départ les mêmes et qu'elles évoluent dans le temps, elles préfèrent que les changements soient progressifs, graduels, et aiment que les choses s'améliorent. Si vous voulez capter l'intérêt de ces personnes, montrez-leur en quoi ce que vous proposez améliorera les choses. Par exemple, si nous avions eu des dactylos en schéma Évolution, nous aurions pu leur dire en quoi ces traitements de texte étaient des machines à écrire améliorées qui leur permettraient de faire encore mieux leur travail, d'être encore plus rapides, et de perdre moins de temps à retravailler les documents modifiés par leurs clients internes !

Différent :

- personnes motivées par le changement, par la **différence**, par la nouveauté.

Les personnes qui ont présenté les traitements de texte à nos dactylos ont exprimé linguistiquement leur préférence pour le schéma Différence. Si elles ont été les premières à proposer d'équiper leurs dactylos, c'est qu'elles ont été irrésistiblement motivées par l'aspect radicalement nouveau et différent de ces machines. Elles en comprirent instantanément l'aspect révolutionnaire, et elles les présentèrent comme telles. Imaginez un instant la réaction des dactylos face au discours suivant : «Voici une machine qui va *radicalement changer* votre manière de travailler : vous ne *ferez plus rien comme avant…* » Les personnes qui obéissent au schéma Différence dans certains contextes ont besoin de changement, elles s'épanouissent en sa présence. Elles détestent les situations statiques ou stables – par exemple, dans le contexte d'une relation amoureuse, on peut dire que Don Juan obéit au schéma Différence !

Langage déclencheur

Voici des exemples de langage déclencheur qui vous permettront de vous mettre sur la même longueur d'onde que votre auditoire, d'améliorer votre communication, et d'avoir un impact qui fera une vraie différence :

* **pareil** : « Comme vous le savez déjà… » ; « C'est comme… » ; « À la base, c'est la même chose… » ; « Cela ne changera rien de… » ; « Exactement pareil… » ; « Exactement comme avant… » ; « De la même manière que… » ; « Comme vous avez toujours fait… » ; « Il n'y a pas de surprise… » ; « On sait à quoi s'attendre… » ; « Continuer à … » ;

* **évolution** : « C'est mieux que… » ; « C'est moins cher… » ; « C'est plus efficace… » ; « Une nette amélioration… » ; « De nombreux progrès… » ; « Une meilleure chance de… » ; « Développez vos capacités… » ; « Amélioration continue… » ;

* **différence** : « C'est nouveau… » ; « C'est totalement différent… » ; « C'est unique en son genre… » ; « Méconnaissable… » ; « Une différence marquante… » ; « Du jamais vu… » ; « Un changement radical… ».

Fonceur ou analyste ?

Vous l'avez sûrement remarqué, quand il s'agit de passer à l'action ou de prendre une décision, certaines personnes ont tendance à foncer sans trop réfléchir, alors que d'autres ont d'abord besoin d'analyser longuement les choses. Une personne a-t-elle besoin de prendre des initiatives, de se lancer dans l'action, ou au contraire a-t-elle besoin de penser et d'analyser avant de pouvoir passer à l'action ? Cela me rappelle un jeune P-DG du genre « ultra-fonceur » qui avait énormément de mal à motiver les membres de son comité de direction.

Fonceur ou **proactif** car :

* personnes irrésistiblement attirées par l'action ;
* personnes qui ont besoin de prendre des initiatives.

Ce jeune P-DG obéissait au schéma Proactif dans presque tous les contextes, il sautait sur les occasions, il saisissait les opportunités sans penser ni analyser, et cela se manifestait par un comportement impatient, une manière de parler rapide, incisive, directe, avec des phrases courtes et des verbes actifs. Il agissait comme s'il contrôlait tout. Lorsqu'il s'adressait à son comité de direction, sa façon de s'exprimer avait un côté un peu « *bulldozer* » qui provoquait davantage la fermeture que l'envie d'agir. Les personnes obéissant au schéma Proactif agissent sans se donner le temps de réfléchir. Dans un cas extrême comme notre jeune P-DG, elles peuvent être dérangeantes, car elles foncent tête baissée sans sembler se préoccuper de l'effet provoqué. Elles ont un niveau élevé d'énergie, ce qui peut être fatigant pour les autres.

Analyste ou **réactif** car :

* personnes qui ont besoin de réfléchir avant d'agir ;
* personnes qui ont besoin d'évaluer, d'analyser ou d'attendre qu'une situation se mette en place.

Les membres du comité de direction de notre jeune P-DG n'obéissaient certes pas au schéma Réactif à l'extrême, mais avaient légitimement besoin de comprendre et d'analyser les choses avant de s'engager, ce que celui-là ne leur laissait pas faire. Une personne qui obéit à l'extrême au schéma Réactif a beaucoup de mal à passer à l'action : les conditions ne sont jamais vraiment réunies, ou bien elle a la sensation qu'elle n'a pas tout étudié assez sérieusement. Elle devient totalement paralysée si on lui demande de prendre une décision alors qu'elle ne se sent pas prête. Une personne au schéma Réactif aura tendance à penser qu'elle ne contrôle pas son environnement, et croit à la chance, au hasard, au destin. Quand elle s'exprime, elle fait des phrases plutôt longues et parfois incomplètes, utilise le conditionnel, et emploie des verbes passifs.

J'ai vu ces différences de schémas Proactif-Réactif fortement à l'œuvre dans de nombreuses réunions franco-américaines auxquelles j'ai assisté, les Américains étant exaspérés par le côté excessivement prudent des Français qui analysent tout et son contraire avant de commencer à envisager de prendre une décision, et les Français étant exaspérés par le côté impulsif, voire infantile des Américains qui prennent des décisions totalement arbitraires et irréfléchies !

Langage déclencheur

Utilisez les expressions suivantes et poussez votre auditoire à l'action après avoir identifié celles qui vous semblent les plus pertinentes dans les situations que vous rencontrez :

- **proactif** (utilisez des phrases courtes avec des verbes à la forme active, des impératifs) : « Allez-y ! » ; « Prenez les choses en main… » ; « Qu'est-ce qu'on attend pour… » ; « Saisissez cette opportunité… » ; « Appelez-moi à tel numéro… » ; « Faites-le tout de suite… » ; « Allons-y ! » ; « *Just do it* ! » ;
- **réactif** (utilisez des verbes à la forme passive, des infinitifs, des conditionnels) : « À la réflexion… » ; « Quand vous aurez soupesé… » ; « Il pourrait se faire que… » ; « Une fois que les choses seront claires… » ; « Il n'y a pas de hasard… » ; « Le moment venu… » ; « La chance vous accompagne… » ; « Le moment sera propice quand… » ; « Vous comprendrez pourquoi… » ; « Après avoir identifié… ».

Touchez tous vos auditeurs grâce à l'astuce du « double langage »

J'imagine qu'à ce stade de votre lecture vous avez découvert l'astuce qui vous permet d'obtenir l'attention complète de *tous* vos interlocuteurs, et qui se cache à chaque fois dans les quelques lignes qui suivent l'intitulé « langage déclencheur » en utilisant à chaque occasion le langage de chaque schéma. En effet, pour l'avoir moi-même expérimenté, je peux dire que quelles que soient nos préférences dans un contexte donné, si les choses nous sont présentées dans le langage de chaque schéma, notre attention est irrésistiblement captée par **celui qui nous convient le mieux**, c'est-à-dire celui qui est le plus **motivant** pour nous.

De plus, dans un public donné, nombreux seront ceux qui ne fonctionnent pas dans les formes extrêmes des schémas, et qui se placent quelque part entre les deux le long du *continuum* : ainsi, pour ces personnes ce « double langage » sera d'autant plus parlant car non seulement elles se reconnaîtront dans les deux aspects, mais vous ne les laisserez pas avec le sentiment confus de quelque chose d'incomplet !

L'utilisation du langage déclencheur est particulièrement élégante car elle s'adresse directement aux sources de motivation inconscientes de votre auditoire et vous permet d'établir avec lui un profond niveau de rapport : vos propos « rentreront » directement et le lien de connivence en sera renforcé.

Voici quelques exemples de double (ou triple) langage déclencheur :

- **aller vers/s'éloigner de** : «Vous obtiendrez des résultats étonnants en utilisant ce "double langage" *(Aller vers)*, et vous aurez beaucoup moins de difficultés à vous faire comprendre *(S'éloigner de)* » ;
- **options/processus** : « Je suis sûre que vous trouverez des tas d'autres manières d'utiliser le langage déclencheur *(Options)* et la bonne façon de les appliquer *(Processus)* » ;
- **pareil/évolution/différence** : « Le langage déclencheur est une façon d'améliorer *(Évolution)* votre langage habituel *(Pareil)*

qui vous permettra de révolutionner votre communication *(Différence)* » ;

* **proactif/réactif** : « Si vous voulez analyser ce qui se passe quand on utilise le "double langage" *(Réactif)*, testez-le *(Proactif)* ! ».

Quelles sont vos préférences personnelles ?

Lors de la lecture de ces dernières pages, vous est-il arrivé à certains moments de vous sentir plus immédiatement en phase avec l'un des schémas de langage ? Bien que cela ne soit pas une indication très pertinente de vos préférences (étant donné que différents schémas peuvent être déclenchés selon les contextes), cela peut déjà vous donner un goût de l'impact du langage déclencheur.

Certains d'entre vous peuvent **manifester des réactions très marquées** vis-à-vis de certains schémas : vous avez peut-être une nette préférence pour certains schémas au point qu'ils soient déclenchés dans une majorité de contextes, ou encore ils peuvent être des schémas que vous liez au grand « contexte général » de la vie. Il se peut alors que vous ayez au départ un peu de mal à parler au sein d'un schéma différent ; cela vous demandera donc un peu de pratique. Si au contraire vous **n'avez pas ressenti** de préférences particulières, il y a de fortes chances pour que vous vous trouviez vers le milieu du *continuum*, entre les extrêmes : par rapport aux personnes qui marquent des préférences fortes, vous aurez probablement plus de facilités à utiliser le « double langage » qui vous semblera moins étranger.

Identifiez des schémas selon un public donné

Certains publics ont des cultures très marquées, et ont donc tendance à utiliser certains schémas plus que d'autres. Par exemple, en vous référant aux descriptions des schémas effectuées plus haut, vous pourrez identifier celui ou ceux qui vous semblent à l'œuvre de façon marquante pour un public donné :

- si vous vous retrouvez devant un public de responsables en *marketing*, songez à utiliser autant que possible le schéma de langage **Options** (« Je suis sûr que vous saurez trouver encore bien d'autres applications au langage déclencheur… ») ;
- si vous êtes face à un public d'experts-comptables, n'oubliez pas le schéma **Processus** («Voici les différentes étapes… ») ;
- face à des commerciaux pensez à utiliser le schéma **Proactif** («Vous avez un problème avec un client ? Allez le voir et testez le langage déclencheur ! ») ;
- face à des analystes proposez des formulations empruntées au schéma **Réactif** (« Une fois que vous aurez analysé la situation, vous pourrez essayer le langage déclencheur ! ») ;
- face à un public dont vous savez qu'il va résister au changement, utilisez les schémas de langage **Pareil** et **Évolution** et évitez au maximum le schéma de langage Différence («Vous utilisez le même langage que d'habitude, que vous agrémentez çà et là de langage déclencheur. »).

Testez si votre public a une préférence marquée

D'une façon générale, lorsque par rapport à un public donné vous pensez avoir identifié un schéma particulièrement marqué, posez-vous les questions suivantes pour tester votre intuition : que se passerait-il si vous employiez **uniquement le schéma opposé** (par exemple si vous avez identifié Processus et que vous leur servez uniquement du langage Options) ? Serait-ce un désastre ?

- **si la réponse est OUI**, s'il vous vient à l'esprit l'image d'un public paralysé, alors vous pouvez allègrement suivre votre intuition, et vous assurer que vous n'omettez pas ce schéma ;
- **si la réponse est NON**, ou simplement BOF, cela vous indique que ce n'est probablement pas un schéma marqué, et que vous pouvez tout simplement utiliser le « double langage ».

Le langage déclencheur : la marche à suivre

D'une façon générale, lorsque vous cherchez à convaincre :

* toujours inclure les mots ou expressions relatifs aux **critères** que vous avez identifiés lors de votre analyse ;
* si vous avez identifié un **schéma marquant**, toujours l'inclure, et le privilégier par rapport à son schéma opposé (sans pour cela omettre complètement le schéma opposé) ;
* utilisez dans tous les cas le « **double langage** » tout au long de vos propos.

Cette démarche vous aidera à devenir plus flexible et plus fluide dans votre communication. De plus, elle vous permettra d'être vigilant quant à vos propres préférences et vous évitera d'omettre certains schémas qui seraient nécessaires à votre public. Faites-en l'essai, amusez-vous, voyez ce que cela donne !

De la manipulation ?

Langage déclencheur, langage de suggestion, utilisation de critères, « précadrage », expériences communes… tout cela peut sembler assez manipulatoire et hypocrite : pourquoi ne pas être honnête et ne pas dire les choses telles qu'elles sont ? N'est-ce pas duper son auditoire ? N'est-ce pas « l'endormir » ? D'ailleurs, rien n'empêche des personnes mal intentionnées d'utiliser tout ce qui est écrit dans ce livre à des fins exclusivement personnelles…

Rassurez-vous, toute utilisation manipulatoire de ces outils est à terme vouée à l'échec, car le public se rend toujours compte à un moment ou à un autre qu'il a été dupé, et à ce moment-là, le retour de bâton peut être sanglant ! Nous avons déjà vu des cas similaires en politique où, pour se faire élire, les politiciens n'hésitent pas à jouer sur les cordes sensibles de leur public, ou dans le domaine professionnel de la vente où certains vendeurs livrent des produits ou services loin d'être à la hauteur des attentes qu'ils ont créées, ou encore dans le milieu de l'entreprise où certains patrons sont démasqués *a posteriori*, en flagrant délit de manipulation !

Si vous faites partie de ceux qui se sentent mal à l'aise à l'idée d'utiliser ces outils parce qu'ils vous semblent manipulatoires, vous faites alors sûrement partie de ceux qui ne pourraient *jamais* les utiliser à de telles fins : le fait même que cela vous préoccupe est la preuve de votre intégrité ! Non, le but n'est pas de duper votre auditoire, bien au contraire ! Le but est d'abord :

- **d'établir un lien**, une connivence, une relation de confiance avec votre auditoire ;
- **de créer les conditions optimales** pour qu'il vous écoute vraiment, pour qu'il considère sérieusement ce que vous avez à proposer ;
- d'effectuer le tout avec **respect et intégrité**.

Et ce qui est rassurant là-dedans, c'est qu'au bout du compte, il est quand même essentiel que ce que l'on a à « vendre » soit de qualité – y compris de qualité humaine – sans quoi nous serions toujours à filer comme les comètes sans jamais construire ou établir de relations dans le temps.

1. Ces recherches ont été menées initialement par Leslie Cameron Bandler qui a identifié les différents « filtres » à travers lesquels nous percevons et interprétons la réalité et en quoi ces filtres se reflètent dans notre comportement et notre langage… Puis, Rodger Bailey, son élève, a identifié parmi ces filtres ceux qui étaient directement liés à la motivation, ainsi qu'à ce qui peut la déclencher et la maintenir. Il a développé une manière simple de détecter les déclencheurs inconscients de motivation d'une personne à travers sa manière de parler (« *The Language and Behaviour Profile* »), et il a également développé l'utilisation des schémas de langage déclencheur.

Ces travaux ont ensuite été repris et brillamment enrichis par mon amie Shelle Rose Charvet qui a développé de nombreuses applications du *Language and Behaviour Profile*, que ce soit en *leadership*, recrutement, *coaching*, *teambuilding*, *marketing*, ou vente. À ce propos, si vous souhaitez aller plus au cœur du sujet, je vous recommande vivement son livre intitulé *Le Plein Pouvoir des mots,* qui est à la fois l'ouvrage de référence sur le « *Language and Behaviour Profile* », et un livre facile à lire, drôle, plein d'exemples et de conseils judicieux.

Rendez votre discours irrésistible

✓ Des recherches ont prouvé que si l'on porte attention à la **manière** dont une personne s'exprime (le « comment »), plutôt qu'au **contenu** de ce qu'elle dit (le « quoi »), elle révèle son mode de fonctionnement inconscient.

✓ Par conséquent, les schémas de langage qu'utilisent les individus sont une **manifestation inconsciente de la façon dont ils se motivent** et prennent des décisions.

✓ De la même façon que les individus communiquent naturellement avec leurs schémas de langage particuliers, ils **réagissent de façon automatique lorsque vous utilisez leur langage.**

✓ Lorsque vous vous adressez à un groupe, voici **les schémas de langage essentiels** à prendre en considération avec des exemples de langage déclencheur que vous pourrez utiliser.

✓ **La carotte ou le bâton ?**

La personne est-elle motivée par les résultats à atteindre, ou par les problèmes à éviter ?

Langage déclencheur :

- **aller vers** : « objectifs, buts, vous obtiendrez des résultats, vous aurez, vous réaliserez » ;
- **s'éloigner de** : « vous éviterez, vous n'aurez pas à, vous vous débarrasserez de, vous ne tenez pas à ce que cela arrive, cela empêchera telle chose d'arriver ».

✓ **Explorer les possibilités ou suivre un chemin tracé ?**

La personne est-elle motivée par les possibilités et les idées, ou préfère-t-elle connaître la bonne manière de procéder ?

Langage déclencheur :

- **options** : « opportunités, choix, options, contourner le règlement rien que pour vous, trouver une meilleure façon de faire » ;
- **processus** : « d'abord, ensuite, après quoi, la bonne manière, prouvé et vérifié, voici le mode d'emploi, voilà comment nous procéderons ».

✓ **Du pareil au même, mieux, ou différent ?**
La personne est-elle motivée par la stabilité, l'évolution progressive, ou par la différence ?
Langage déclencheur :

- **pareil** : « pareil, en commun, comme vous avez toujours fait, comme avant » ;
- **évolution** : « plus, moins, mieux, pareil mais, progression, évolution, amélioration » ;
- **différence** : « nouveau, unique, totalement différent, changer, révolutionnaire ».

✓ **Fonceur ou analyste ?**
La personne préfère-t-elle se jeter dans l'action ou a-t-elle besoin d'analyser longuement avant de décider ?
Langage déclencheur :

- **proactif** : « allez-y, maintenant, qu'attendez-vous pour, sautez le pas, engagez-vous, c'est urgent » ;
- **réactif** : « considérez ceci, quand vous aurez analysé, vous pourrez identifier, ce serait possible, nous avons de la chance ».

✓ **Le « double » langage**

- Pour être sûr d'atteindre tout votre auditoire et de ne laisser personne de côté, utilisez à chaque occasion le langage relatif aux deux schémas car l'attention de votre auditoire sera irrésistiblement captée par le schéma qui lui convient le mieux, c'est-à-dire celui qui est le plus motivant pour lui.

Chapitre 14

MENEZ L'INTERACTION

*« Technocrates, c'est les mecs que, quand tu leur poses
une question, une fois qu'ils ont fini de répondre,
tu comprends plus la question que t'as posée. »*

Coluche

J'ai assisté récemment à deux conférences. Les deux traitant de sujets qui me passionnent, on peut donc dire que je faisais partie du public des alliés. Les intervenants, des « pointures » dans leur domaine, étaient très bons, tant sur le fond que sur la forme. L'un des deux aurait pu « suggérer » un peu plus (il a plusieurs fois flirté avec le syndrome Macho…), et l'autre aurait gagné à utiliser des exemples plus appropriés à la culture française (en effet, il était américain). Mais franchement, ils étaient très bons, et très convaincants. Malheureusement, voilà que dans les deux cas, ils s'avérèrent trop longs et nous avons commencé à nous tortiller sur nos chaises – environ une demi-heure après qu'ils eurent commencé !

Alors, quoi ? Comment une demi-heure peut être trop longue alors que le public est bienveillant et que l'intervenant est très bon ? Imaginez un peu ce que cela peut donner lorsque le public est sceptique et l'intervenant médiocre ! Mais voilà : durant les deux conférences, le public a dû tenir entre une heure et une heure et demie avant de pouvoir apporter la moindre contribution ! que ce soit par des questions, des commentaires ou des objections… Dans un cas, le conférencier a répondu à certaines questions trop longuement, et dans l'autre il s'est laissé monopoliser par une personne qui a fini par diriger le débat vers un sujet qui n'intéressait qu'elle. Et dans les deux cas, je suis repartie frustrée… N'allez pas croire que je parle de cette frustration saine qui donne envie d'en savoir plus ! Je parle ici de la frustration de ne pas avoir pu poser mes questions, ou de ne pas avoir eu une variété satisfaisante de questions et donc de réponses dans la salle.

Faites participer le public le plus vite possible

La capacité d'attention varie selon les individus, mais j'ai l'impression que d'une manière générale elle se réduit de plus en plus : tout va de plus en plus vite, nos sens sont sollicités en permanence par les dernières prouesses techniques ou technologiques, nous avons pris l'habitude de zapper d'une chose à l'autre, les réunions deviennent des *show*s… Bref, nous avons de plus en plus de mal à nous concentrer. Il suffit que nous soyons en plus stressés et fatigués pour que l'exercice devienne une véritable pénitence ! C'est pour cette raison que je m'arrange toujours pour impliquer et faire participer mon public le plus tôt possible afin de maximiser son attention et sa concentration – surtout si je dois intervenir après le déjeuner (un réel *challenge* pour tout communicant !).

Il est vrai qu'il n'est pas toujours facile ou évident de faire participer l'auditoire de façon systématique à chacune de nos interventions ; le sujet, la taille du public ou le format de l'intervention ne s'y prêtant pas toujours. Mais, sachant que d'un point de vue général la capacité de concentration est faible, vous devez inclure ce paramètre lors de votre travail de préparation (aller à l'essentiel, éviter les longueurs), et être très attentif durant votre intervention (l'accompagnement non verbal étant ici crucial).

Gardez toujours le contrôle

Faire participer son public tôt dans le processus ne sert pas seulement à **maintenir l'attention**. Cela peut aussi vous permettre d'**identifier le degré d'adhésion ou de scepticisme**, ainsi que **le niveau de compréhension ou de confusion**. Vous pouvez ainsi « rectifier le tir » de façon à satisfaire les attentes ou interrogations tout en poursuivant vos objectifs. En effet, il ne s'agit pas de laisser le public prendre les rênes de la situation : à tout moment vous devez garder le contrôle du processus, sinon vous vous mettez en danger et risquez de perdre votre crédibilité, ou vos objectifs, ou tout à la fois ! Certes, votre public a besoin de s'exprimer, mais il a également besoin de sentir qu'à tout moment vous maîtrisez la situation. J'ai appris, à mes débuts et à mes dépens, que le public n'aime pas avoir la sensation de vous emmener où il veut : même s'il ne vous est pas hostile et même si cela se passe bien, cela ne le rassure pas quant à vos capacités de *leader* – et il vous testera. S'il trouve une faille (ce qui est fort probable car il vous aura fait perdre le fil ou il vous aura entraîné en terre inconnue), il s'engouffrera dedans. Et alors, il risque de se transformer en une véritable « meute sanguinaire » – il suffit pour cela d'un ou deux meneurs « remontés », et les autres suivent… J'ai, hélas, été témoin d'une « mise à mort » de ce genre où l'intervenant s'est effondré (littéralement, il a fait un malaise et s'est évanoui) devant un public gêné d'être allé si loin, mais qui se justifiait en répétant que « de toute façon il n'était pas à la hauteur… » ! Il faut savoir pour la petite histoire que ce public-là était connu pour ce genre d'attitude, et que son jeu consistait systématiquement à faire pleurer l'intervenant. Ces comportements extrêmes sont rares, heureusement, mais il est bon de se rappeler que la nature humaine est ainsi faite : le public a tendance à se rallier à celui qui prend le pouvoir.

Maintenez un rapport de force : une main de fer dans un gant de velours

En d'autres termes, entre vous et votre public, et surtout lorsqu'il a la possibilité de s'exprimer et de participer, il y a un **rapport de force à maintenir**, mais c'est un rapport subtil et qui peut sembler paradoxal !

Vous devez :

* établir la **connivence** ;

- faire preuve d'un profond **respect** ;
- vous adresser à lui **d'égal à égal** ;
- **suggérer** plutôt qu'imposer ;
- l'**écouter** ;
- vous **adapter** à lui.

MAIS vous devez également lui montrer :

- que vous êtes le **maître** de la situation ;
- que vous **n'accepterez pas** qu'il en soit autrement.

Ce n'est pas toujours facile, je vous l'accorde, et cela l'est d'autant moins que les enjeux sont importants, ou que le public auquel on s'adresse est imposant, dissipé ou hostile. D'où la nécessité absolue d'être bien préparé, de maîtriser son contenu et de soutenir le tout par une posture physique inébranlable !

Faire participer son public est donc un exercice périlleux puisque l'on risque à tout moment d'y perdre les rênes, mais c'est un exercice hautement payant lorsqu'on maîtrise le processus :

- votre **crédibilité** est renforcée ;
- le public est **valorisé** et se sent engagé ;
- le **lien** qui vous unit est consolidé.

Préparez la participation de votre public

Vous l'avez deviné, les informations que vous recueillez sur votre auditoire vous sont à nouveau d'un précieux concours. Vous pouvez identifier grâce à elles les principales objections à venir et avoir déjà une bonne idée des questions ou commentaires potentiels.

Appréhendez les intentions de votre public

Il n'est pas inutile à ce stade de songer aux intentions qui peuvent se cacher derrière ces questions ou commentaires. Voici quatre grandes catégories d'intentions, sachant que les questions ou commentaires auxquels vous aurez à répondre pourront être le fruit de plusieurs de ces intentions à la fois.

Sincère

Que votre interlocuteur soit ou non un allié, ses questions ou commentaires ne cherchent pas autre chose qu'une réponse satisfaisante de votre part :

- **il n'a pas compris** ou a mal compris ce que vous avez dit ;
- **il a besoin de plus d'informations** pour pouvoir se faire une opinion ou décider ;
- **il n'est pas d'accord** avec vous sur un point particulier.

Expansif

D'une façon générale, votre interlocuteur cherche surtout à s'exprimer :

- **il a besoin de se valoriser** et de montrer sa présence ;
- **il ne peut s'empêcher** d'avoir son mot à dire sur tous les sujets ;
- **il cherche à détendre** l'atmosphère en plaisantant ou en changeant de sujet.

Supporter

Votre interlocuteur cherche à vous soutenir :

- **il veut que vous insistiez** sur l'un de vos arguments ;
- **il cherche à vous tirer d'affaire** en changeant de sujet ;
- **il veut apporter** « de l'eau à votre moulin ».

Adversaire

(voir le chapitre 15 suivant consacré aux « peaux de banane »)

Votre interlocuteur cherche à vous déstabiliser :

- **il conteste** tout ce que vous dites ;
- **il cherche** à vous mettre à l'épreuve ;
- **il s'indigne** de ce que vous dites.

Anticipez les questions pour préparer les réponses

Cet éventail d'intentions, allié à votre analyse du public, vous permettra d'anticiper les questions que vous risquez de provoquer et de préparer vos réponses – ce qui est particulièrement intéressant pour les questions difficiles. Je coachais un client récemment, et lui demandai d'identifier les questions les plus difficiles que le public était susceptible de lui poser. Il m'en donna deux ou trois, puis je lui demandai s'il y en avait d'autres. Il me dit : « Oh, non, pas vraiment… Enfin si, il y en a bien une, mais je n'ai pas de réponse satisfaisante, alors j'espère qu'on ne me la posera pas ! »

Attention ! Si une question particulièrement difficile vous vient à l'esprit, et que vous n'avez pas de réponse à y apporter, ne l'occultez pas en espérant qu'on ne vous la posera pas : il y a fort à parier que si vous y avez pensé, quelqu'un d'autre y pensera aussi… et dans ce cas-là, qu'escomptez-vous faire ? **Il vous faut donc absolument trouver une réponse à apporter,** quitte à admettre que vous ne savez pas tout ou n'avez pas encore tous les éléments. Pourquoi ne pas mettre vous-même la question en jeu avant qu'elle ne vous soit posée (comme nous l'avons vu au chapitre 11 en commençant votre intervention par les objections) ? Il vous faudra certainement passer du temps à trouver les arguments qui satisferont ou rassureront votre auditoire, mais il vaut cent fois mieux vous en préoccuper avant, plutôt que d'attendre le dernier moment et de perdre la face devant votre public !

Repérez les attentes derrière la formulation d'une question

Outre les grandes catégories d'intentions ci-dessus, vous pouvez également identifier ce qui se cache derrière une question en analysant les besoins spécifiques qui se cachent derrière la formulation :

• POURQUOI ? : le plus souvent, lorsque nous entendons la question « Pourquoi… ? », nous sommes mal à l'aise et ressentons le besoin de nous justifier, comme si le mot « pourquoi » était une mise en cause. Bien sûr c'est parfois le cas, mais la plupart du temps derrière le mot « pourquoi », il y a le besoin légitime de **comprendre**, c'est-à-dire que la personne a besoin que ce que vous avancez fasse sens dans sa vision du monde. Tant que cela ne fait pas sens, il y a manque de motivation ou d'adhésion. La personne demande implicitement que vous lui donniez des **critères** qui vont la motiver ou la faire adhérer à ce que vous avancez : « Pourquoi faut-il que nous travaillions tous en mode projet ? » ; « Pourquoi voulez-vous racheter Untel ? » ; « Pourquoi devons-nous maintenant payer le café à la machine ? » ; « Pourquoi le grand patron ne s'est-il pas déplacé lui-même ? » Votre *challenge* consiste donc ici à posséder assez d'éléments sur votre public pour lui présenter les choses en fonction de ses critères ou de lui poser certaines questions pour les découvrir (voir le chapitre 15 pour des éléments complémentaires) ;

* OÙ ? QUAND ? AVEC QUI ? : la personne a besoin de plus d'informations sur le **contexte** ; plus que des informations factuelles, il s'agit de lui donner des points de repère concrets ;
* COMMENT ? : vous vous en doutiez, la personne a besoin que vous lui donniez un **processus**, un « mode d'emploi » et des étapes pour mieux envisager la pertinence de ce que vous avancez : « Comment comptez-vous faire pour réduire les coûts de déplacement ? » ; « Comment voyez-vous la suite ? » ; « Comment êtes-vous arrivé à cette conclusion ? »

Menez la discussion

Une règle d'or : manifestez toujours le respect

Parfois, l'un des aspects les plus difficiles à manier pour un intervenant est le traitement des questions ou commentaires « idiots », hors sujet, ou encore hostiles.

Il est vrai que cela peut être très agaçant voire déstabilisant – aussi bien pour l'intervenant que pour les autres membres de l'auditoire.

Cependant, quelle que soit la manière dont nous décidons de répondre ou de réagir, il y a une règle d'or à observer : il s'agit de **toujours faire preuve de respect** vis-à-vis de la personne concernée, même s'il vous faut être ferme ou s'il vous faut dénoncer haut et fort un comportement ou des commentaires que vous jugez inacceptables. Lorsque vous vous adressez à un groupe, le besoin de respect est encore plus pressant : si vous manifestez votre agacement, si vous répondez avec condescendance ou ironie, si vous attaquez quelqu'un, il y a de grandes chances que le public devienne hostile même si vous avez raison. Pourquoi ? Parce que dans ces moments-là, votre auditoire est instantanément sur le qui-vive : il attend (inconsciemment la plupart du temps) de voir comment vous allez réagir et espère que vous allez le faire de façon exemplaire. Si par malheur vous montrez que vous pouvez manquer de respect à une personne, vous prouvez que vous pouvez manquer de respect à n'importe quelle autre personne de l'assemblée. On ne vous laissera donc pas aller jusque-là ! Vous tomberez aussitôt de votre piédestal, et n'arriverez probablement jamais à y remonter… Quant à votre charisme, il disparaîtra instantanément, et votre public ne vous pardonnera jamais de l'avoir ainsi trompé !

Restez vigilant

Faire preuve de respect, c'est tout d'abord rester vigilant. En effet, souvenez-vous de la puissance des aspects non verbaux de votre communication. Parfois, surpris par une question, notre corps, notre visage, notre ton de voix peuvent manifester à notre insu ce que nous pensons. Attention également au choix de certains mots qui nous démasquent ! Restons donc vigilants, et accueillons toute question ou commentaire sans porter de jugement sur sa qualité, cherchons plutôt **le besoin ou l'attente** qui se cache derrière, et décidons ensuite de comment il faut agir.

Quand donner la parole ?

Quels que soient les auditeurs ou les circonstances, dès lors que vous avez prévu la participation du public, c'est à vous de décider de la manière dont cela va se passer, et du degré de liberté que vous souhaitez lui laisser. Indiquez aux participants, suffisamment tôt dans votre communication (lors du rituel d'ouverture par exemple) à quel moment vous comptez leur donner la parole.

Pendant votre intervention

Liberté maximale pour le public, et donc risque maximal pour vous. En effet, c'est probablement l'exercice le plus difficile, car il demande à la fois une préparation inattaquable et la capacité de ne jamais perdre de vue vos objectifs. Il vous demande également de savoir faire les liens entre les différentes questions et ce que vous voulez dire d'une part, et de rester assez vigilant pour ne pas oublier des éléments essentiels d'autre part.

D'après mon expérience, cette approche, surtout si elle est très libre, n'est pas à proposer à tous les publics. Un public qui a besoin de structure, qui a besoin d'être rassuré (notamment en période difficile), aura du mal à voir les liens, ou même la raison d'être de votre intervention. Récemment, lors d'un séminaire de *management* destiné à accompagner les changements de l'entreprise, le dirigeant vint s'adresser le soir à ses troupes qui s'attendaient à une intervention en règle suivie d'une session de questions-réponses. Or, après un rituel d'arrivée réussi et sympathique, il commença son intervention comme ceci : « Je ne suis pas venu pour vous parler, je suis venu pour répondre à vos questions, alors, allez-y ! » Le lendemain, les *managers*, en plein désarroi, se demandèrent encore quel avait été le but de la visite de leur dirigeant. Pourtant, lorsque j'analysai la stratégie de communication de ce dirigeant, je trouvai qu'elle était très claire : il répondait à chaque question de façon à ramener les choses vers les messages qu'il voulait faire passer. Mais ceux-ci ne passèrent pas car les auditeurs étaient confus. Ils n'entendirent pas vraiment les réponses, car il leur manquait un cadre tangible, une structure *visible* qui les rassure. Ils ne furent pas du tout sensibles à l'exercice plutôt brillant de leur dirigeant, car ils ne prêtèrent attention qu'à la forme en apparence dispersée. En d'autres termes, la stratégie d'intervention du dirigeant n'était tout simplement pas adaptée à ce public… À quoi sert-il donc d'être brillant si personne ne comprend ?

À la fin de votre intervention

Confortable pour vous, et confortable pour votre public. Le grand avantage est que vous n'êtes pas interrompu, et qu'ainsi vous ne risquez pas de perdre le fil de votre intervention. Certaines questions sont de fait obsolètes car vous les avez déjà abordées pendant votre discours (et cela peut être un grand soulagement pour les personnes réservées qui ont du mal à s'exprimer au sein d'un groupe).

L'inconvénient majeur est le temps, votre discours doit rester le plus court possible et vous devez déployer tous vos atouts non verbaux afin de ne pas perdre en chemin les personnes ne pouvant contribuer pendant toute la durée de votre intervention. Il vaut mieux dire l'essentiel, mais en dire assez pour leur donner envie d'en savoir plus. Un autre inconvénient est que vous risquez de ne pas remarquer l'état de votre public avant la fin de votre intervention : il vous faut donc être particulièrement observateur pour détecter si votre public vous suit, ou si au contraire il ne vous suit pas, afin de pouvoir « rectifier le tir » si nécessaire. Si par exemple vous détectez qu'une partie de votre auditoire fronce les sourcils et que d'autres parlent entre eux, il y a de fortes chances pour qu'ils ne soient pas – ou plus – dans un état réceptif ! Dans ce cas, il est inutile de continuer ; il vaut mieux vous arrêter et partager avec votre auditoire ce que vous percevez : « Je vois que certains d'entre vous froncent les sourcils… Peut-être n'ai-je pas été assez clair ?… », et laisser un silence pour qu'ils puissent s'exprimer… Ainsi vous « recaptez » leur attention et vous vous donnez les moyens de « repartir du bon pied ».

Pendant votre intervention, à des moments précis

C'est ma formule préférée car elle me permet à la fois de garder la structure de mon intervention, tout **en invitant le public à contribuer aux moments que j'ai choisis.** C'est une façon élégante de faire participer le public relativement tôt dans le processus (et donc de maintenir son attention) tout en contrôlant la direction des opérations. Vous pouvez ainsi, au fur et à mesure de votre intervention, inviter vos participants à contribuer en leur posant des questions semi-directives, c'est-à-dire des questions qui soient destinées à orienter leurs commentaires ou questions dans le sens que vous avez choisi, comme par exemple : « Quels sont les problèmes majeurs que vous rencontrez lorsque vous vous trouvez en compétition avec nos concurrents américains ? » ; « Quelles sont les solutions qui vous semblent les plus pertinentes à mettre en œuvre dans le contexte actuel ? » ; « Quels seraient les indicateurs de succès pour… ? » ; « Quelles seraient les questions que vous aimeriez pouvoir poser à vos clients ? »

Tout en procédant de cette façon, rien ne vous empêche, bien entendu, d'inviter vos participants à un débat plus ouvert à la fin de votre intervention.

Si vous faites participer une personne en particulier

Parfois, vous pouvez souhaiter faire intervenir une personne en particulier dans l'auditoire. Quelle qu'en soit la raison (vous pensez que son éclairage peut intéresser l'auditoire et apporter de « l'eau à votre moulin », vous souhaitez donner l'opportunité de s'exprimer à quelqu'un qui s'exprime peu), **laissez-lui le temps de réfléchir avant de répondre**. En effet, la plupart d'entre nous n'aiment ni être pris par surprise ni être pris de court. Je me souviens encore de la dernière fois où un intervenant, en plein milieu de son exposé, se tourna vers moi et dit : « Chilina, tu nous donnes ton avis d'expert sur ce point ! » J'ai eu à la fois envie de disparaître et envie de le tuer ! Le pire, c'est que je n'avais pas vraiment écouté ce qu'il venait de dire (eh oui, nous sommes tous pareils, il y a des moments où l'esprit divague…), et que j'aurais pu me retrouver en difficulté. Heureusement, j'ai rebondi en assumant ma déconcentration : « Excuse-moi, mais je réfléchissais à ce que tu avais dit avant, et du coup le dernier point m'a échappé… Peux-tu me le répéter ? »

Attention ! Si vous mettez quelqu'un en difficulté, il vous en voudra et cherchera par tous les moyens (conscients ou pas) à vous le faire payer (ne serait-ce que par son mutisme et son air renfrogné). C'est une loi incontournable, du moins est-il utile de le croire ! Il vaut donc mieux, dans ce type de situation, annoncer la couleur avant ; soit en prenant la personne à part avant l'intervention pour obtenir son accord et lui donner le temps de préparer sa réponse, soit en utilisant des formulations du type suivant : « Je serais très intéressé d'avoir ton avis d'expert sur le prochain point… »

Comment répondre aux questions ?

Écoutez et montrez que vous écoutez

Toute votre attention doit être portée sur la personne qui pose la question. Vous pourrez ainsi déterminer son véritable besoin et capter l'émotion qui peut se cacher dans sa question. Adoptez une position d'écoute stable, bougez le moins possible (vous ne cherchez pas ici à attirer l'attention sur vous, mais au contraire à la centrer sur celui qui pose la question). Néanmoins, vous pouvez hocher la tête pour montrer que vous écoutez (sauf si la personne porte des accusations contre vous : dans ce cas-là, le hochement de tête peut passer pour de l'approbation de votre part ; faites plutôt « non » de la tête, cela montre que vous écoutez mais n'acceptez pas les accusations). Vous pouvez également exprimer vos sentiments par votre visage, comme vous le feriez au cours d'une conversation normale – à partir du moment où vous restez dans une écoute respectueuse.

Faites une pause avant de vous lancer dans la réponse…

… tout en continuant à regarder votre interlocuteur : c'est une marque de respect très appréciée, car ce silence montre que vous **donnez du poids à sa question**. Même si vous connaissez la réponse par cœur car c'est la « cent quarantième fois » qu'on vous pose la question, marquez cette pause.

Dans les autres cas, ce silence vous donnera le temps de la réflexion, et vous évitera la tentation d'utiliser des mots parasites tels que « Je pense… » ou « Je dirais… », qui affaiblissent la réponse. Dans tous les cas, évitez absolument les formulations du type : « Je suis content que vous m'ayez posé cette question. » Tout le monde sait qu'en général c'est exactement le contraire, et que vous essayez de gagner du temps ! (Même si vous êtes vraiment content de la question, évitez quand même cette formulation qui est devenue appauvrissante.)

Validez la question en reformulant…

… ou en la répétant si nécessaire : il s'agit ici d'utiliser au *maximum* les mots de la question dans votre réponse. En effet, en utilisant les mots-clés de la personne (qui donc contiennent **ses critères**), non seulement vous lui donnez le sentiment d'avoir été vraiment écoutée, mais de plus vous établissez avec elle un lien profond, où de façon inconsciente elle se reconnaît en vous. Si la personne n'est pas très audible, n'hésitez pas à répéter la question (toujours en prenant soin d'utiliser ses mots-clés) afin que ceux qui n'ont pas entendu puissent comprendre votre réponse.

Évitez d'évaluer les questions

Que ce soit parce que vous le pensez vraiment, ou parce que vous essayez de gagner du temps à la suite d'une question difficile, il est déconseillé de dire à quelqu'un : « Ah ! c'est une bonne question ! » car cela suppose que les autres questions n'étaient pas bonnes (vous risquez alors de faire quelques mécontents…) !

Exprimez les points d'accord avant les points de désaccord

Cela vous rendra plus persuasif. S'il n'y a pas de point d'accord, validez toutefois la pertinence, ou votre compréhension, du point soulevé, puis continuez avec votre réponse en faisant très attention de ne pas utiliser un mot qui « tue » comme le mot « mais » (auquel vous préférez l'expression « et en même temps ») (voir chapitre 12). Par exemple : « Je comprends tout à fait votre préoccupation quant à ces chiffres, et en même temps, vous pourrez voir à quel point il peut être important de…. »

Impliquez le public par le regard

Regardez votre interlocuteur lorsqu'il vous pose sa question, et regardez-le également lorsque vous reformulez et commencez à répondre. Puis, impliquez le reste du groupe dans votre réponse en portant votre regard sur différentes personnes de l'assemblée comme si vous répondiez personnellement à chacune d'entre elles (selon les principes abordés dans le chapitre 5) sans oublier votre interlocuteur de départ.

Pour clore votre réponse et pour rester maître du processus, sachez **choisir judicieusement la personne** sur laquelle vous allez terminer et poser votre regard : si vous revenez sur la personne qui a posé la question, cela peut l'encourager à en poser une autre. À vous de juger si cela est souhaitable selon les circonstances. Si la personne est du type hostile, il vaut mieux éviter de terminer sur elle. Si vous l'avez identifiée comme étant particulièrement expansive, et que vous voulez éviter d'entrer avec elle dans un dialogue qui frustrera le reste du public, terminez sur une autre personne, puis portez votre regard sur d'autres membres du public pour les encourager à s'exprimer. Si, pendant le débat, vous repérez une personne réservée, mais qui vous semble « mûre » pour poser une question, encouragez-la en la regardant assez longtemps avec une expression interrogative sur le visage (n'oubliez pas de sourire), comme si vous étiez « suspendu » à ses lèvres. De toute façon vous ne risquez rien : soit elle osera se lancer et poser sa question, soit elle vous dira « non » de la tête.

Si vous ne comprenez pas la question

Parfois, par crainte de passer pour un idiot, on fait semblant de comprendre en espérant que la personne se satisfera de la réponse qu'on va lui fournir (je sais de quoi je parle, j'ai moi-même commis toutes les erreurs mentionnées dans ce livre, et je les commets parfois encore). Or, c'est au contraire dans ce cas que l'on passe pour un idiot, ou du moins pour quelqu'un qui n'écoute pas (ce qui n'est pas mieux !).

Si vous ne comprenez pas la question, soyez simple, direct et franc : **posez une question de clarification**, et par égard pour la personne qui a posé la question, prenez l'incompréhension à votre compte (même s'il est évident pour tout le monde que la personne était très nébuleuse dans sa formulation) : «Voyons si j'ai bien compris votre question… » (faire suivre d'une reformulation de ce que vous avez cru comprendre). Dans le cas où vous n'auriez rien compris du tout, n'hésitez pas à le dire (toujours avec respect, et toujours comme si vous en étiez responsable) : « Excusez-moi, j'ai peur de ne pas avoir compris, pouvez-vous reformuler votre question ? »

Je me souviens d'un séminaire ou certains de mes participants étaient québécois… Il faut savoir que j'ai un grand faible pour l'accent québécois : il me fait voyager, et m'évoque la chaleur humaine, l'amitié et la gaieté. Mais voilà, parfois l'accent est trop fort pour moi : je ne comprends rien ! L'un des participants avait cet accent-là. Et sa question fut un véritable calvaire. Je le fis répéter trois fois ; trois fois je ne compris rien… Je dus donc lui dire que malgré mes efforts, je n'arrivais pas à comprendre son accent, et lui demandai s'il serait acceptable pour lui qu'un collègue québécois avec un accent plus abordable pour moi me fasse la « traduction simultanée ». Il trouva cela très drôle, et les participants français en furent très soulagés (pour la petite histoire, nous décidâmes de poursuivre le séminaire en anglais !).

Dans tous les cas évitez les formules du genre : «Votre question n'est pas claire », ou : «Votre accent est incompréhensible » ; et évitez également toute manifestation non verbale qui laisserait à penser que vous considérez la personne comme un imbécile ou un « extraterrestre ».

Si vous ne connaissez pas la réponse

Le seul cas où c'est rédhibitoire, c'est lorsque vous êtes censé connaître la réponse en tant qu'expert dans un domaine, ou en tant que professionnel expérimenté dans une activité – un peu comme si un fiscaliste ne connaissait pas les tranches d'imposition. Je n'envie pas ceux qui se retrouvent dans ce cas-là, car on ne peut pas grand-chose pour eux. Leur seule parade sera peut-être de détourner l'attention en prétextant un malaise ! Ceci pour dire que hormis dans ce cas, si vous ne connaissez pas la réponse, tout reste « OK ». Il vaut mieux admettre franchement que vous ne savez pas, plutôt que de bluffer ou répondre n'importe quoi. Formulez les choses simplement : « Alors là, je ne sais pas » ou : « Là, vous me posez une colle, je ne peux pas vous répondre. » Il y a deux avantages à admettre que l'on ne sait pas répondre :

- vous renforcez **la confiance** de votre auditoire en envoyant le message implicite que toutes vos réponses sont solides et vérifiées ;
- vous renforcez **votre crédibilité** tout en maintenant votre humanité (oui, ce n'est pas tout le monde qui a le courage d'admettre qu'il ne sait pas !) ;
- et il y a peut-être un troisième avantage : vous **valorisez** la personne qui a posé la question (il y a des chances qu'elle soit assez fière d'elle, même si bien sûr elle ne l'admettra jamais !).

Parfois, vous ne connaissez pas la réponse parce qu'il vous manque des éléments, ou encore, vous avez une bonne idée de réponse, mais vous avez néanmoins quelques doutes. Dans ce cas également sachez rester simple, dites ce qu'il en est, et offrez votre réponse comme une **proposition de réponse** plutôt qu'une réponse : « Je n'ai pas assez d'éléments pour vous donner une réponse sensée, mais voici une piste, que je laisse à votre appréciation… » ou encore : « Je ne sais pas, mais voici mon opinion ; elle n'est étayée par aucune recherche et n'engage que moi… » Un peu d'humour ne fait jamais de mal ! D'ailleurs, cette dernière formulation m'est très utile lorsque je suis face à des publics scientifiques ou techniques qui ont naturellement tendance à vouloir des preuves rationnelles de ce que je leur avance, alors que nous baignons dans le monde de l'irrationnel.

Lorsque cela est possible, et à condition de ne pas le faire systématiquement, vous pouvez demander à votre interlocuteur de **chercher lui-même la réponse** : « Et vous, qu'en pensez-vous ? », ou « À votre avis ? » J'ai presque toujours trouvé les réponses de mes participants à leurs propres questions très édifiantes, et il y en a plus d'une dont je me suis servie par la suite avec gratitude – c'est vraiment formidable ce que l'autre peut nous apporter !

Si vous répondez aux questions au fur et à mesure de votre intervention

Comment passer au point suivant de votre intervention quand vous jugez que le sujet a été suffisamment couvert, que trop de temps y a déjà été consacré, ou que la discussion a dérivé sur un autre sujet ? C'est l'une des difficultés majeures car il vous faut arrêter la discussion – ce qui peut être frustrant pour vos auditeurs – et les remettre en état d'écoute.

Les ancrages spatiaux

Lorsque je mène une conférence, et que je suis en quelque sorte sur scène face à mon public, j'utilise les ancrages spatiaux (voir chapitre 7). C'est-à-dire que je choisis de me mettre physiquement à un endroit déterminé pour faire mon exposé, et que je me déplace à un autre endroit (en général je me rapproche également du public) pour les échanges. De cette façon-là, lorsque je me dirige à nouveau vers le point « exposé », le public capte inconsciemment le fait que la séance de discussion est terminée.

Les ancrages gestuels et tonals

Dans le cas où vous ne pourriez pas vous déplacer, ou encore si vous êtes autour d'une table, vous pouvez par exemple faire un **geste d'ouverture** pour accueillir la question de quelqu'un (puis répondre normalement en pensant au regard et aux gestes).

Lorsque vous décidez de passer au point suivant, et après avoir vérifié du regard que le public est satisfait de la réponse apportée, vous pouvez par exemple **avancer le haut de votre corps**, regarder vos notes de façon visible (sans parler, bien entendu), voire tourner une feuille (comme pour intimer le fait qu'on passe à autre chose), puis passer au point suivant : « Je vous invite maintenant… », il y a de fortes chances pour que votre public comprenne le message avant même que vous n'ayez terminé la séquence, dès que vous déroulerez de nouveau cette séquence comportementale. Vous pouvez également changer le ton ou le rythme de votre voix lorsque vous décidez de passer de l'interaction à votre prochain point : après avoir regardé votre public et marqué une pause, vous pouvez alors baisser votre voix d'un ou deux tons, ralentir le rythme, afin de signifier la transition.

Repérez dans les questions ou commentaires…

… les éléments qui pourraient vous mener naturellement au point suivant. Terminez la réponse en cours, puis revenez à ce que quelqu'un a dit et servez-vous-en pour la transition : «Vous avez mentionné la difficulté d'anticiper les réactions du marché, ce qui me mène à… »

Répondez succinctement…

… aux questions qui sont relatives à ce que vous aviez prévu de couvrir plus loin dans votre intervention, puis indiquez que vous traiterez cet aspect plus tard.

Vous pouvez aussi **décider de ne pas répondre à la question,** même succinctement, si cela risque de couper vos effets ou de divulguer quelque chose que vous souhaitez garder pour plus tard. Dans ce cas, dites à la personne que vous préférez réserver votre réponse pour plus tard (dans les deux cas, tenez votre engagement et assurez-vous que vous traitez bien ce point par la suite !). Par exemple : « – Pourquoi faire des groupes de projet ? – Ah ! justement, je vais traiter ce point précis dans quelques minutes ! je préfère donc vous répondre à ce moment-là. » Évitez de rajouter la formulation de politesse « … si vous n'y voyez pas d'inconvénient » car, bien qu'il soit rare qu'un interlocuteur vous réponde qu'il y voit un inconvénient, vous prenez le risque de perdre le contrôle si vous avez face à vous un interlocuteur hostile qui cherche à vous déstabiliser – imaginez l'impact de : « Non, je préférerais que vous me répondiez maintenant » !

Choisissez d'interrompre ou de poursuivre…

… si le débat s'éternise sur un point. En effet, ou bien les participants s'en donnent à cœur joie sur un sujet qui les intéresse, mais qui ne mérite pas que vous y consacriez tout ce temps, ou bien vous identifiez au contraire qu'il s'agit d'un point crucial pour vos interlocuteurs (ce qui arrive rarement lorsqu'on a bien préparé).

Dans le premier cas, vous pouvez interrompre le débat en proposant par exemple de revenir sur ce sujet s'il reste du temps à la fin de la réunion. Dans le second cas, vous pouvez proposer à vos auditeurs de couvrir plus largement le point en question, tout en les prévenant que vous ne pourrez pas aborder tout ce que vous aviez prévu d'aborder.
Voyez alors avec eux ce qu'ils préfèrent. Si le contexte s'y prête, vous pouvez également proposer de consacrer une autre réunion à ce point particulier.

Néanmoins, attention de ne pas vous faire avoir par le côté « débatteur » d'un auditoire français : ce qui peut vous sembler comme un point crucial n'est peut-être tout simplement qu'un sujet qui se prête particulièrement bien au débat – ce qui explique peut-être le symptôme de « la réunionnite aiguë » dans certaines entreprises. Ici, votre sensibilité vous guidera : veulent-ils « jouer » ou sont-ils vraiment en demande ? N'oubliez pas que c'est vous qui devez maintenir le contrôle de la situation : quelle que soit l'issue (interrompre ou continuer), votre public doit absolument sentir que, tout en étant à leur écoute, vous maintenez fermement les rênes.

Menez l'interaction

✓ La capacité d'attention d'un public étant de plus en plus réduite à mesure que se déroule votre discours, **faites-le participer le plus vite possible**. Néanmoins...

✓ **Gardez toujours le contrôle du processus.**

Le public n'aime pas sentir qu'il peut vous emmener où il veut. Il y a un rapport de force à maintenir où vous devez à la fois établir la connivence, ET lui montrer que c'est vous qui dirigez.

✓ **Toujours faire preuve de respect.**

Même face à une question idiote, même face à une question déstabilisante... Restez très vigilant sur ce point, votre public vous attend au tournant !

✓ **Donner la parole :**
- quand les auditeurs le souhaitent, c'est-à-dire **pendant votre intervention** : c'est une liberté pour le public, mais c'est risqué pour vous car vous pouvez perdre le fil et le public peut être confus ;
- **après votre intervention** : c'est confortable pour vous et pour le public s'il ne doit pas attendre trop longtemps ;
- **pendant votre intervention** aux moments et de la manière que vous déterminerez : vous invitez le public à contribuer au débat en lui posant des questions semi-directives (« Quels seraient d'après vous les indicateurs de succès les plus pertinents ? »). Les réponses viennent ainsi renforcer votre intervention.

✓ **Comment répondre ?**
- écoutez et montrez que vous écoutez ;
- faites une pause avant de répondre ;
- utilisez les mots-clés de votre interlocuteur dans la réponse ;
- impliquez le public par le regard.

✓ **Si vous ne comprenez pas la question :**
- ne faites pas semblant de comprendre ;
- soyez simple et direct, posez une question de clarification, et prenez l'incompréhension à votre compte (« Je ne suis pas bien sûr d'avoir compris… ») ;
- évitez toute formule qui pourrait faire passer votre interlocuteur pour un idiot (« Votre question n'est pas claire… »).

✓ **Si vous ne connaissez pas la réponse.**

C'est parfaitement acceptable de ne pas tout savoir. Il vaut donc mieux admettre que vous ne savez pas, plutôt que de dire n'importe quoi qui pourrait ternir votre crédibilité.

✓ **Passez élégamment au point suivant :**
- **utilisez des ancrages non verbaux** pour signifier la transition (s'avancer lorsque vous échangez avec le public, et retourner à votre point de départ lorsque vous voulez reprendre l'exposé) ;
- **repérez dans l'échange les éléments sur lesquels vous pourriez rebondir** pour passer au point suivant (vous avez mentionné…, ce qui m'amène à…) ;
- **répondez succinctement** (ou ne répondez pas du tout) aux questions relatives à ce que vous aviez prévu de couvrir plus loin, et indiquez que vous traiterez cet aspect plus tard (tenez votre engagement !).

Chapitre 15

RENVOYEZ LES « PEAUX DE BANANE »

« Les gens sont comme ça. Méchants avec ceux qui perdent. »
Alessandro BARICCO

J'interviens le plus souvent dans des environnements où il y a beaucoup plus d'hommes que de femmes, et une des choses qui m'arrive est de recevoir des « peaux de banane » : « Tiens, prends ça ! » Tout d'un coup, sans savoir pourquoi, me voilà face à un adversaire qui déclare les hostilités.

Au début, cela me dévastait : « Mais pourquoi *me* font-ils ça ? » Toutefois, j'ai fini par comprendre que derrière toutes les « peaux de banane », il y a toujours au départ la même intention positive. Une intention positive ! Comment cela est-il possible ? En effet, du point de vue du public, l'intention première n'est pas de saboter (même si cela en a tout l'air !). L'intention (inconsciente) est de s'assurer, et donc de tester, que je suis vraiment aux commandes. Nous en revenons toujours au même point : **quelle que soit la situation, il vous faut toujours asseoir et confirmer votre crédibilité.**

Imaginons que vous démarrez une présentation, que vous annoncez ce que vous allez couvrir pendant votre intervention (rappelez-vous d'ailleurs que le fait d'annoncer ce que vous allez dire peut déjà donner envie de vous contrer), et que quelqu'un vous arrête en disant : « Oui, mais si vous voulez que le sujet soit *vraiment* couvert, il faut absolument que vous parliez de… » (Un point qui se trouve bien sûr à des lieues de ce dont vous avez l'intention de parler…)

Si vous acquiescez en disant à la personne : « Oui, c'est vrai, et je couvrirai cet aspect tout à l'heure », il y a de fortes chances pour que vous receviez des « peaux de banane » pendant toute la session (et les autres s'y mettront aussi). Pourquoi ? Simplement parce que vous avez envoyé un message à leur inconscient qui dit : « Je ne suis pas un meneur, je suis un suiveur. » En revanche, **si vous lui répondez** fermement et poliment : « Oui, je vois tout à fait pourquoi vous seriez intéressé d'aborder…, mais aujourd'hui, nous ne couvrirons pas cet aspect », vous maintenez votre position de *leader*, ce qui soulagera et rassurera tout le monde.

Donc, pour ne pas glisser sur les « peaux de banane » (que celles-ci soient intentionnelles ou non), voici quelques façons de les renvoyer avec élégance, et fermeté si besoin est, à l'expéditeur.

Recadrez les objections

Même si vous avez bien précadré votre intervention (chapitre 11), à partir du moment où vous proposez des idées, des projets, des solutions ou des suggestions, il y a toujours quelqu'un qui est là pour réfuter ce que vous avancez. La plupart du temps, les objections sont formulées négativement et ont le don de nous déstabiliser ou de nous mettre sur la défensive. Mais en étant bien préparé et en connaissant bien son public, on devrait être fin prêt pour toutes les objections ! Seulement voilà : tout ça est valable en théorie… En pratique, il arrive souvent que l'on rencontre une objection à laquelle on ne s'attend pas… Voici une façon de procéder qui vous permettra de transformer le principe de l'objection en **processus constructif.**

À moins d'être face à un interlocuteur particulièrement hostile dont l'unique but est de vous « casser » (et, souvenez-vous, même celui-là a une intention positive ! En tout cas, il s'agit pour lui de tester qui est le chef !), une objection est toujours légitime – du moins, du point de vue de l'interlocuteur ! En effet, derrière toute objection, il y a une **peur** (ou en tout cas une crainte), et donc un **besoin** implicite. Prenons l'exemple de l'objection suivante :

Participant. – « On n'aura jamais assez de temps pour faire quelque chose de qualité ! »

La personne vous divulgue sa crainte, et selon l'accompagnement non verbal (ton de voix, expression, gestes), vous pouvez évaluer plus ou moins le **niveau d'émotion** dans lequel elle se trouve. Cette crainte et son degré d'intensité doivent absolument être pris en compte de façon explicite dans votre réponse. En effet, si vous ne traitez pas l'aspect irrationnel en **légitimant** son existence, il est quasiment certain que votre interlocuteur se sentira incompris (même si tout cela se passe au niveau inconscient, ses réactions seront dictées par ce ressenti). Il aura donc beaucoup de mal à s'ouvrir et à vous écouter. Légitimer vous permet donc de désamorcer une réaction de résistance à votre réponse.

La personne vous divulgue également deux de ses **critères** : « qualité » et « assez de temps ». Dans un premier temps, vous pouvez estimer sans trop vous tromper que le besoin de cette personne serait de disposer d'assez de temps pour pouvoir faire de la qualité. Pour vérifier votre estimation, vous pouvez alors lui reformuler son objection sous forme de besoin, en utilisant ses critères, en ayant pris soin auparavant de répondre à l'aspect émotionnel sous-jacent de sa question.

Vous *(Légitimez)*. – « Effectivement, je peux comprendre votre crainte… *(Reformulez ses critères en termes de besoin.)* … C'est donc important pour vous d'assurer qu'il y ait assez de temps pour produire de la qualité ? »

Cette façon de légitimer et de reformuler une objection en besoin procure en général une sensation de soulagement chez votre interlocuteur, car **il se sent compris**. Vous avez pris en compte ses préoccupations. Vous ne l'avez pas contré. Il sera alors plus ouvert à votre égard, et plus prêt à échanger avec vous de façon constructive.

Explorez pour identifier les besoins

Parfois, il est plus difficile d'identifier le besoin contenu dans l'objection, et il vous faut alors sonder plus profondément votre interlocuteur. Prenons l'exemple de l'objection suivante :

Participant. – «Votre solution va à l'encontre de la véritable raison d'être de ce projet. »

Telle qu'elle est formulée, il est impossible de savoir quelle est **la véritable objection**, ni quelle est la véritable raison d'être du projet. Il est encore moins possible d'extraire le besoin qui se cache derrière. Voici donc un choix de questions que vous pouvez poser à votre interlocuteur pour le découvrir. Mais attention ! Ces questions demandent de votre part beaucoup de respect et de doigté. Toute votre attitude non verbale doit manifester à la fois respect et désir sincère de comprendre. Commencez toujours par légitimer, c'est-à-dire répondre à l'aspect émotionnel, puis posez votre question :

Vous. – « Ah, oui… Ce serait vraiment très ennuyeux, en effet… *(Aspect émotionnel)*, mais, dites-moi en quoi exactement cela affecterait la raison d'être du projet ? *(Ou)*… quand vous dites la véritable raison d'être, qu'entendez-vous par là ? *(Ou)* … selon vous que se passerait-il exactement si nous appliquions cette solution ? »

Vous pouvez ainsi identifier la véritable objection et repérer les critères de votre interlocuteur, ce qui vous permettra de les lui reformuler en termes de besoins, comme nous l'avons vu plus haut. Une fois ces besoins identifiés, voyez en quoi ils vous permettent de **rebondir pour recadrer**, c'est-à-dire en quoi ils peuvent vous servir de tremplin pour renforcer vos arguments. Par exemple, sur le sujet « mieux communiquer pour obtenir ce que l'on veut », voici un échange possible :

Participant *(Objection)*. – « Franchement, ces techniques de communication, c'est purement et simplement de la manipulation ! »

Vous *(Légitimez)*. – « Oui, c'est une façon de voir les choses et je comprends votre souci… »

Vous *(Explorez)*. – « En quoi exactement est-ce de la manipulation pour vous ? »

Participant. – « C'est malhonnête ! c'est un manque de respect flagrant pour l'autre ! »

Vous *(Reformulez en termes de besoin)*. – « C'est donc important pour vous de communiquer avec honnêteté et respect ? »

Participant. – « Ah oui, c'est clair ! je ne pourrais pas faire autrement ! »

Vous *(Rebondissez pour recadrer)*. – « Et vous avez raison, quelqu'un de malhonnête peut parfaitement utiliser ces techniques à mauvais escient, parce qu'il n'a aucun respect pour l'autre et ne pense qu'à satisfaire ses propres objectifs, sans se soucier des objectifs de l'autre. Mais vous, ce n'est pas votre cas, bien au contraire, c'est justement parce que vous vous souciez de l'autre que vous avez soulevé ce point ! Personnellement, je suis parfaitement rassuré de savoir ces techniques entre des mains comme les vôtres, car je sais qu'elle seront utilisées avec honnêteté et respect… Franchement, pourriez-vous faire autrement ? Même si vous le vouliez, pourriez-vous manipuler ? »

Participant. – « Non, c'est vrai, je ne pourrais pas… »

D'une façon générale, restez très à l'écoute des critères de votre interlocuteur, vous pouvez ainsi les utiliser pour rebondir et lui présenter les choses de manière à ce qu'elles lui parlent, et à ce qu'il se reconnaisse dans ce que vous dites.

Comment répondre aux questions difficiles ou hostiles ?

Nous avons déjà vu que d'une certaine façon, les questions sont « irrésistibles » : il est très difficile de ne pas répondre à une question, et pour la plupart d'entre nous, y répondre est un réflexe. Lorsqu'une question difficile est posée (très souvent d'ailleurs une question difficile est une objection formulée sous la forme interrogative), qu'elle soit sincère ou qu'elle soit posée en vue de vous piéger, donnez-vous le temps de **réfléchir à ce qui se passe** et à la meilleure façon de réagir plutôt que de vous précipiter dans une réponse et de tomber directement dans le piège. Comme pour les objections, **légitimez la question pour désamorcer**. Considérez par exemple la question suivante :

> Participant. – «Vous êtes autodidacte, mais n'avez-vous pas la sensation de manquer de légitimité par rapport à vos collègues diplômés ? »
>
> Vous *(Légitimez)*. – « C'est vrai qu'on pourrait le penser… »

Puis **explorez** pour identifier les critères de votre interlocuteur :

> Vous *(Explorez)*. – « Mais, qu'entendez-vous exactement par légitimité ? »

Ou **expliquez**, car vous estimez qu'il ne vaut pas la peine dans le contexte qui est le vôtre (vous ne souhaitez pas consacrer trop de temps à un point qui n'est pas essentiel ou que vous n'avez pas envie d'approfondir, par exemple), et dans ce cas vous donnez une réponse qui recadre les choses positivement, où qui vous implique personnellement (parlez de *votre* expérience, ou de ce que vous savez de façon incontestable, et autant que possible avancez des faits) :

> Vous *(Expliquez)*. – « … et justement, c'est pour mon expérience d'autodidacte que j'ai été recruté, et le fait même que je sois parmi vous aujourd'hui est une preuve de légitimité… »

Comment panacher les approches ?

Selon le contexte, vos objectifs, et les besoins de vos interlocuteurs, vous pouvez panacher les approches. Néanmoins, quoi que vous fassiez, pensez toujours à **légitimer**. Par exemple :

> Participant. – «Vous nous aviez laissé penser que vous étiez de notre côté concernant la restructuration. Pourquoi avez-vous changé d'avis ? »
>
> Vous *(Légitimez)*. – « Oui, je comprends votre déception… *(Expliquez)*… d'autant plus que je me suis battu jusqu'au bout pour éviter cette restructuration – et vous le savez. Mais j'ai

dû m'incliner devant la majorité. *(Rebondissez)* C'était ça ou partir, mais si je suis ici aujourd'hui, c'est pour voir avec vous comment on peut tirer le meilleur parti de cette situation. »

Voici un autre exemple où votre interlocuteur est un peu plus méchant :

Participant. – «Vous y croyez vraiment à votre projet ? *(ton moqueur qui ne laisse aucun doute sur le fait que votre interlocuteur cherche à vous faire "glisser sur la peau de banane" !) »*

Vous *(Légitimez).* – « Eh ben, vous n'y allez pas de main morte !… *(Dites-le en riant, toujours avec respect, avec un langage non verbal qui signifie : "Je vais bien, je suis content d'être là et je n'ai pas peur." Puis explorez).* Mais qu'est-ce qui vous fait penser que je pourrais ne pas croire en mon projet ?… »

En faisant cela, vous lui avez signifié que vous gardez bien le contrôle des opérations, malgré sa tentative de déstabilisation. Il y a de grandes chances qu'il retrouve alors un discours plus recevable.

Si l'autre va trop loin

Mais il y a parfois des situations où l'adversaire se permet d'aller trop loin, en devenant insultant, outrageant, ou en adoptant un comportement inacceptable. Ce sont des situations difficiles à gérer car assez inhabituelles (tant mieux !) pour la plupart des gens. Elles sont difficiles car elles nous surprennent, nous choquent, et nous enlèvent nos moyens : **nous ne savons pas comment réagir car nous n'avons pas appris à le faire.**

Dans ces cas-là, soit nous restons figés de stupeur la bouche ouverte, soit nous bafouillons une ineptie, soit nous faisons les deux choses en même temps. Dans tous les cas notre crédibilité est sacrément bafouée. Et ne comptez pas sur le soutien du reste de l'auditoire (tant mieux si cela arrive, mais surtout ne comptez pas dessus) ! Même si cette partie des auditeurs vous aime bien, même si elle trouve que l'autre va trop loin, elle se retrouve inconsciemment et instantanément en position de spectateur attendant de voir qui va gagner le combat pour savoir de quel côté se ranger.

En d'autres termes, vous ne pouvez pas refuser le combat ou tenter de le minimiser : il vous faut y aller, et il vous faut y aller fort ! Votre but est de maintenir votre crédibilité et votre contrôle ; il n'est pas d'écraser votre adversaire ou de lui faire perdre la face devant tout le monde ; votre but est de le neutraliser sans pour autant l'agresser. La clé ici est donc de **toujours rester maître de vous-même**, vous ne vous laisserez donc pas aller à la colère ou au cynisme qui sont des réactions de défense particulièrement prisées par vos adversaires : ils pourront vous le reprocher avec délice ! En revanche, vous pouvez être extrêmement ferme dans votre ton, manifestez votre indignation, dénoncez l'outrage clairement et sans tourner autour du pot :

> Participant. – «Vous vous êtes rangé bien vite du côté de la décision majoritaire…Vous avez peur de perdre votre place ? »
>
> Vous *(Dénonçez)*. – « Je ne vous permets pas de dire ça, non seulement c'est insultant, mais c'est injuste. Ce n'est pas digne de vous. »

Comment faire face à la hiérarchie ou à quelqu'un d'important ?

Comment dénoncer lorsque vous vous retrouvez face à la hiérarchie, ou face à une personne avec laquelle il est important que vous mainteniez de bons rapports (comme par exemple un gros client) ? C'est une situation d'autant plus délicate que vous devez à la fois maintenir le contrôle de la situation, faire comprendre à votre interlocuteur qu'il va trop loin, tout en vous assurant qu'il ne perde pas la face devant ses pairs ou ses collaborateurs. Un exemple me revient en mémoire : lors d'une convention réunissant les deux cents *top managers* d'un groupe international pendant une semaine, je devais réunir tous les soirs le dirigeant et son équipe de direction pour faire un *debriefing* de la journée écoulée et revoir les objectifs et activités du lendemain. Je remplaçais un consultant qui était très proche du dirigeant et qui avait dû se désister. J'étais la seule femme, et on m'avait prévenu de la misogynie de ce dirigeant.

Le premier soir, je réunis l'équipe de direction comme prévu, et nous commençons le *debriefing*. Au bout de cinq minutes, je constate que les choses se dispersent, le dirigeant étant parti sur des « tangentes », importantes certes, mais qui pouvaient être remises à plus tard… Il ne restait que vingt minutes pour tout aborder, et tel que c'était parti, j'estimai qu'il nous faudrait encore deux heures ! Je me permis donc d'interrompre le dirigeant, et là il me sortit ceci : « Ah ! vous la mère maquerelle, ça va bien !… » Imaginez ma stupeur, mais aussi celle de l'équipe de direction : c'était comme si le temps s'était arrêté… Bien que tout le monde trouvât que le patron était allé un peu loin, tout le monde attendait de voir comment j'allais m'en sortir. Il me fallut vite réfléchir : je ne pouvais pas me permettre de lui faire perdre la face (il l'avait déjà perdue tout seul ; mais surtout, c'était mon client…), je ne pouvais pas non plus laisser passer ou faire semblant de ne pas avoir entendu, car toute ma crédibilité était en jeu, et il fallait quand même que je trouve le moyen de lui faire comprendre qu'il n'avait pas intérêt à recommencer ce petit jeu ! J'optai donc pour une forme d'humour, mais surtout lui montrait non verbalement que je n'étais pas une oie blanche. Je le regardai droit dans les yeux en fronçant les sourcils, avec un léger sourire (comme pour avoir l'air intriguée), et restai ainsi quelques secondes sans parler, puis je souris franchement et dis : « En réfléchissant aux qualités d'organisation et de *management* d'une mère maquerelle, je prends ça comme un compliment. Merci ! » Le soulagement de l'équipe de direction fut pratiquement audible. Le dirigeant fut surpris, mais je vis que j'étais montée de quelques crans dans son estime. Il me traita alors parfaitement bien pendant tout le reste de la convention.

Lorsque quelqu'un vous fait un commentaire hostile, vous pose une question difficile, tente de vous ridiculiser, ou de vous mettre en difficulté, souvenez-vous que **c'est vous qui menez la danse, et qu'ils attendent que vous leur prouviez**. Prenez leurs « peaux de banane » comme un jeu – vous verrez, au bout d'un moment c'est assez amusant de les renvoyer !

Renvoyez les « peaux de banane »

✓ **Renvoyez toujours les peaux de banane à l'expéditeur,** sinon vous finirez par glisser dessus !

Mais, souvenez-vous que quelle que soit la peau de banane (commentaire déstabilisant, objection, ou question difficile), il y a au moins une intention positive (inconsciente) de la part de votre interlocuteur : **il veut tester que vous êtes vraiment aux commandes !** Donc, ne le décevez pas !

✓ **Comment répondre ?**

Identifiez l'**émotion** et le **besoin** de votre interlocuteur, et **légitimez toujours** : « Oui, je comprends votre crainte… »

✓ **Puis, selon les cas :**

- **reformulez en termes de besoins** (« Et je vois que c'est crucial pour vous de continuer à faire de la qualité ») ;
- si le besoin n'apparaît pas clairement, **explorez pour identifier le besoin** (« En quoi cette solution affecterait-elle ce projet ? »), puis reformulez la réponse en termes de besoins ;
- **si vous estimez que ce n'est pas utile de reformuler ou d'explorer, expliquez** (« Cette solution affectera très certainement le projet en augmentant le rendement de X %, en réduisant les coûts de Y %, tout en maintenant la qualité… »).

✓ **Vous pouvez ensuite rebondir pour recadrer** (« C'est justement parce que nous voulons **continuer** à donner de la **qualité** à nos clients que nous vous demandons **à vous**, de nous aider à trouver les meilleures solutions tout en réduisant les coûts »).

✓ **Quand cela va trop loin : dénoncez.**

Face à des commentaires insultants, outrageants ou inacceptables, gardez le contrôle et osez dénoncer clairement (commentaire : « – Ah, c'est toujours pareil ! vous parlez, vous parlez, mais au bout du compte vous ne faites jamais rien ! Réponse : – Comment pouvez-vous dire une chose pareille ? C'est probablement parce que vous ne savez rien de ce que je fais… »).

Chapitre 16

LA CAPACITÉ À FAIRE RIRE DEVRAIT ÊTRE DÉCLARÉE D'UTILITÉ PUBLIQUE !

« L'humour est trop sérieux pour être pris à la légère. »

Devenons-nous comme le cynique qui, lorsqu'il sent un parfum de fleurs, cherche le cercueil ? J'ai, hélas, parfois l'impression que cynisme et négativité sont devenus les deux mamelles de notre société : elle s'en abreuve jusqu'à plus soif, c'en est presque une addiction. Plus c'est horrible, plus c'est effrayant, plus elle se délecte… Et nous, happés par cette spirale du négatif, nous devenons stressés, déprimés, amers. Nous ne rions plus beaucoup, ou alors nous rions jaune…

Alors, comment apporter un peu de gaîté, de joie de vivre dans ce monde de cynisme ? Comment sortir de cette spirale ? On peut décider de changer de regard et montrer ce qui est beau ou positif, mais on peut aussi faire rire ou sourire en prenant du recul et en révélant le côté drôle ou léger de situations qui ne le sont pas *a priori*.

Le rire ouvre les esprits

À mes yeux, l'humour est aujourd'hui devenu une nécessité, et celui qui sait le manier avec adresse possède un don inestimable. Rien n'est plus libérateur et thérapeutique que le rire : il libère les tensions émotionnelles, il calme le mental, il renforce le système immunitaire et améliore le sommeil et la digestion ! On comprend pourquoi les gens aiment tant ceux qui les font rire !

De plus, le rire libère du jugement, ce qui est particulièrement utile si vous avez à présenter des idées originales ou sujettes à controverse à un public peu ouvert : l'humour vous permet de les présenter de façon non menaçante. De plus, le rire établit entre vous et votre public une connexion très puissante, et lorsqu'il se sent ainsi connecté avec vous, il se détend, il baisse sa garde et s'ouvre avec bienveillance à vos propos. De votre côté, qu'y a-t-il de plus enivrant et de plus gratifiant qu'un auditoire gagné par le rire ? Non seulement vos interlocuteurs se souviendront de vous avec affection et admiration, mais ils contribueront à élargir votre réputation en parlant de vous avec les yeux qui scintillent…

L'humour est un art à haut risque

Mais attention, savoir manier l'humour face à un auditoire est un art qui ne supporte pas l'à-peu-près et encore moins le plantage. Bien que la majorité des gens préfèrent écouter quelqu'un qui les fait rire, ils jugeront d'abord la qualité de ce que vous avez à dire, et non pas la qualité de votre humour – sauf si celui-ci est médiocre ou embarrassant, auquel cas votre crédibilité sera instantanément endommagée, voire détruite…

Il ne s'agit pas de savoir raconter des blagues.

Cela étant, vous n'avez pas non plus besoin d'être un comique professionnel pour manier l'humour avec efficacité, vous n'avez même pas besoin de savoir raconter des blagues. Comme je l'ai déjà abordé au chapitre 11, raconter une blague, surtout au démarrage, comporte de gros risques : rien n'est plus ardu que de raconter une blague à froid, même pour un comique professionnel (il est d'ailleurs assez rare qu'il commence tout de suite par une blague). La meilleure façon de vous y prendre, surtout si vous débutez dans le maniement de l'humour face à un auditoire, est d'y aller doucement et de l'introduire au plus tôt deux ou trois minutes après votre démarrage, puis, chemin faisant, de placer des notes d'humour çà et là qui illustrent ou clarifient ce que vous tentez de faire passer.

Ne tentez pas l'impossible

Si vous n'êtes pas encore tout à fait à l'aise avec le maniement de l'humour, ne perdez pas votre temps à chercher *le* trait d'humour qui va faire exploser de rire ceux qui vous entourent. Attendez d'avoir plus d'expérience et contentez-vous plutôt de les faire sourire : déclencher un bon sourire vaut mille fois mieux que de vous retrouver à l'agonie parce que vous n'avez pas réussi à provoquer l'explosion attendue. À ce propos, sachez que vous avez un avantage par rapport au comique professionnel : votre auditoire n'exige pas que vous le fassiez rire, et la plupart du temps, il ne s'y attend même pas. De fait, votre public ne reconnaît que deux types d'informations : « drôle » et « autre ». C'est pourquoi, si votre auditoire ne rit pas à quelque chose que vous jugiez être drôle, c'est qu'il l'a tout simplement classé dans la catégorie « autre », et il vous suffit de continuer comme si de rien n'était. Cela n'est valable bien entendu que **si vous n'avez pas ri de votre propre humour**, car il se rendrait compte alors que vous aviez l'intention d'être drôle et que vous ne l'étiez pas, ce qui est aussi gênant pour vous que pour votre public.

N'annoncez pas la couleur

De la même façon que vous ne devez pas rire de votre propre humour, ne prévenez pas votre auditoire que vous allez dire quelque chose de drôle. **L'humour marche parce qu'il surprend.** Évitez donc de casser vos effets par l'utilisation de phrases banales telles que « Ça me rappelle une histoire amusante à propos de… » ou encore « Il m'est arrivé une histoire désopilante ce matin… ». Racontez tout simplement l'histoire, faites des pauses aux endroits pertinents et à la fin de l'histoire, afin de laisser votre auditoire réagir. S'il ne rit pas, ce n'est pas dramatique, puisque vous ne l'aviez pas prévenu qu'il fallait rire. S'il sourit, vous pouvez être rassuré, c'est déjà une victoire car vous l'aurez mis dans un état émotionnel agréable qui renforcera automatiquement le lien entre vous.

Adaptez le style d'humour à celui de votre public

Il n'y a pas vraiment de bon ou de mauvais humour : le bon humour est tout simplement celui qui fait rire ceux auquel il s'adresse. Selon votre auditoire, et selon son humeur, vous pouvez vous permettre ou non certaines choses. Par exemple, si vous avez un public de personnes très érudites ou très sophistiquées, vous ne pouvez pas vous permettre de faire de l'humour trop simple qui pourtant ferait hurler de rire un public moins intellectuel. C'est également valable dans l'autre sens. Par ailleurs, tous les auditoires ne sont pas ouverts à l'humour — vivent-ils quelque chose de trop grave ? Ou bien sont-ils naturellement très austères ? Dans ces cas-là, ne cherchez pas à les dérider, mais donnez-leur simplement ce qu'ils sont venus chercher, établissez le lien avec votre public par tous les autres moyens explorés dans ce livre et, chemin faisant, sachez lire dans leurs réactions si oui ou non ils se détendent et si vous pouvez oser un peu d'humour. Si vous n'êtes pas absolument sûr, n'y allez pas…

Soyez « politiquement correct »

Dans l'arène professionnelle, certaines formes d'humour n'ont pas leur place. Il vaut mieux éviter certains sujets et rester politiquement correct. Évitez toute forme d'humour qui cible un individu particulier, un groupe ou une minorité, et qui fait référence à la couleur de la peau, l'origine, l'orientation sexuelle, la religion, le poids, la taille… Évitez également tout humour qui peut choquer votre public et le mettre mal à l'aise, ainsi que tout ce qui fait référence aux fonctions corporelles ou pratiques sexuelles. Cela étant, il m'est arrivé dans certains cas de transgresser la règle du politiquement correct, mais j'avais déjà établi une grande connivence avec mon auditoire, et je savais que je pouvais me le permettre. Si je m'étais trompée, cela aurait été rédhibitoire…

Soyez culturellement averti

Comme je l'ai déjà abordé au chapitre 11, différentes cultures rient de choses différentes et peuvent s'offenser de choses que vous trouvez drôles. Elles ont différentes traditions autour de l'humour, et il est important que vous vous en informiez si vous voulez à tout prix faire de l'humour avec elles. Par exemple, les Anglais et les Américains, plutôt informels dans leur manière d'être, aiment bien faire de l'humour avec leur public tout au long de leur intervention. Les Français se prennent un peu plus au sérieux, mais l'humour passera bien s'il est approprié. Les Japonais, en revanche, restent très formels et faire de l'humour avec son public est considéré comme un comportement plutôt étrange.

Une erreur souvent commise est de croire que l'on peut s'approprier l'humour de l'autre culture et lui resservir. Par exemple, si vous allez aux États-Unis et que vous entendez un Américain faire une blague désopilante sur George Bush, ne vous avisez surtout pas de renchérir, il y a neuf chances sur dix que cela ne passe pas (même si votre auditoire vous gratifie de rires polis) : il faut être américain pour se moquer des Américains. Tout humour qui se moque de l'autre culture, ou qui peut être interprété comme tel, est à proscrire. En revanche, vous pouvez faire de l'humour comparatif entre votre culture et la leur, à partir du moment où c'est leur culture qui en ressort grandie. Mais même cela ne sera pas approprié partout. Par exemple, les Japonais seront totalement déroutés et ne sauront pas comment réagir car ils trouveraient inconvenant de rire à vos dépens. Au risque de me répéter, si vous n'êtes pas sûr de l'effet que produira votre humour, n'en faites pas !

Une fois suffit

Parfois, on peut être très tenté de répéter un trait d'humour au cours de la même intervention parce qu'il a été particulièrement apprécié. Étant donné que l'humour réussi est fondé sur l'effet de surprise, ce n'est pas une bonne idée de répéter quelque chose puisque cela ne surprendra plus. Vous risquez en prime d'affaiblir le souvenir de l'effet original, ce qui serait vraiment très bête !

Pourquoi rient-ils ?

L'une des meilleures façons de développer votre capacité humoristique est d'être à l'affût de toute situation qui provoque le rire – que ce soit dans votre entourage direct, professionnel ou privé, ou bien à travers des émissions télévisées ou radiophoniques. À partir de maintenant, chaque fois que vous entendrez rire, posez-vous la question « Pourquoi rient-ils ? ». Et lorsque *vous* riez, pensez aussi à vous demander pourquoi.

Est-ce la finesse du contenu ? La manière de le dire ? L'originalité ? L'exagération ? La caricature ? L'ironie ? Le jeu de mots ? L'autodérision ? Le fait de prêter attention systématiquement à ce qui fait rire les gens, ou à ce qui vous fait rire, aiguisera votre sensibilité aux différentes formes d'humour et vous aidera à identifier celles que vous pourriez utiliser à vos propres fins.

En parallèle, vous trouverez des informations très utiles sur la page http://fr.wikipedia.org/wiki/Catégorie:Forme_d'humour qui fournit des tas de définitions et d'exemples sur un grand nombre de formes d'humour. Lesquelles savez-vous déjà bien manier ? Lesquelles vous semblent les plus adaptées à vos types d'auditoires ?

Souvenez-vous, votre objectif premier dans les situations professionnelles est d'ouvrir les esprits et de créer un lien puissant entre vous et votre auditoire. Un lien authentique, qui donne envie de vous aimer, ce lien que l'on appelle le charisme. Vous devez donc faire très attention aux formes d'humour que vous choisissez. Privilégiez celles qui créent ou renforcent ce lien, et écartez toutes celles qui vous semblent risquées.

Les différentes sources d'inspiration

Vous-même

Si vous faites partie des gens qui ont un bon sens de l'humour, c'est que vous arrivez facilement à voir le côté drôle ou léger des situations, ou que vous avez la capacité de jouer avec les mots ou les idées. Si c'est le cas, vous faites probablement de l'humour de façon inopinée : l'humour « surgit » déclenché par la situation, l'échange en cours, ou par une idée qui vous vient alors que vous êtes en train de vous diriger sur autre chose. Tout le monde rit, vous êtes heureux, et quelques minutes après, vous avez complètement oublié ce magnifique trait d'humour. Quel dommage ! Si cela vous arrive au cours d'une intervention devant un auditoire, c'est encore plus dommage de ne pas se souvenir de ce qui l'a tant fait rire. Il y a en effet de fortes chances pour que cela fasse rire un autre public, à partir du moment où cela reste pertinent et approprié à ce nouveau public. Que faire alors pour capturer ces perles afin de pouvoir les réutiliser ? La meilleure chose est de faire ce que font les comiques professionnels : enregistrez-vous. Outre la sauvegarde de vos traits d'humour, vous pourrez également évaluer l'efficacité de votre image sonore (voir chapitre 6). Il existe à l'heure actuelle de tout petits appareils enregistreurs que vous pouvez aisément poser à côté de vous. Sinon, vous pouvez toujours demander à un collègue de noter vos traits d'humour. Quant à ceux qui surgissent lors de conversations informelles, essayez de les noter sur un petit carnet qui devrait toujours être à votre portée. C'est une habitude à prendre — et je vous avoue que je pèche un peu de ce côté-là — et c'est une façon facile d'enrichir votre répertoire sans vous fatiguer ni y passer des heures.

Votre auditoire

Parfois, lors d'un échange avec votre auditoire, l'un des participants fait un trait d'humour superbe. Pour vous, c'est de l'or en barre ! En effet, vous avez là un trait d'humour qui a été créé par un membre de l'auditoire et qui reflète la manière dont ce dernier perçoit votre message. Il a également été testé et approuvé par le même public (si cela n'avait pas été drôle ou si cela avait été inapproprié, ce n'est pas vous qui en subiriez les conséquences).

Vous pourrez ainsi employer ce trait d'humour lors d'une intervention similaire, soit en l'utilisant directement dans votre présentation, soit en l'annonçant de la manière suivante : « Dans l'une de mes interventions, l'un des participants a dit… »

Certaines publications

N'hésitez pas à vous servir de déclarations ou de traits d'humour que vous pourrez trouver dans des journaux ou publications reconnus pour leur sérieux ou leur objectivité. En effet, si vous trouvez quelque chose d'amusant qui soit relatif à votre message, vous pouvez l'annoncer comme suit : « Ceci est bien illustré dans un article que j'ai lu dans *l'Express…* », ou « C'est comme un dessin de Plantu que j'ai vu dans *Le Monde…* ». Notez que vous ne pouvez pas vous servir des dessins de presse sans permission, et celle-ci est payante. Vous pouvez néanmoins décrire le dessin et en citer la légende. Évitez de mentionner des publications trop politiquement connotées, ce qui pourrait aliéner une partie de votre auditoire.

L'humour de personnages célèbres

Vous trouverez des perles dans les citations humoristiques de personnages célèbres, que vous pouvez consulter facilement sur Internet. Winston Churchill et Albert Einstein font partie de mes favoris de par leur intelligence, leur humanité et leur finesse d'esprit. Vous pouvez utiliser sans risque l'humour de telles célébrités dont les accomplissements ou les œuvres sont universellement reconnus. Si vous utilisez une citation d'un personnage moins illustre ou plus obscur, pensez à donner à votre auditoire quelques éléments d'information le concernant, assurant ainsi sa légitimité (et de votre côté, cela vous permet de vérifier que vous n'avez pas affaire à un personnage dont l'appartenance – politique, religieuse ou autre – pourrait choquer votre auditoire).

L'autodérision, la forme d'humour la plus fructueuse

En France, on a plutôt tendance à faire rire aux dépens des autres. C'est personnellement une forme d'humour que je n'encourage pas dans l'arène professionnelle car non seulement elle est douloureuse pour la ou les personnes concernées (qui font en général bonne figure mais qui n'en pensent pas moins), mais elle donne aussi de son auteur une image qui n'engendre pas la confiance de son auditoire. En effet, même si vous êtes vraiment très drôle, faire rire aux dépens d'un autre est l'expression d'un rapport de force où vous êtes le gagnant et l'autre le perdant. De plus, qui sera votre prochaine cible ? Un autre membre de l'auditoire ? Ce n'est pas ainsi que vous établirez ce lien d'humanité et de générosité si réconfortant pour votre public, et si précieux pour vous.

De toutes les formes d'humour, l'autodérision – c'est-à-dire la capacité de rire de soi-même ou de faire rire à ses dépens – est l'une des plus efficaces car c'est la moins risquée et la plus conviviale. Elle évite à son auteur de passer pour quelqu'un d'arrogant, d'ironique, ou de suffisant et lui permet de créer instantanément ce lien de qualité avec l'auditoire.

Un exemple célèbre d'autodérision est celui d'Al Gore, quelque temps après la victoire très controversée de son opposant George W. Bush à la présidence des États-Unis. Al Gore vient présenter son documentaire sur le réchauffement climatique « *An Inconvenient Truth* » (*Une vérité qui dérange*) à un parterre d'environ deux mille étudiants. Il arrive, attend que les applaudissements s'arrêtent, et dit : « *Bonjour, je m'appelle Al Gore, et j'étais le prochain président des États-Unis* » (« *Hello, my name is Al Gore, and I used to be the next president of the United States* »). Les étudiants explosent littéralement de rire, et c'est une salve d'applaudissements et d'acclamations : instantanément, Al Gore est devenu sympathique, abordable, aimable, drôle et éminemment humain. Il les tient tous dans le creux de sa main…

Bien sûr, tout le monde ne bénéficie pas de la légitimité et de la notoriété d'Al Gore, qui a pu se permettre le luxe de démarrer avec de l'autodérision. Si vous n'êtes pas Al Gore, il vous suffit de respecter quelques règles pour être sûr de manier cette forme d'humour efficacement.

Quand éviter l'autodérision ?

Vous devrez éviter l'autodérision si vous n'êtes pas à votre avantage. Par exemple, si la personne qui s'est exprimée avant vous est une « star » adulée par l'auditoire, le mieux est de lui rendre hommage plutôt que de tenter de mettre l'accent sur vous. Il en va de même si vous devez annoncer des mauvaises nouvelles, ou si vous devez vous adresser à un auditoire dont vous savez qu'il n'a pas envie d'être là ou qu'il est hostile à ce que vous présentez ou représentez.

Les points de vigilance

La manière

Bien que ce point s'adresse à tout le monde, les femmes doivent faire encore plus attention que les hommes dans le maniement de l'autodérision. En effet, la *manière* dont elles vont la pratiquer peut facilement donner une impression de manque de confiance en soi. Il est donc impératif qu'elles adoptent la posture de crédibilité (voir chapitre 3) et que leur voix reflète leur assurance (voir chapitre 6).

Le dosage

N'en faites pas trop, et pas trop souvent au cours d'une même intervention. Comme toute bonne chose, il ne faut pas en abuser, sinon l'autodérision se retournera contre vous : à force de vous « diminuer » systématiquement, votre auditoire peut finir par vous donner raison ou par se poser des questions sur votre crédibilité. De plus, cela cessera d'être drôle.

L'intention

Ne vous trompez pas d'intention. Le véritable but de l'autodérision est de faire rire à propos de certaines de vos faiblesses, erreurs, défauts, doutes, qu'ils soient vrais ou inventés – inventés dans le sens où vous modifiez, transformez, exagérez ou diminuez la vérité afin d'optimiser vos chances de faire rire. En revanche, n'utilisez pas l'autodérision dans un but narcissique, car l'intention sous-jacente n'est plus de faire rire mais de vous « faire mousser ». Par exemple, dans certains de mes séminaires, je dois illustrer une histoire au tableau, et avant de commencer, je préviens mes participants qu'ils pourront constater que le dessin n'est pas exactement mon point fort. Et en effet, lorsque je commence à dessiner, c'est une catastrophe, et cela fait rire tout le monde. Si, au contraire, je dessinais très bien, ce genre d'autodérision serait totalement narcissique, car l'intention serait alors de provoquer l'admiration de mes interlocuteurs, espérant qu'ils disent ou pensent : « Mais non, vous dessinez très bien ! »

Les avantages de l'autodérision

L'autodérision n'est pas terriblement répandue en France, où notre peur du ridicule est encore culturellement bien ancrée. Il nous faut être spirituel et intelligent et éviter à tout prix de tomber dans le piège mortel du ridicule (comme l'illustre d'ailleurs magnifiquement le film du même nom de Patrice Leconte). C'est pourquoi l'autodérision fait peur : on se met soi-même en mauvaise posture ! D'ailleurs, d'une façon générale, les pays latins pratiquent moins l'autodérision que les pays anglo-saxons. Pourtant, cette dernière comporte des avantages énormes. Bien maniée et bien dosée, elle :

* vous humanise et donne envie aux autres d'être dans votre entourage ;
* désamorce les situations tendues ou difficiles ;
* combine modestie et sympathie tout en projetant assurance et confiance en soi ;
* rassure, car elle montre que vous avez assez confiance en vous pour oser prendre le risque d'être ridicule.

En fait, la magie de l'autodérision est le résultat d'un paradoxe : le fait d'exposer vos faiblesses, vos défauts, laisse apparaître votre force, et le fait de vous diminuer vous élève. D'une façon générale, vous devenez ainsi quelqu'un d'abordable tout en instaurant ou renforçant votre crédibilité.

Vous êtes certain de n'offenser personne

Ce que j'apprécie le plus dans l'autodérision, c'est que l'on est certain de n'offenser personne, ce qui devient très difficile à l'heure actuelle. Beaucoup de gens sont sur les nerfs, ils deviennent hypersensibles et agissent souvent comme s'ils n'attendaient que ça : qu'on les offense ! Un peu comme s'ils se levaient le matin en se disant : « Ah, voyons un peu qui ou quoi va m'offenser aujourd'hui ! » Et la pression monte dès qu'ils sortent de chez eux, en voiture ou dans les transports : l'un va trop lentement, l'autre les bouscule… et la journée avance ainsi avec son lot d'événements perçus comme des offenses personnelles. Vous imaginez donc l'état d'esprit dans lequel ils peuvent se trouver lorsqu'ils atterrissent dans votre auditoire. Un état d'esprit qui me semble bien illustré par une déclaration (« autodérisoire ») de Woody Allen : « *La plupart du temps, je ne rigole pas beaucoup, et le reste du temps je ne rigole pas du tout !* » Ainsi, la seule chose qui risque de trouver grâce à leurs yeux, c'est de les faire rire (ou au moins sourire) à vos dépens car vous leur permettez un instant de souffler, de se détendre et de se reposer de toutes ces offenses…

La règle d'or à ne jamais transgresser

Quelle que soit la forme d'humour que vous décidez d'utiliser, la règle d'or qui doit vous guider dans tous vos choix d'humour est celle-ci : **ne mettez jamais votre auditoire, ou l'un de ses membres, en situation d'infériorité**.

La capacité à faire rire devrait être déclarée d'utilité publique !

✓ La capacité à faire rire devrait être déclarée d'utilité publique **car le rire a de grands pouvoirs bénéfiques** : il libère les tensions émotionnelles, calme le mental, renforce le système immunitaire, libère du jugement et améliore le sommeil et la digestion !

✓ **Manier l'humour est un art à haut risque** : si vous êtes débutant ou si l'humour n'est pas votre fort, ne tentez pas l'impossible, cherchez plutôt à faire sourire et allez-y doucement, par étapes.

✓ **Quelques règles à retenir** :
- ne riez jamais de votre propre humour ;
- n'annoncez jamais que vous allez être drôle ;
- adaptez votre humour à votre public ;
- soyez politiquement correct ;
- si vous vous adressez à une autre culture, évitez l'humour si vous n'êtes pas absolument sûr de votre effet ;
- ne répétez pas un trait d'humour au cours de la même intervention : l'humour fonctionne parce qu'il surprend !

Pour développer votre capacité humoristique, soyez à l'affût de tout ce qui provoque le rire et demandez-vous : « Pourquoi rient-ils ? »

✓ **Vos sources d'inspiration** :
- vous-même : notez ce qui fait rire votre public pour vous en resservir à une autre occasion ;
- votre auditoire : notez ses traits d'esprit, qui pourront vous être très précieux à une autre occasion ;
- certaines publications reconnues pour leur sérieux ;
- des mots de personnages célèbres.

✓ **La forme d'humour la plus puissante : l'autodérision.**
La magie de l'autodérision est le résultat d'un paradoxe : exposer vos faiblesses, vos défauts, laisse apparaître votre force, et vous diminuer vous élève.

L'autodérision rassure, car elle montre que vous avez assez confiance en vous pour oser prendre le risque d'être ridicule. De plus, vous êtes certain de n'offenser personne.

Attention, pour être efficace, l'autodérision doit être accompagnée d'un langage non verbal qui rassure sur votre crédibilité (posture, gestuelle, ton de voix…).

Évitez l'autodérision si vous êtes à votre désavantage ou si vous passez juste après une « star ».

✓ **La règle d'or de l'humour, à ne jamais transgresser.**
Ne mettez jamais votre auditoire ou l'un de ses membres en situation d'infériorité.

ET POUR FINIR...

*« Ce ne sont pas nos défauts qui sont ridicules,
mais le soin que nous prenons à les dissimuler
et à feindre d'en être épargnés. »*
Giacomo LEOPARDI

Il y a quelques années, j'eus l'honneur d'être invitée à écouter le Dalaï-Lama. Il était là sur cette grande scène, tout seul dans son habit rouge, face à deux cents personnes appartenant au « beau monde » parisien. J'ai peu de souvenir de ce qu'il a dit, mais aujourd'hui encore, j'arrive à retrouver la sensation que ses mots m'ont laissée, et j'ai dans mon esprit l'image éclatante de cet être lumineux et joyeux.

Assumer et partager : deux atouts majeurs du *leader* charismatique

Mais voyez-vous, même le Dalaï-Lama peut se trouver en situation délicate malgré le fait qu'il soit face à un auditoire d'alliés ! C'est ce qui arriva. La façon dont il s'en sortit fut exemplaire, et fut pour moi une grande leçon de communication.

Il était en train de nous parler, tout se déroulait à merveille, nous étions sous le charme, lorsque tout d'un coup, nous le vîmes porter la main à son nez, se moucher dans ses doigts, et essuyer sa main sur le flanc de sa robe ! La salle fut immédiatement « congelée », ce fut comme si le temps venait de s'arrêter. Le public à la fois choqué et consterné, restait en suspens, ne sachant encore comment réagir ! Le Dalaï-Lama se rendit compte tout de suite du changement qui s'était opéré dans la salle et comprit rapidement ce qui venait de se passer. Il regarda alors sa main « fautive », regarda le public et dit : « Ah oui ! » ; puis il sourit franchement et dit : « Différentes cultures ! », et il rit de bon cœur. Le soulagement dans la salle était tangible, les rires fusèrent, et plus personne n'était choqué puisque le Dalaï-Lama avait totalement assumé son faux pas.

Accueillez ce qui se passe

La clé est là : quoi qu'il vous arrive, accueillez ce qui se passe au lieu d'essayer de le dissimuler. À partir du moment où il se passe quelque chose qui est remarqué par l'auditoire, vous ne pouvez plus l'ignorer ni faire semblant que ce n'est pas arrivé. Imaginez que le Dalaï-Lama ait fait comme si de rien n'était… Que se serait-il alors passé ? Mal à l'aise, le public n'aurait plus pensé qu'à cet incident et n'aurait plus écouté un seul mot. Et ce qui n'était qu'une petite péripétie sans importance serait devenu un événement majeur.

Soyez bienveillant avec vous-même

Souvenez-vous : vous n'êtes pas parfait, et personne ne s'attend à ce que vous le soyez. En revanche, on s'attend à ce que vous donniez l'exemple, on veut voir en vous un **modèle**. On veut voir quelqu'un qui ait assez confiance en lui et en la vie pour pouvoir assumer pleinement ce qui lui arrive.

Renforcez le lien avec le public

Plutôt que d'avoir peur de ne pas savoir comment réagir dans ces moments-là, dites-vous au contraire que c'est une formidable opportunité pour renforcer le lien avec votre public. Pourquoi ? Parce que **vous osez montrer que vous êtes humain, c'est-à-dire faillible**. Ceci est très rassurant pour tout le monde, car vous envoyez implicitement le message que tous ont aussi le droit d'être humains, et qu'il n'y a aucune honte à cela.

Transformez votre vulnérabilité en force

Cette attitude devant l'inattendu, devant le potentiellement ridicule, cette admission de vulnérabilité sont votre plus grande force. Comme pour un art martial, accueillez l'incident avec bienveillance et utilisez son « élan » pour le faire jouer en votre faveur.

Quelques exemples vécus

Préparez l'inattendu

Néanmoins, il y a des inattendus prévisibles (qui ne sont des inattendus que pour les novices) et dont on peut aisément préparer les parades. Vous y gagnerez en aisance le moment venu, puisque vous saurez d'avance comment réagir dans telle ou telle circonstance. En voici quelques exemples.

Trébucher

Un grand classique, qui arrive relativement rarement. Et qu'est-ce qu'on se sent bête ! Rire de soi-même est de loin la meilleure solution, par exemple : « Oups ! Je l'ai échappé belle ! », ou bien : « Oh là là, je me suis fait peur ! », ou encore : « On m'a dit que c'est quelque chose dont tout le monde avait peur, mais que ça n'arrivait jamais ! »

Problèmes techniques

On ne le dira jamais assez : ne faites jamais une confiance aveugle à la technique. Vérifiez tout à l'avance, et plutôt deux fois qu'une. Préparez-vous toujours à ce qu'il y ait un problème technique, même après maintes vérifications et répétitions, et sachez comment vous y réagirez. De deux choses l'une : ou bien c'est un problème auquel vous savez remédier, et dans ce cas, faites un commentaire amusant, du genre ; « Ah, nous avons de la chance, je sais ce qu'il faut faire ! » et réglez le problème rapidement, ou bien vous ne savez pas y remédier, et dans ce cas, faites également un commentaire amusant, comme : « Alors là, je suis totalement dépassé ! », puis demandez de l'aide. Ne faites jamais un commentaire négatif ou désobligeant sur la ou les personnes chargées de s'occuper des aspects techniques, car cela ternirait votre image. Réglez cela en coulisse, jamais devant votre auditoire.

Sauter une partie de son intervention

Cela peut arriver à tout le monde : vous vous laissez emporter par votre sujet, et tout d'un coup, vous réalisez que vous avez complètement « zappé » une partie de votre intervention. Si cette partie-là est vraiment importante, revenez dessus avec aisance : « Oh, avant de continuer, je viens de m'apercevoir que j'ai oublié quelque chose d'important ! » et repartez en arrière. Si ce n'est pas important, n'en parlez pas et n'y revenez pas, ils ne se rendront compte de rien. Ce que vous devez éviter à tout prix, c'est de vous excuser et d'avoir l'air mal à l'aise ou fautif.

Mal commencer une phrase

Vous commencez une phrase et vous vous rendez compte en chemin que ce départ de phrase ne peut pas vous amener à ce que vous voulez vraiment dire. Le remède est simple : arrêtez-vous, dites « Je recommence ! » et recommencez. Si, toutefois, vous vous êtes obstiné à continuer et que vous n'êtes pas heureux du résultat, recommencez en disant : « Je n'ai pas été très clair ! Ce que je veux vraiment dire c'est… »

Un téléphone portable sonne

Cela arrive régulièrement. S'il sonne seulement une fois ou deux et que la personne s'est empressée de lui couper le sifflet, montrez que vous avez entendu et profitez-en pour rappeler à tout le monde de vérifier que leur portable est éteint ou sur vibreur, puis continuez. Ne prenez pas l'air agacé (même si c'est très agaçant !). Si le portable sonne plus longuement (souvent le propriétaire du portable met du temps à réaliser que c'est le sien…), ne faites surtout pas semblant de ne rien entendre (tout le monde entend !). Arrêtez-vous, regardez dans la direction, souriez et attendez. Une fois la personne repérée (qui est généralement assez gênée), demandez-lui si elle a besoin de sortir de la salle pour prendre l'appel (bien sûr, vous demandez cela de façon sincère et respectueuse). Puis, rappelez aux autres d'éteindre leur portable et reprenez. Parfois, lorsque le portable entonne une musique entraînante, il m'arrive de faire quelques pas de danse pour l'accompagner si j'estime que c'est approprié à la situation (à éviter dans des interventions très formelles et à éviter si l'on n'est pas sûr d'assumer). Parfois, c'est MON portable qui sonne… La seule chose à faire est d'assumer pleinement, de dire « Oh oh, c'est le mien ! », d'aller l'éteindre et de revenir en souriant et en profiter pour rappeler à votre auditoire d'éteindre les portables.

Le trou de mémoire

Il y a le simple trou de mémoire, celui qui vous arrive lorsque vous êtes interrompu et que vous « perdez le fil », ou celui qui se produit lorsque vous n'arrivez pas à vous souvenir de la suite. Dans le premier cas, dites simplement : « J'ai perdu le fil, où en étais-je ? Quelqu'un peut-il m'aider ? » (ils seront ravis de vous aider) ; et dans le second cas, consultez vos notes tranquillement et avec assurance (et sans faire de remplissage verbal !).

Mais il arrive quelquefois ce que j'appelle LE trou de mémoire, celui qui nous prend totalement par surprise. C'est heureusement assez rare. Cela m'est arrivé deux ou trois fois en fortes périodes de *stress* : je suis en train de parler, tout va bien, et tout d'un coup, au beau milieu de ma phrase : **le blanc** ! Je perds instantanément la mémoire de ce que j'étais en train de dire et de ce que j'étais sur le point de dire… Je ne vous souhaite pas cette « aventure », c'est une sensation abominable !

Mais si cela vous arrive, que faire ? La première fois que cela m'est arrivé, je me trouvais devant un groupe de grandes « pointures » du monde scientifique… Panique ! Je ne pouvais que partager ce qui se passait : « Alors là, il vient de m'arriver une chose incroyable ! j'ai un blanc total. Je ne sais même plus de quoi j'étais en train de vous parler. Ça m'inquiète… Ça vous est déjà arrivé à vous ? » Et à ce moment-là, un des scientifiques rétorqua : « Oh, ça m'arrive tout le temps ! » ; un autre dit : « Ça s'appelle de l'amnésie ponctuelle, ce n'est pas grave. » Et je continuai donc en leur demandant de m'aider à retrouver la mémoire, ce qu'ils furent ravis de faire.

Sachez rebondir

Mais bien sûr, les choses sont ainsi faites : même ultra-préparé, l'inattendu aura envie un jour ou l'autre de s'amuser avec vous comme il l'a fait avec moi dans les deux exemples suivants.

La boisson gazeuse

Je défendais une proposition face à des clients potentiels et soudainement, je fus surprise par un renvoi qui se manifesta assez bruyamment. Ce n'était pas le petit renvoi discret de tout un chacun ! Oh non, c'était un « vrai beau » renvoi ! L'effet sur l'auditoire fut le même qu'avec le Dalaï-Lama : ce fut un choc ! Je le regardai alors et dis : « Bon !… C'est la dernière fois que je bois une boisson gazeuse avant une présentation ! » Rires, soulagement… Ouf ! le malaise était passé.

La tache

Je devais intervenir auprès d'un petit groupe de dirigeants sur le thème «Votre image visuelle ». Or, en arrivant sur les lieux, je vis avec horreur une énorme tache de gras sur mon pantalon… Une belle tache, bien visible… Comment était-elle arrivée là ? Je n'avais rien vu le matin en m'habillant à la lumière électrique, mais à la lumière du jour on ne voyait plus que ça ! Et le thème étant «Votre image visuelle », mes participants allaient être particulièrement focalisés sur mon apparence… À part changer de pantalon (impossible en la circonstance), il ne me restait qu'une chose à faire : **assumer avec assurance**.

Je démarrai donc mon intervention ainsi : « Pour ceux qui n'avaient pas encore remarqué (je vis à leur tête qu'ils avaient tous déjà remarqué !), j'ai une énorme tache sur mon pantalon. Oui, en découvrant cette tache il y a cinq minutes, j'ai eu un grand moment d'inconfort : une énorme tache alors que je viens vous parler de quoi ? de l'impact de l'image visuelle ! *(Rires)* » À partir de là, le malaise était levé, je pouvais continuer sereinement, et mon public pouvait se concentrer sur autre chose que ma tache !

Mettez votre public à l'aise

Si cela peut vous aider dans ces moments-là, **pensez à votre auditoire et non pas à vous**. En effet, lorsqu'un incident de ce genre se produit, pensez que votre public est aussi mal à l'aise que vous : il ne souhaite qu'une chose, c'est que vous le soulagiez de ce malaise, et vite ! Quoi que vous décidiez de faire pour remédier à une situation, **commentez ce que vous faites, partagez-le avec votre public, rendez-le complice** et n'ayez pas peur dans ces moments-là de rire de vous-même ou de la situation, comme l'a fait le Dalaï-Lama. Comme je l'ai dit dans le chapitre précédent, l'autodérision est une façon très efficace de montrer que l'on accepte son humanité et sa faillibilité avec bienveillance.

Le don de soi : un effet miroir

Vous l'aurez compris tout au long de ce livre et jusqu'aux derniers exemples ci-dessus : **charisme et force de conviction passent avant tout par un don de soi**. Qu'il soit constitué de deux ou deux mille personnes, concentrez-vous en priorité sur ce que vous pouvez faire pour votre auditoire. Lorsque vous préparez votre intervention, quels que soient vos enjeux, quels que soient vos objectifs, pensez d'abord aux enjeux et objectifs de ceux qui vous écoutent : « **maillez** » **votre monde avec le leur, traduisez-le dans leur langage**. Lorsque vous êtes avec eux, donnez-leur votre totale attention. Ayez envie de les faire vibrer, traitez-les avec bienveillance et respect, aimez-les ! Alors, ils se verront à travers vos yeux, et ils aimeront ce qu'ils voient. Alors seulement ils auront envie – vraiment envie – de vous donner le meilleur d'eux-mêmes.

Un dernier conseil

Je ne peux me résoudre à vous dire au revoir sans un dernier conseil. Mais quel conseil ? Comment résumer en quelques mots les pages de ce livre ? Comment en faire apparaître l'essence en une phrase ?

Mon « ami » le hasard vole encore une fois à mon secours, et vient de m'offrir, au gré d'une pause thé-biscuits-Internet, une belle phrase de Gao Xingjian tirée de son ouvrage, prix Nobel de littérature, *La Montagne de l'âme* :

> *« Les autres sont des miroirs qui nous renvoient notre propre image. »*

Quelle magnifique *réflexion*, n'est-ce pas ?…

Annexes

EXERCICES DE DICTION ET D'ARTICULATION

Les exercices suivants vous seront utiles :

- d'une manière générale, **pour muscler votre « masque »** (exagérez les mouvements de votre bouche, ou mettez le bout de l'index ou un crayon dans votre bouche) ;
- ponctuellement, **pour préparer et chauffer votre voix** avant une intervention.

Exercices de diction

Respirez, puis dites chacun des textes suivants d'une seule expiration, et augmentez le volume :

- Je veux et j'exige d'exquises excuses. (À répéter 4 fois de suite.)
- Le fisc fixe exprès chaque taxe fixe excessive exclusivement au luxe et à l'exquis.
- Son sage chat, son sage chien, son sage singe.
- Les chaussettes de l'archiduchesse sont-elles sèches, archi-sèches ?
- Ces cent six sachets si chers qu'Alix à Nice, exprès, tout en le sachant, chez Sachassax choisit, sont si chers, chaque, si chers, qu'ils charment peu.
- Un prêtre prêcheur monte en prêche et montre aux prê-cheurs qu'un prêtre prêcheur prêche en prêche.
- Je suis extraordinairement exaspérée, vous cherchez à vous excuser, malgré vos explications exposées, vous êtes sans excuses.

- S'il pleut la pluie du parapluie pleut en pluie du parapluie dans le porte-parapluie.
- Gros gras grand grain d'orge, quand te dé-gros-gras-grand-grain-d'orgeras-tu ? Je me dé-gros-gras-grand-grain-d'orgerai quand tous les gros gras grands grains d'orge se seront dé-gros-gras-grands-grains-d'orgés.
- Un ange qui songeait à changer son visage pour donner le change se vit si changé que, loin de louanger ce changement, il jugea que tous les autres anges jugeraient que jamais ange ainsi changé ne rechangerait jamais, et jamais plus ange ne songea à changer.
- Tu te tues et tu as tort quand tu peins ton décor pastel ou d'un tout autre ton pâle, car quel public boude des portants colorés ou éclatants ?

GRILLE DE PRÉPARATION

Préparez votre intervention

Objectifs à court terme

Que voulez-vous que les gens disent, fassent ou pensent à la fin de votre intervention ?

....
....
....
....

Objectifs à long terme

En quoi votre intervention contribue-t-elle à l'avenir ? Que voulez-vous que cette réunion apporte à votre département, à votre entreprise, à vous, dans le futur ?

....
....
....
....

Objectifs d'image

Quelles qualités personnelles et quelle impression voulez-vous laisser ?

....
....
....
....

Analysez votre public

Antécédents

Historique ? Réputation ? Culture ? Fonctions et expertises ? Décisionnaires ? Attitudes vis-à-vis du sujet ? Décisions prises par le passé sur le sujet ?

....

....

....

Besoins et préoccupations

Attentes ? Besoins de reconnaissance ? Préoccupations politiques ou territoriales ?

....

....

....

Obstacles

Qui est, ou pourrait, vous être hostile ? Pourquoi ? Qui ou quoi pourrait vous affaiblir ?

....

....

....

Soutien

Qui ou quoi vous soutient ? En quoi cela peut-il vous aider ? Quelles valeurs et objectifs communs partagez-vous avec votre public ? En quoi un allié peut-il devenir un obstacle ?

....

....

....

Facteurs clés de conviction

À la lumière de votre analyse, quels sont les deux ou trois éléments qui vous semblent essentiels pour votre auditoire et qu'il vous faut absolument adresser ?

....
....
....
....

Vérification de vos objectifs

À la suite de votre analyse, vos objectifs à court terme sont-ils réalisables ?

....
....
....
....

Organisez le contenu

Angle d'intérêt

Choisissez un seul angle d'intérêt : à la suite de votre analyse, quel angle d'intérêt vous semble le plus approprié et le plus efficace ?

....
....
....
....

Ouverture

C'est la phrase qui doit « accrocher » votre auditoire. Elle doit être pertinente, et reliée à votre sujet.

Voici quelques idées d'accroche :

Une information surprenante..
....
....

Une question qui interpelle..
....
....

Une blague..
....
....

Une anecdote..
....
....

Une citation...
....
....

Corps

Ne gardez que 3 idées majeures maximum ! Enlevez tout ce qui n'est pas essentiel pour votre auditoire. Étayez vos idées par des :

Faits/preuves...
....
....
....

Opinions...
....
....
....

Sentiments ....

....

....

....

Et donnez vie à votre contenu en l'illustrant avec des :

Anecdotes...

....

....

....

Exemples vécus...

....

....

....

Analogies ....

....

....

....

Métaphores...

....

....

....

Clôture

C'est l'accroche finale. Terminez sur une phrase percutante et/ou originale pour accroître votre impact.

....

....

....

....

....

LES SUPPORTS VISUELS : *SLIDES* ET DIAPORAMAS

Pour votre public, pas pour vous

Lorsque vous concevez un visuel, faites-le **en pensant à votre public**, et non pas à vous (trop de personnes conçoivent leurs visuels comme des aide-mémoire…).

Les supports visuels ont deux buts principaux :

- **aider à la compréhension** en étayant une affirmation à l'aide de données, généralement sous forme de tableau ou de graphique, et en illustrant un concept ou un processus difficilement explicable par les mots ;
- **ancrer dans les esprits** et laisser une impression des concepts clés, et des images.

Opter pour une présentation sobre mais percutante

Avec des logiciels comme *PowerPoint*, le plus dangereux est l'étendue des possibles. On peut faire des choses magnifiques, mais j'ai vu également qu'on pouvait faire beaucoup de choses épouvantables, du genre « promo de supermarché » ! Il faut toujours qu'il y ait une cohérence entre vos visuels et l'image que vous souhaitez donner – y compris dans le choix des polices de caractères. Mieux vaut se dispenser de faire des mélanges !

Un visuel est fait pour être VU, pas pour être LU

Évitez les contenus trop denses, sinon l'auditoire se mettra à lire pendant que vous parlez. La note dominante dans la création d'un support visuel doit être la simplicité car **c'est la simplicité qui est percutante** : mots-clés, phrases courtes et simples, graphiques, dessins…

À faire :

- limiter le texte à 5 lignes ;
- utiliser des tailles de caractères grandes et bien visibles ;
- simplifier les schémas et le texte, et les agrandir le plus possible ;
- ne présenter que l'information qui relève du sujet ;
- s'éloigner de l'écran, pointer sur le transparent les points abordés (attention au pointeur laser qui ne pardonne pas aux mains qui tremblent !).

À éviter :

- les *slides* remplis de texte ;
- les *slides* difficiles à déchiffrer à cause de caractères trop petits ;
- les mésalliances de couleurs rendant le décryptage laborieux ;
- lire les *slides* (autrement dit, fonder tout son discours sur le contenu des transparents) ;
- parler en regardant le *slide* (vous perdez alors tout contact avec votre public).

Le test

Si à la seule lecture de vos *slides* quelqu'un peut comprendre toute votre intervention sans avoir à y assister, **c'est très mauvais signe**. En effet, de bons *slides* doivent être énigmatiques pour toute personne qui n'assiste pas à votre intervention.

Remettre la copie de ses *slides* à l'avance ?

À vous de décider de la pertinence de remettre à l'avance la copie de vos slides.

Cela peut vous être utile si :

- **vous savez que les auditeurs veulent prendre des notes** (prévoir alors des copies en format « pages de commentaires » qui leur laisseront la place de noter sous le *slide* ; néanmoins, soyez ferme en les distribuant et demandez-leur de « découvrir les *slides* avec vous au fur et à mesure » afin d'éviter qu'ils ne lisent le document pendant que vous parlez !) ;
- **vous avez des diagrammes, des schémas, ou des modèles conceptuels à expliquer** (il n'y a rien de plus frustrant pour le public que d'essayer de recopier un schéma à toute vitesse, et de se retrouver au *slide* suivant alors qu'il n'a pas terminé ! Faites comme ci-dessus, avec l'option de distribuer en sus une copie « grandeur nature » pour qu'ils puissent noter sur le schéma).

BIBLIOGRAPHIE

Une logique de la communication, P. Watzlawick, J. Helmick-Beavin, Don D. Jackson, Le Seuil, 1979.

Le Plein Pouvoir des mots, Shelle Rose Charvet, InterÉditions, 2009.

Tous orateurs, Cyril Delhay, Eyrolles, 2011.

Demain je parle en public, Thierry Destrez, Dunod, 2004.

Le Guide de l'influence, Vincent Ducrey, Eyrolles, 2010.

Le Langage silencieux, Edward T. Hall, Le Seuil, 1984.

La Danse de la vie, Edward T. Hall, Le Seuil, 1992.

La Dimension cachée, Edward T. Hall, Le Seuil, 1978.

Comment prendre la parole en public, Jacques-René Martin, Éditions Demos, 2000.

Ces gestes qui vous trahissent, Joseph Messinger, First Éditions, 2008.

Tous leaders – Faire de chaque collaborateur un authentique leader, Jean-Marie Peretti, Eyrolles, 2011.

Valorisez votre image, Marie-Louise Pierson, Eyrolles, 2004.

Composé par Sandrine Rénier

N° d'éditeur : 4681
Dépôt légal : mai 2013
Imprimé en Allemagne par BoD

www.ingramcontent.com/pod-product-compliance
Ingram Content Group UK Ltd.
Pitfield, Milton Keynes, MK11 3LW, UK
UKHW021850070726
13613UKWH00001B/86